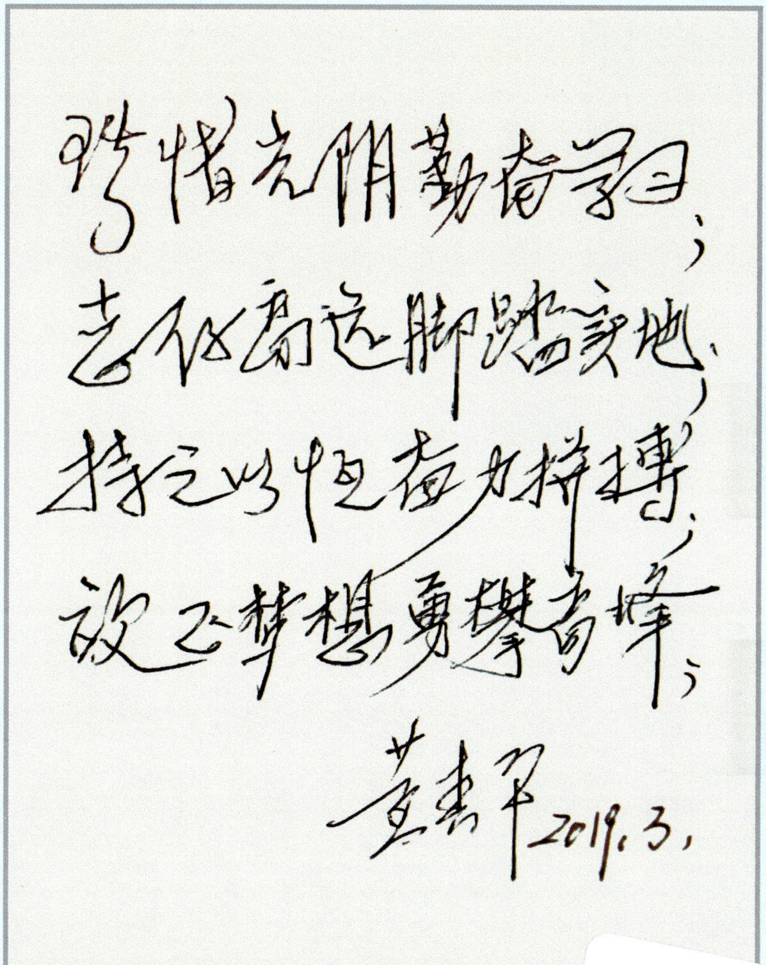

珍惜光阴勤奋学习；
志存高远脚踏实地，
持之以恒奋力拼搏；
放飞梦想勇攀高峰；
黄春平 2019.3.

▲ 黄春平手书寄语

◀ 着军装的黄春平

▼ 1964 年 7 月，黄春平北京工业学院毕业照（前排右五为蒋浩生，三排右三为黄春平）

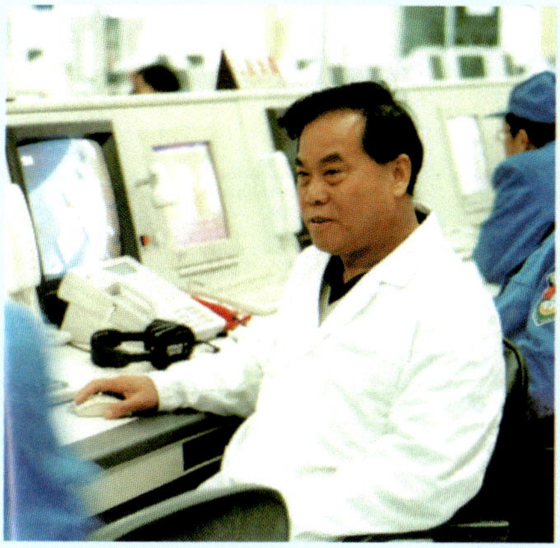

◀ 黄春平在工作现场

▶ 黄春平、刘竹生、刘宇等在指挥控制大厅紧张地工作着（前排右二为刘竹生，右三为黄春平）

▼ 黄春平（左二）在第三届指挥调度系统工作会上

▲ 黄春平与刘竹生手持江泽民总书记“神箭”题名字幅（左为黄春平，右为刘竹生）

▲ 黄春平等在江泽民总书记为“神箭”题名的庆祝会上（左为黄春平，中为许达哲，右为吴燕生）

黄春平与王永志、袁家军在一起（左为袁家军，中为王永志，右为黄春平）

黄春平等在酒泉卫星发射中心（左三为马兴瑞，左四为庄逢甘，左五为黄春平，左六为袁家军）

◀ 2003年10月神舟五号飞船发射前，黄春平在整流罩前留影

▼ 黄春平在神舟五号飞船返回舱前与国家航天局原局长刘纪原等合影（右五为黄春平，右四为刘纪原）

◀ 黄春平与首飞航天员杨利伟在庆功酒会上

▼ 黄春平与航天员们在一起

国家科学技术进步奖
证　书
为表彰国家科学技术进步奖获得者，特颁发此证书。
项目名称：中国载人航天工程（运载火箭系统）
奖励等级：特　等
获 奖 者：黄 春 平
证书号：2003-J-245-0-01-R4-03

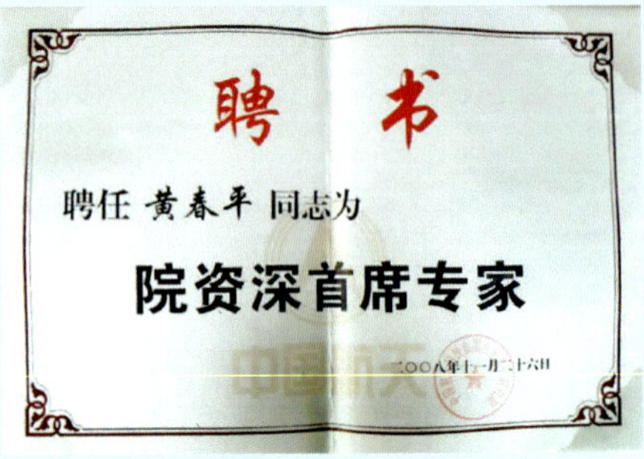
聘　书
聘任 黄春平 同志为
院资深首席专家

证　书
黄春平同志：
为了表彰您为发展我国科学技术事业做出的突出贡献，特决定从
起发给政府特殊津贴并颁发证书。
国务院

▲ 2004 年 1 月，黄春平荣获国家科学技术进步奖特等奖

◢ 2008 年 11 月，黄春平被聘为中国运载火箭技术研究院资深首席专家

◢ 1992 年 10 月，黄春平荣获国务院政府特殊津贴

▼ 2000 年 11 月，黄春平荣获国防科学技术奖一等奖

国防科学技术奖
荣誉证书
No. 2000GFJ1021-2
为表彰在推动国防科学技术进步、对国防现代化建设作出突出贡献者，特颁此证，以资鼓励。
获奖项目：CZ-2F 运载火箭研制
获 奖 者：黄春平
获奖等级：一等奖
获奖日期：二〇〇〇年十一月

▲ 2003 年 11 月，黄春平获国防科工委授予的“载人航天功臣”称号

▲ 2003 年 12 月，黄春平（左）、戚发轫（右）等获“全国五一劳动奖章”

▲ 中国航天科技集团公司全国人大全国政协代表委员合影（后排右五为黄春平）

▲ 2003 年 3 月 12 日全国政协十届一次会议科技界军工组代表合影留念（后排左六为黄春平）

▲ 黄春平（中）在中星航天信息技术有限公司开业庆典仪式上

▲ 2018 年黄春平接受易缇秀养生科技首席科学顾问聘书（左为易缇秀总经理杨海东，中为黄春平，右为新加坡大慈善家卓顺发）

▶ 黄春平在给小学生们讲述火箭原理

▲ 2004 年 12 月，黄春平在闽侯二中（右三为柯化鹏老师，右四为黄春平，右五为唐森林老师）

▲ 2019 年 10 月 20 日，闽侯二中首届高中毕业 60 周年、56 届初中毕业 63 周年庆典活动留影（前排右十一为黄春平）

◀ 黄春平与张永桂结婚照

▼ 黄春平与张永桂在武夷山合影

▼ 2019年春节，黄春平的全家福（前排右起：孙女黄鼎珺、黄春平、夫人张永桂、外孙时梦杰；后排右起：儿媳冯梅、儿子黄敬中、女婿时庆利、女儿黄敬华）

▲ 2003 年 11 月，黄春平回乡探亲与表嫂合影

▲ 黄春平夫人及弟弟妹妹等祝贺黄春平 80 岁寿辰（左起：弟弟黄春光、黄春平、夫人张永桂、大妹林瑞月、大妹夫郑启尧、小妹林瑞珠）

▲ 黄春平晚年风采

圆梦苍穹

——从农村穷孩子到火箭总指挥

黄春平 口述
付道轩 著

中国宇航出版社
·北京·

图书在版编目（CIP）数据

圆梦苍穹：从农村穷孩子到火箭总指挥 / 黄春平口述；付道轩著. --北京：中国宇航出版社，2020. 9

ISBN 978-7-5159-1844-0

Ⅰ. ①圆… Ⅱ. ①黄… ②付… Ⅲ. ①黄春平－传记 Ⅳ. ①K826. 16

中国版本图书馆 CIP 数据核字(2020)第 157210 号

责任编辑　黄　莘　　　**装帧设计**　宇星文化

出版发行	中国宇航出版社		
社　址	北京市阜成路 8 号　**邮　编**　100830 (010)60286808　(010)68768548	**版　次**	2020 年 9 月第 1 版 2020 年 9 月第 1 次印刷
网　址	www.caphbook.com	**规　格**	787×960
经　销	新华书店	**开　本**	1/16
发行部	(010)60286888　(010)68371900 (010)60286887　(010)60286804(传真)	**印　张**	20. 5　**彩　插**　16 面
		字　数	246 千字
零售店	读者服务部 (010)68371105	**书　号**	ISBN 978-7-5159-1844-0
		定　价	78. 00 元
承　印	三河市君旺印务有限公司		

本书如有印装质量问题，可与发行部联系调换

《圆梦苍穹 ——从农村穷孩子到火箭总指挥》编审委员会名单

序

中国航天事业是从1956年10月开始的。当时我国的工业实力、科技实力、综合国力都很薄弱，是在帝国主义严密封锁，苏联撕毁协定、撤走专家和三年经济困难的形势下发展起来的。中国航天人自力更生、艰苦奋斗、奋发图强、顽强拼搏，在一穷二白的基础上，独立自主地创建起了中国的航天事业。

时至今日，中国航天已经走过60多年的发展历程，不仅取得了以“两弹一星”、载人航天和月球探测为代表的辉煌成就，孕育形成了航天传统精神、“两弹一星”精神和载人航天精神，也培养和塑造了一大批功勋卓著、德高望重的航天科学家。

这些航天科学家具有坚定的理想信念和强烈的爱国情怀，理论功底深厚，技术水平高超，善于引领科学发展和技术创新，在中国航天事业发展的关键时期发挥了重要作用，为中国航天事业取得辉煌成就、孕育航天精神作出了突出贡献。黄春平就是其中的杰出代表。

我是春平50多年的同事，曾经都在国防部第五研究院第一分院和中国运载火箭技术研究院工作，都是从事导弹和火箭研制的。我们在工作上有着长期的密切合作。1986年3月，国务院组织专家制定《国家高技术研究发展计划纲要》（“863计划”），春平和我都是参加者之一。我被聘为国家高技术“863”航天领域专家委员会7名成员之一。在首席科学家主持下，我主要负责天地往返运输系统和大型运载火箭的论证工作，春平被聘为国家高技术“863”某主题研究的首席科学家。他主持国家高技术“863”某主题直属主题概念性研究，成立专家组下设的五个二级专家组，实施首席科学家负责制，对技术攻关、研制计划、经费等进行全面管理。

从1992年开始，春平和我都参与了中国载人航天工程的方案论证。后来我被任命为中国载人航天工程总设计师，春平被任命为中国载人航天工程运载火箭系统总指挥。我们跟所有参与载人航天工程的同事一道，于2003年10月15日，用我国自主研制的长征二号F运载火箭，将我国首位航天员杨利伟送入浩瀚太空，实现了中华民族的千年飞天梦想。

共事多年，春平给我留下很深、很好的印象。春平性格豪爽、办事果断，工作兢兢业业，为人正直、诚实、憨厚，给人以“信得过”的感觉。印象最深的是春平说话的时候喜欢笑，笑起来眉飞色舞，深埋在笑纹中的眼睛眯成了一条缝；激动的时候也会哭，为了载人航天工程，曾两次当众落泪、一次嚎啕大哭，我就是见证者之一。

阅读《圆梦苍穹》一书，作为中国航天事业的直接参与者，我又一次重新回顾了中国航天的发展历程，看到书中讲述的很多是自己亲身经历过的事情，现在回忆起来还历历在目，仿佛就发生在昨天，让我激动不已，感慨万分。《圆梦苍穹》不仅是火箭专家黄春平的个人传记，也是那个时代中国航天人的共同经历。通读此书，不仅一起回忆起了与春平一起同甘共苦、攻坚克难的难忘岁月，也对春平艰难困苦的童年时期、砥砺奋进的青年时期、顽强拼搏的中年时期、不忘初心的晚年时期有了更深刻的认识，更增添了几分对春平的敬佩之情。

《圆梦苍穹》一书材料丰富，文笔生动，逻辑性强，所涉具体事件、来龙去脉都讲述得较清楚、细致，有较强的可读性。由于作者重视学习和探究史实材料，所写之事，言必有据，保证了本书的真实性。书中披露的一些往事，尤其是中国载人航天工程的发展历程、每次火箭发射所遇到的鲜为人知的历史事件，不乏史料价值。作者在本书中将知识性、历史性、新闻性、学术性融为一体，颇具特色，能给人以多方面的知识和启示，值得一读。

王永志

二0一九年五月十八日於北京

注：王永志院士是我国著名航天技术专家、中国工程院院士、俄罗斯宇航科学院外籍院士、国际宇航科学院院士、中国载人航天工程首任总设计师。曾任中国运载火箭技术研究院院长、“两弹一星”工程重要技术骨干、我国载人航天开创者之一和学术技术领军人。2003 年获国家最高科学技术奖，2005 年被中央军委授予“载人航天功勋科学家”荣誉称号，2010 年获小行星命名，2019 年被中宣部等授予“最美奋斗者”荣誉称号。

王永志院士

目录

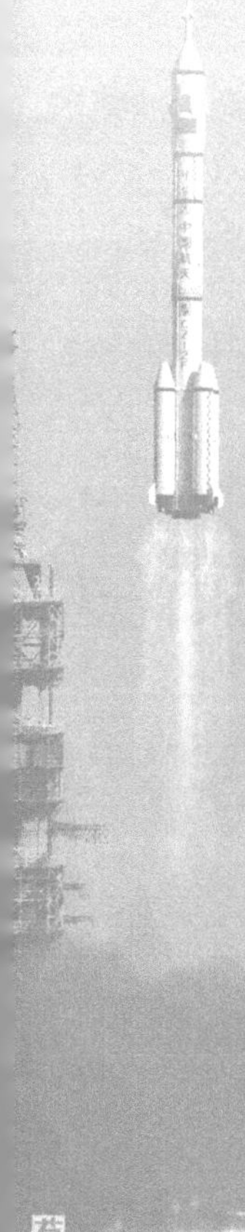

圆梦苍穹

第一章
生逢乱世　艰难困苦度童年
（1938—1950）

那时候家庭环境很艰苦，我 7 岁的时候，就跟着叔叔去了福州体育学校，在食堂洗菜、收筷子、摆筷子、擦桌子，在那里呆了两年多，就为了混口饭吃。

——黄春平

1. 生不逢时

20世纪30年代，第一次世界大战结束后，帝国主义时代所固有的各种基本矛盾一个也未能解决，而又增加了战胜国与战败国的矛盾以及战胜国之间的矛盾。德、意、日三国对第一次世界大战后签订《凡尔赛和约》的严酷条款怀有怨恨。随着帝国主义国家间经济、政治和军事发展不平衡的加剧，军事实力发展较快的德、意、日三国要求重新划分世界势力范围，帝国主义之间的矛盾进一步激化。

1931年9月18日，日本发动“九一八”事变，侵占了中国东北，从而在世界东方形成第一个战争策源地。这场事变打破了第一次世界大战后形成的相对稳定的世界格局，第二次世界大战已现端倪。

1937年7月7日，日本挑起卢沟桥事变，发动全面侵华战争。12月13日，国民政府首都南京沦陷。日军攻入南京城，开始了人类历史上最惨无人道长达六个星期的“南京大屠杀”。1938年5月，东南沿海遭日寇铁蹄蹂躏，福建省省会福州危在旦夕。经过前期调研勘察，经行政院批准，福建省政府内迁永安，大量政府机关、企事业单位、学校持续跟进，落脚城郭乡野，长达7年之久。

这一年农历5月24日，从福建省福州市闽侯县祥谦镇辅翼村佃户黄妹儛家里，传来一阵婴儿的啼哭声，一个幼小的生命挣脱了母体，呱呱坠地。这个小生命的到来，并没有惊动村里的其他人，也没有给黄妹儛带来快乐，只是更加搅乱了他本来就十分惆怅的心。

黄妹儛生于1904年，入赘妻子家，为人和蔼、乐于助人，妻子名叫黄美玉，比他小11岁。此时黄妹儛家里实在是太穷了，没有自己的房子住，没有自己的土地种，房子是用500斤谷子抵押租下的，租期12年，土地也是地主的。黄妹儛今天在这家干活，明天到那家干活，靠种地和打短工养活自己和妻子。如今家里添了一个人，多了一张嘴，今后的日子可能就更苦了。

黄妹儛一直想给孩子起一个好名字，希望好名字能给孩子带来好生活，不过，他更希望孩子像一个真正的男子汉，长大成人后，不仅比他们过得好，还可以为更多的穷人说话、办事。于是，黄妹儛给刚刚来到这个世界的小家伙取名"黄清官"，希望孩子长大之后能当个清正廉洁的父母官。

"黄清官"，这个名字跟随这个小孩11年。11年后，黄清官逐渐长大，也学习了一些文化知识，他越来越觉得自己这个名字有点俗气，有时还会被小伙伴嘲笑，于是，他把"黄清官"这个名字改成了"黄春平"，这样显得更朴实和响亮。虽然他此后不叫"黄清官"了，但在50多年后，让中国也让世界记住了"黄春平"。黄春平没有辜负父亲的期望，长大后还真做了官，而且这个官还不小，除了管地上的事，还管天上的事。

值得一提的是，黄春平出生、成长的辅翼村是个有着三百多户人家的大山村，不仅四面环山、有山有水，而且山有名、水有姓，名气还不小。辅翼村北面的“五虎山”就像5只老虎，守护着山下的村民。从辅翼村翻过“五虎山”往北去就到林则徐的家乡了，这里人杰地灵，先后还出有名人林森、林白水和林祥谦，他们都是福建闽侯人。林则徐是著名爱国人士，是鸦片战争“虎门销烟”的英雄；林森早年参加中国同盟会，辛亥革命后曾任南京临时政府参议院议长、福建省省长，还曾担任国民政府主席；林白水是共产党的报业先躯、白话文的创始人；林祥谦是“二七”大罢工的领导人之一，在就义前高呼“头可断，血可流，工不可复”，气贯长虹。

2. 兄弟姐妹

20世纪40年代的福州地区两次沦陷，日军所到之处，烧杀抢掠，无恶不作，其毒辣手段骇人听闻。

日军占领福州后，在全市大街小巷布满岗哨，手持利刃，架设机枪，任意枪杀民众。1941年6月18日，日军以肃清所谓反动分子和共产党为借口，对福州全市进行连续5天的大搜查，凡发现藏有武器照片、军人用品、机关文件、抗日图表和传单、标语的，都认为有“反日”嫌疑，逮捕后施以酷刑，通通野蛮虐杀。

日军占领福州后，抢走稻谷充当军粮，农民家里只能吃点偷偷留下的少量粮食。黄春平每天都感觉小肚子时时在“咕咕”叫，牙齿总想咬东西。虽然父亲种稻谷，可家里很少见到大米，一般都是吃红薯充饥，红薯过季了就吃晒干后的红薯米。逢年过节也只能往红薯条里撒一把白色的大米，端起掺有少量白米的红薯饭，黄春平觉得格外香，吃了一碗还想再来一碗，但米饭只有那么一丁点儿，自己多吃一口，父母的米饭就所剩无几了。黄春平渐渐感觉家里再也不能多添一人了，只能是父亲、母亲和自己。

尽管黄春平父亲身体很强壮，是个好劳力，但深受高利贷利滚利的剥削，家里生活依旧很困难，至 1949 年解放时，黄春平家住的那两间租来的平房，还欠人家约 3000 斤谷子。

1942 年黄春平 4 岁时，有了一个妹妹。那年他已经有点懂事了，因为家里实在太穷，没法再多养活一个人，这个妹妹刚出生不久就被抱到五虎山前的另一村庄去了。黄春平幼小的心里会时不时回响起妹妹的哭叫声，他总想着能看见妹妹，可都没结果。

过了好些年，家里突然有了几块肉、几包面条，原来妹妹活下来了，被送到洋下村一家姓林的人家寄养，这些肉和面条就是林家送来的。这个妹妹在林家过着另外的生活，虽然他看不见妹妹的身影，也听不到妹妹的声音，可他知道这个妹妹在什么地方，他想去看的时候还能看到，心中有了些许慰籍。

1962 年，黄春平已经上大学了。有一天，林家母亲和妹妹来找他，林家母亲请黄春平劝妹妹嫁给从小就定下终身的林家儿子。林家说妹妹不听别人的劝说，也许哥哥的话她会听。林家待妹妹亲如女儿，妹妹视林家养父母如亲生父母，并早已把自己的姓改为“林”，叫林瑞月。妹妹边说边哭，黄春平心软了，隐隐约约想起妹妹被抱走那一刻的哭闹声，他实在不忍心再听到这样的哭声。最终，林家还是拗不过她，说做女儿就做女儿吧。从此，黄春平妹妹就一直信守亲生女儿的信念，一直关心着林家。

1948 年，黄春平又有了一个小妹妹。小妹妹出生时也有故事，只是不见了刀光血影。游击队告诉黄春平的父亲，中国就要解放了，解放后的新中国跟过去不一样，穷苦人都能分到土地，不愁养不活孩子，新社会讲男女平等。于是，黄春平父亲就留下了小妹妹，家里又多了一名成员，小妹妹取名黄瑞珠。

4 年后，也就是 1952 年，黄春平又有了一个弟弟。14 岁的黄春平已经算是有文化的人了，他不但改了自己的名字，还给弟弟起名叫黄春光。他很喜欢这几个妹妹和弟弟。

3．七龄童工

1945 年，是第二次世界大战形势发生根本性转变的一年，8 月 15 日，日本宣布无条件投降，中国人民终于取得抗日战争的伟大胜利。

1945 年 5 月 18 日，中国军队第二次收复福州，将日本侵略者赶出福州，福州城再次赢得了暂时的和平和安宁，此时的福州人民都沉浸在重获新生和自由的喜悦中。

这一年黄春平正好满 7 周岁。那时候辅翼村只有地主和有钱人家的孩子才能上得起学，而穷人家的孩子只能眼巴巴地看着有钱人家的同龄孩子上学堂。黄春平家里生活非常困苦，他已开始跟着大人干农活了，帮母亲打猪草，替地主家放牛，父亲让黄春平干什么，他就干什么，可即使这样，一家三口还经常是饥一顿饱一顿。

黄春平有个叔叔，在福州体育学校当副食品的厨师。一天，叔叔回到辅翼村，父母找到他，商量着让他把黄春平带到福州去打点零工，这样不仅可以赚口饭吃，还可以减轻家里的生活压力。黄春平也早就盼着叔叔能把自己带到大福州去打工赚钱，见见世面，家里少一张嘴吃饭，日子应该也会好过一些。

那时候从辅翼村到福州没有汽车，也坐不起马车，穷人家出行一般都是坐船走水路，搭乘到福州卖菜回程拉粪的帆船，坐这船可以不花钱。帆船沿着乌龙江和闽江逆流而上，虽然只有 30 多公里的路程，可要走一天一夜。坐船去福州的时候，装粪的格子里塞满蔬菜，回来的时候却装满粪水。

这天，黄春平跟叔叔启程去福州，父亲在岸边摇着手，黄春平向父亲挥手告别。对于从小在农村长大的黄春平来说，从来没出过远门，心情非常复杂和矛盾，既激动又不舍，一方面心里充满了对大福州的向往和对未知世界的憧憬，另一方面他也知道，这一去就要和亲爱的父母分别了，不知什么时候能够再见面。

船摇摇晃晃地一路颠簸，驶过两岸青山，驶过树木掩映的村庄。到了晚上，黄春平就枕着一个小包裹睡在船板上。这是一个晴朗的夜晚，黄春平望着布满星星的天空，想象着福州的景象。

第二天，船终于到了福州南公园码头。黄春平他们下了船，叔叔叫他别东张西望，要紧跟着自己，他就光着两片脚丫紧紧地跟着叔叔。说起第一眼的印象，他只觉得福州很大，房子和人都比辅翼村多多了，大概好吃好玩的东西也比乡下多吧。到了福州体育学校（现在的五一广场于山脚下毛主席雕像位置），叔叔直接把黄春平领到了厨房。原来跟着叔叔到福州，就是在厨房里当厨工做杂活。厨房里有什么杂活呢？既然叫“杂”，就是什么活都可以包括进去，除了正式的炒菜、蒸饭，还有洗菜、洗碗、擦桌子、摆凳子等，这些活儿都可以叫杂活。

就这样，只有 7 岁的黄春平在福州开始了童工生涯。什么叫童工？黄春平当时一点也不理解，“童工”这两字也从没在父母的嘴里出现过，他只知道跟着叔叔去干活就是了。黄春平在家里也一样要干活，所以他对在福州当童工并不害怕，反而生出一些好奇和向往。

黄春平每天要做的活基本是早上起床到厨房帮着烧火，等师傅做饭炒菜；吃完早饭后，又去收拾、准备中午的菜，然后摆碗筷、端饭菜，还要刷洗蒸饭的竹筒等，就这样为了混口饱饭吃，日复一日、周而复始地忙碌着。

第二年，叔叔又给黄春平增加了一项送饭的活。黄春平在厨房里干杂活只是挣口饭吃，没有工钱，现在给于山白塔旁的一位老师送饭却能拿点报酬，送一年饭下来可以赚到一身衣服钱。每天中午，黄春平就提着饭盒，光着脚板走出厨房，快步穿过三个街口，把热饭热菜送到那位老师家里。无论刮风下雨，黄春平都必须在十多分钟内按时送到，然后再赶回厨房继续干活。

送了一年的饭，快过年了，黄春平如愿以偿地得到了梦寐以求的新衣服，可他却哭了。他太想家了，太想听听和看看父亲跟乡亲们聊天的声音和情景，但又不知道怎样才能偷偷地跑回家，只能一人暗自流泪。

想回家，一直是在福州做童工的黄春平最大的心愿。虽说黄春平是跟着叔叔到的福州，可叔叔除了安排他干活外，很少关心他，更不和他拉家常。黄春平不怕做工的苦，只是觉得太孤单了。

一次，黄春平在街上看见马路另一边的叔叔和相好的女人买龙眼吃，心里酸酸的。他低着头快步走到街对面，故意不让叔叔和他相好的女人看见，一口气跑回了学校厨房。后来，叔叔拿龙眼给黄春平吃，他一颗也不吃，知道叔叔的龙眼不是买给他吃的。望着一颗颗龙眼，他虽然很想吃上一颗，可心里还是冷冷地拒绝了，不吃不吃，再穷再饿，我也要争口气，人要活得有骨气。

平时想家的时候，黄春平就站在学校外边张望。黄春平干活的学校离闽江还有很长一段路，根本看不见帆船，但他总希望有一天能看见飘动的白帆把自己带回家。

每逢佳节倍思亲。逢年过节是黄春平最难熬的日子，叔叔只给他5分钱买点吃的。一个8岁的孩子孤零零地呆在房间里，听到外边的鞭炮声，就像炸碎自己的心似的，现在自己不能像往年一样，跟村里的小伙伴们一起嬉闹，也不能去看闽剧。第一年过年，一个好心的工友把他带到一家小饭馆，请他吃了小吃就算是年夜饭。这个工友一直待黄春平不错，看他年纪小，做事又从不偷懒，还有志气，总是找机会带他去外面吃上一顿。可第二年，这个工友回家过年了，就剩下黄春平一个人，显得更加寂寞孤苦。

大年初一的早上，黄春平穿上送了一年饭赚来的那身新衣服，光着脚板一个人在大街上走着。他也不知道要到哪里去，心里只想去找找回家的帆船。走呀，走呀，从辅翼村来的船到底停在哪里呢？黄春平只记得来福州时坐的是帆船，其他什么印象也没有。

黄春平在冷清的街上转了很久，看不见一条船。毕竟是一个小孩子，他哪里想得到，大过年的怎么可能有船从家乡来呢？

黄春平继续找着，他知道要想回家一定得找到帆船。他有空时便经常到外面东张西望，看呀，看呀，后来他知道南公园那里有一个大菜场，那里有从乡下运来的时鲜蔬菜。他想，也许在南公园能有辅翼村认识的人带他回家。

快到下午的时候，黄春平终于来到了空荡荡的南公园，他对着空旷的南公园菜场哭了起来，船在哪儿呢？堆成小山似的白菜在哪儿呢？认识的村里人又在哪儿呢？这天晚上，黄春平早早就上了床，他多么希望在梦里梦见父亲，梦见乌龙江，梦见闽剧里的热闹。这个年在他的心里实在是过得太冷清了，冷清到一个孩子内心根本无法承受的地步。

过完年，黄春平那单调而忙碌的童工生活继续着。如果不是他的一个伯母来看他，这样的生活还不知道什么时候才能结束。

一天，黄春平的伯母来体育学校看他，黄春平正站在灶台上帮着翻炒菜。一边是炒菜的大锅，一边是一口烧开水的锅，一阵热气过后，黄春平看见台下的伯母。伯母在下面望着黄春平，眼睛瞪得很大，好像从没见过一个小孩子在这么大的一口锅旁边帮着炒菜。黄春平忍不住朝伯母笑了笑，想把炒菜的铲子举在半空抖一抖，像炒菜师傅那样，把粘在铲子上的菜抖进锅里，可才 9 岁的他力气还不够大，完成不了这套动作。黄春平感到很奇怪，不知道为什么伯母只跟他说了几句话就不再吭声了，他太想知道家乡的一切了。

伯母离开福州后不久，一天叔叔对黄春平说："你的父母捎信来，要你回辅翼村。"黄春平当时正在刷蒸饭的竹筒，不敢相信这是真的，忽然他觉得平时很难刷下来的饭粒，这下轻轻一摸就刷干净了。黄春平心里甜甜的，他把竹筒刷得干干净净，准备第二天早上坐船回家。

原来伯母回到辅翼村后，把黄春平站在开水锅旁帮着翻炒菜的一幕对他的母亲描述了一番："他那么小的人，拿那么大的铲子，如果用过了力，一不小心翻倒在旁边的开水锅里，非常危险。当时我看见他拿那么大的一把铲子，根本就不敢跟他多说话，怕他分心。你想想他如果光顾着跟我说话，不顾锅里的菜，也会烫着，你还是想办法叫他回来吧，再穷再苦，也不能让孩子干那个危险的活儿呀！"事后，黄春平的母亲把伯母的话传给父亲，他们决定把黄春平喊回家。

黄春平终于坐在回辅翼村的拉粪帆船上，觉得好像在梦里，当他看到船上没有成堆的菜时，才相信真的要回家了。船虽然走得很慢，黄春平的心却早早地回到了家。就这样，他结束了在福州两年多的童工生涯。

4. 严母慈父

家，是温暖的港湾，可以让你躲避风雨；家，是灿烂的阳光，可以释怀你忧郁不快的心绪；家，是甘甜的露水，可以滋润你干涸无助的心田。回家是一件幸福无比的事，对于离家两年多经历过童工生涯的黄春平来说，则更是人生一大快事。

黄春平回到辅翼村家里后，重新得到了父母的关爱，重新感受到了家庭的温暖。对于在外漂泊两年多、学到了站在大灶上炒菜本领的黄春平来说，在家里没有了施展才华的必要，每天放牛、打猪草、下乌龙江支流淘江游泳，他那被紧紧束缚的身心又获得了解放。

黄春平顽皮的一面也在这个时期“大放异彩”。孩子总归是孩子，9 岁孩子正是淘气的时候，黄春平很听父亲的话，也喜欢跟在父亲身边，因为父亲和蔼可亲，几乎不打骂他。他最爱看父亲跟别人聊天时那种面带微笑的形象，父亲的声音是那种磁性浑厚的男中音。父亲在路上遇到朋友、熟人，总有说不完的话。

母亲对黄春平管得很严，面对母亲，黄春平总有一点“逆反”心理。母亲的脾气急躁，急了还动手打人。母亲打人一点不讲究“艺术”，不管不顾的，什么顺手就操起什么来打。有一次，母亲在烧火，黄春平没有一点准备，一根从炉膛里抽出来的火棍朝他飞了过来，若不是躲闪及时，估计他会被烫伤。黄春平对付母亲打他的手段就是跑，母亲是高度近视，个子又矮小，跑不过他。遇到这种情形，母亲有时就拿起石头砸过去。

黄春平最喜欢母亲叫他去打猪草，这样就可以到河边游泳泡澡。母亲平时都不准黄春平一个人下河玩水，但又不可能总是守着他。黄春平每次打猪草回家都要接受母亲的检查，用手刮一下他的皮肤，看皮肤上会不会留下一道白痕。每次母亲划道检查时，黄春平也一边帮着母亲在自己身上划，一边说“你看这儿，看这儿”，结果，他虽然满身都是道道杠杠的，可高度近视的母亲，眼睛都看花了，有时还是搞不清儿子有没有下河去玩儿，他也就蒙混过关了。

有一天，天气太热了，黄春平和几个小伙伴都泡在水里戏耍。他们开始先玩儿打水仗，一会儿又玩儿起了捉迷藏。在水里捉迷藏必须游得快，藏得深。黄春平像一条鱼一样身段灵活，一会儿从水里冒出来，一会儿又钻进水里去，玩儿得不亦乐乎。后来小伙伴们玩儿累了，都上了岸，黄春平一个人还在水里玩儿着……

过了好一阵子，河面上仍不见黄春平的头，坐在岸上等待黄春平的小伙伴们都慌了神，他们大声喊着黄春平的名字，但都没听到黄春平的回应。几个孩子害怕了，叫喊的声音更大了。

孩子们的叫喊声引来了大人。大人们望了一阵水面，纷纷跳下河，拉网似的排着队往下游搜索。

很快，黄春平的父亲赶到了，他跳下河焦急地寻找着。

“在这儿!”有一个人钻出水面说。河里的人一起奋力往那边游去，只见一个人把黄春平托出了水面。

被救上岸的黄春平脸色煞白，没有一点声音。“快去拿锅来!”有人叫道。

一口锅很快拿来了，并被倒扣在地上。大家扶着黄春平，让他趴在锅上。父亲一边叫着“黄清官”的名字，一边用手轻轻压着黄春平的后背。

“快吐，快吐呀！”人们急切地叫喊着。再不把肚子里的水吐出来，人就没救了。父亲又在黄春平的背上加了一把劲儿，只听“哗”地一声，一口水从黄春平的嘴里喷了出来，接着是第二口、第三口，随即只见黄春平缓了一口气儿，哭声也响了起来。

黄春平趴在锅上吐完水，奄奄一息，被父亲抱回了家。

这天，黄春平在家狠狠地睡了一觉，醒来竟然又是活蹦乱跳的孩子。十几天过后，母亲又叫他去打猪草，黄春平像没长记性似的，又不顾一切地跳下河里玩儿起水来，仿佛之前什么事也没有发生过。

差点被淹死的记忆虽然留了下来，但黄春平并没有被吓倒，更没有远离河水。相反，在以后的岁月中，凡是有游泳的机会，黄春平都会第一个跳下水去，最后一个离开。

5．心系革命

在抗日战争和解放战争时期，除了有正规军正面抗击敌人外，还有很多游击队组织，发动和组织群众开展游击战争，建设根据地，保卫人民生命财产，破坏敌人交通运输、通信，配合主力部队作战等。

抗日战争时期，游击队组织长时期地开展游击战，有力地打击了侵华日军和伪军。解放战争时期，游击战又有力地配合了正规战。共产党创造出许多独具特色的游击战战法，如破袭战、地雷战、地道战、麻雀战、伏击战、围困战等。这些灵活机动的战法，显示了游击战争的丰富多彩。

黄春平父亲用 500 斤谷子典租下的房子，是一幢典型的闽侯乡下的农家平房，中间有一个客厅，两边是厢房。黄春平家住在靠左一侧的厢房，靠右一侧的厢房住着另外一家穷苦人，也姓黄，叫黄依禄，是黄春平家的一个堂伯。

1947年的一天下午，黄依禄把黄春平父亲叫到厅里，对父亲嘀咕了几句，父亲点点头，回到自己家里，取了几块红薯，拿上扁担就跟着黄依禄走了。父亲要到哪里去呢？黄春平望着两个大人的背影，脑子里冒出一个个问号。父亲以往出门做工一般都是早上出门，也不会拿什么扁担，更没见他和邻居一道出去。黄春平想了一会儿，没有找到答案，便想去问黄依禄的儿子。黄依禄的儿子比黄春平大许多，黄春平在厅里叫了他好几声，传来的却是他母亲的声音，说儿子没在家。

到晚上吃饭的时候，父亲还没有回来。黄春平吃了晚饭也不去睡，问题还在脑子里盘旋。天色已晚，村子里安静下来，黄春平听到远处传来几声狗吠声，不一会儿，父亲回来了，身后还跟着几个人，这些人黄春平一个也不认识。父亲把黄春平拉上前，让他叫这个伯伯，叫那个叔叔，黄春平心里更是打起了鼓。这些人他都不认识，也根本不是他们家的亲戚，为什么父亲要让他这样叫呢？过了一会儿，父亲叫他回房里睡觉，他只好回房里去。

过了数月，黄春平终于知道这是怎么一回事儿了。原来到家里来的那些人都是游击队员。黄春平早就听说过游击队是给穷人撑腰的，他也知道父亲经常带着干粮、拿着扁担出门，是去给游击队送粮食，没想到终于有一天亲眼见到了。黄春平为这个秘密激动不已，每晚都盼着游击队员来家里，更希望再次见到游击队员们。

不久，黄春平的愿望真的实现了。这天晚上，家里又来了许多游击队员，黄春平还看见他们带的枪，真想上前摸一摸。一个游击队员好像知道他的心思，把他叫到跟前，跟他讲了许多话。最后，这个游击队员把枪举到黄春平的眼前，告诉他这是子弹出来的地方，那是瞄准的部位，黄春平的心激动得都快要跳出来了。

这以后，黄春平的生活表面上看起来没有什么变化，一如既往地打猪草、放牛，帮助母亲照顾小妹妹，可内心却发生了很大的变化。他喜欢听游击队员讲故事，谈革命道理。

他经常想，如果哪一天，游击队员在大白天到乡里来，到他家里来，就又可以摸摸枪了。游击队员告诉过他，把国民党打败了，枪里就不用上子弹了，也不怕走火伤着人了。可是眼下在离辅翼村约 5 里路的大义乡还住着国民党的突击队。国民党的突击队白天来，游击队晚上来，他还真有点弄不明白。父亲说国民党的突击队晚上不敢来乡里，因为他们害怕藏在山里的游击队。

一天晚上，黄春平听游击队员谈到了黄依禄，就竖起耳朵听，他早就奇怪黄依禄好些时候都没有出现在厅堂里……

“流的血不多，能活下来。”一个游击队员说。

“再养一阵就可以下地了。”另一个游击队员接着说。

听到这些，黄春平才知道黄依禄受伤了，在山里养伤。第二天一早，黄春平激动地把自己的发现告诉了父亲，但父亲讲的事情更让他吃惊，黄依禄不仅只是受了伤，而且是从死人堆里爬出来的。

黄春平睁大眼睛，竖起耳朵，紧张地听着。原来黄依禄被国民党的突击队抓住了，拉去枪毙时，子弹打偏了，从他脑袋边上擦过。黄依禄当时昏了过去，跟其他被枪毙的游击队员倒在一起，半夜时，他醒了过来，从横七竖八的尸体里爬了出来……

黄春平很喜欢听这样的故事，每次父亲回家，他都要让父亲讲讲给游击队送粮的故事。如果没有什么惊险的故事，也要父亲给他讲讲游击队里发生的其他事情。黄春平从小就喜欢听革命道理，接受革命教育。

第二章

磨难成长　勤奋学习入校园

（1951—1953）

1951年的春季，我上了小学，从四年级下学期开始读，虽然小学只上了两年半，也不知道怎么过的，不过还能跟得上，初考时还考了第七名，上了红榜。

——黄春平

1．翻身解放

福州是福建省省会，地处闽江下游，毗连重要军港马尾。闽江横贯市区南部，北部、东部有大、小北岭和鼓岭为屏障。抗战结束后，国民党有 5 个军 13 个师约 6 万人驻守福州地区。1949 年 7 月，蒋介石到福州布置增修工事，调整兵力，加强防御。

1949 年上半年，解放军已占领长江以北的广大地区，南京、上海相继解放。中央军委为了迅速解放全国，命令第三野战军派出有力部队迅速进军福建，完成解放华东南大陆的任务。据此，第三野战军命令位于苏州地区的第 10 兵团进军福建，全歼闽境残敌。该兵团司令员叶飞、政治委员韦国清，确定了先取福州，尔后解放漳州、厦门的作战总方针。

解放福州的战役，原定 8 月 15 日发起，因发现福州外围守军有收缩迹象，遂提前至 8 月 6 日发起攻击。经过十几天的激战，第 10 兵团于 8 月 17 日攻占福州市区后，留下一部兵力担任警备任务，主力追击逃敌。至 23 日，国民党残军除第 96 军一部逃往漳州、厦门地区外，其余均被歼灭于福清、永泰以北和乌龙江以南地区，为解放福建全省创造了有利条件。

福州的确是有福之州，它完好无损地回到了人民的手中。

为纪念 8 月 17 日福州解放，1950 年 8 月 14 日，福州市人民政府决定，横贯福州南北的中正路、斗门路、福德路、茶亭路、吉新路、横山路、小桥路和中亭路统一改名为“八一七路”。

8 月 17 日是解放福州的纪念日。每年这一天，福州市政府和民众都会聚集在“五一”广场，举行隆重的纪念活动，以表达对福州解放日的永久纪念。

在黄春平的记忆里，1949 年过完年不久，村里慢慢有了另一种热闹喜庆气氛。

黄春平发现大人们的笑容多了，在一起谈的不是去哪家打短工，而是说哪家有钱人又逃走了。辅翼村一共有 48 户地主、富农、保甲长等，有一天晚上，竟然一下子不见了 3 家。地主走了，解放军、共产党就要来了，穷苦人民要翻身解放了。

一天早上，黄春平在打猪草的时候，突然看见一队背着枪的人朝村里走去，他认出其中几个人是到过自己家里的游击队员。黄春平兴奋不已，一口气跑回了家。他问母亲：“父亲什么时候回来？”母亲告诉他说：“你父亲上山打柴去了。”黄春平又去问邻居堂伯母：“伯父是不是也跟父亲上山打柴去了？”堂伯母说：“是去打柴了，解放军要来了，大家都在做准备。”他这才知道，原来父亲打柴是为了迎接解放军。

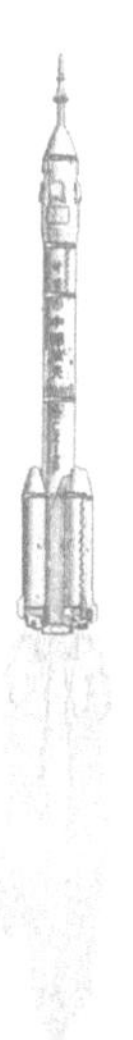

黄春平也像大人们一样天天盼着解放，他们终于迎来了家乡的解放。1949 年 8 月，黄春平看到了穿着黄军装的解放军，村里响起了锣鼓声，飘起了红旗，南下工作队来辅翼村进行土地改革。

1950 年 6 月 30 日，中央人民政府根据全国解放后的新情况，颁布了《中华人民共和国土地改革法》，规定废除地主阶级封建剥削的土地所有制，实行农民的土地所有制。政府没收地主的土地，分给无地或少地的农民耕种，同时也分给地主应得的一份，让他们自己耕种，自食其力，借以解放农村生产力，发展农业生产，为新中国的工业化开辟道路。

《中华人民共和国土地改革法》公布以后，在 3.1 亿人口的新解放区分期分批地有计划、有领导、有秩序地开展了土改运动。近 3 亿无地少地的农民，分到了 7 亿亩土地和大量的农具、牲畜和房屋等，还免除了每年向地主缴纳约 350 亿斤粮食的地租。

土地改革后的辅翼村，人人喜气洋洋。黄春平家欠下的约 3000 斤谷子被免掉，同时，他家还按政策规定分到了 4 亩水田和可以种地瓜的山地。这天一大早，黄春平被父亲叫了起来，并把他带到一块稻田前，告诉他“这是我们家的田”。父亲语重心长地说：“孩子，这田，还有那边的地，”父亲转身指了指远方，“没有共产党，没有解放军，就没有这一切。我们祖祖辈辈哪有过呀，你一定要记住呀！”

父亲的话，黄春平是记住了。对于一个 12 岁的孩子来讲，无论是对分到的房子，还是分到的田地，他都不可能有父亲那么深的认识，但望着父亲眼里闪动的泪花，黄春平也忍不住流着泪，懂事地点了点头。

2. 初识汉字

解放后，黄春平家里欠下的高利贷被免了，分得了田地，也不用再给地主还谷子了，生活好了许多。父亲也不需要黄春平下地干活了，他白天跟着南下工作队参加一些公益活动，帮着敲锣打鼓，宣传土改政策、检查卫生、扫扫地等，晚上去参加儿童团的各种活动。南下工作组除了带领当地群众进行土地改革外，还要组织发动群众打扫环境卫生，教村民怎样挖排水沟，每逢这些时候，黄春平都在一旁跟着学，总觉得他们所做的一切都让他感到那么新鲜好奇，特别有吸引力。

在所有的新鲜事中，黄春平最喜欢认字。

一天，一位南下工作组的叔叔让黄春平坐到自己身边，拿出笔来写了一个“黄”字，问黄春平这是什么字？黄春平说不认识。这个叔叔接着又写下了“清”和“官＂字，这就是黄春平早先的名字，可黄春平还是不认识。望着三张纸片上写的三个字，一股强烈的求知欲涌上心头，黄春平暗暗下定决心：“我一定要认字，要认很多很多的字！”

这天晚上，黄春平在煤油灯下反复练习着这三个字。没有纸，也没有笔，他就用手指在桌上画着、写着。这三个字太难写了，写一横时，写不直；写一竖时，也写不直，黄春平的手总是会打弯，有时又怀疑自己记错了……

第二天早上一睁开眼睛，黄春平特别高兴，满心欢喜，好像觉得自己瞬间跟过去不一样了。他回忆了一遍自己名字的模样，就到南下工作队去找那些叔叔阿姨们。

一个上午，黄春平都惦着认字的事情，可工作队里的工作没有做完，也没有叔叔阿姨们来帮他验证认识自己的名字。快到吃晚饭时，教他认字的叔叔来考他了。这位叔叔先写“清”，又写“黄”，最后再写“官”，黄春平全部认识过关。这个叔叔不但表扬了他，还教了一些新字，比如“解”“放”“土”“改”等。

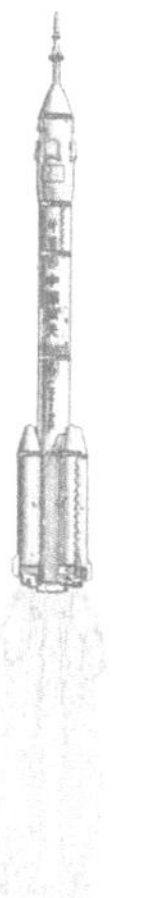

从此，黄春平踏上了认字之路。教黄春平认字的已不止一个叔叔

或阿姨，南下工作队里只要谁有空，就去教他。就这样，黄春平几乎每天认上两三个字，第二天接受考试，在他的心里天天充满着认字的乐趣。

黄春平的求知欲很强，很好学，半年多过去了，他认识了许多字。后来，南下工作队的叔叔阿姨们又开始教他读完整的句子。待可以读一段句子后，又开始读一篇文章。一年 365 天，黄春平天天认、时时学，从不间断，没有把新学的字写好背好，绝不睡觉。一年多时间过去了，黄春平差不多把常用字都掌握了，可以在儿童团活动时念一整篇文章。

儿童团里活动多种多样，黄春平样样都喜欢参加，学唱歌，学敲锣打鼓……他太喜欢这样热热闹闹的生活了，整个村子像个大家庭。

一天，黄春平突然有了个想法——他要改名字。

黄春平觉得“黄清官”是旧社会的人才用的名字，还有点俗气，新中国成立了，新生活开始了，他要把自己的名字改一改，他要有一个新的名字。

黄春平把他认识的字一个个排出来，最后选定了“春平”。“春”代表的是春天，是绿色，是万物生长；“平”代表的是平安，是和平。春天的和平，好，就它了！从此以后，他就用上了“黄春平”这个名字。

1951 年春天，他用“黄春平”这个名字插班进入了小学。后来，小学语文老师觉得黄春平的名字很好，还特意做了一首藏头诗，把“春”和“平”写进了诗里。可惜随着岁月流逝，那首诗他已记不得了。

3. 进入校园

1951 年，年刚过完，一位南下工作队的叔叔领着黄春平去跟他父亲说：“黄春平这孩子啊，聪明伶俐，学东西很快，已经认识很多字了，我看是一块读书的料。希望你能早点把他送到学校去读书，好好培养，说不定以后是一个有用之才。”于是，父亲就决定让黄春平去报名上学。

当时孩子们都在村里上小学，村子叫辅翼村，村里的小学就叫辅翼村中心小学。说是小学，其实就是一座庙——文昌庙，庙里有个戏台，戏台二楼的两边，各有 1 个 30 平方米左右的戏厢，供有身份的人看戏之用，这两个戏厢后来被用作教室。中间是一块 400 多平方米的空旷平地，演戏时，村民们就都集中站在这里看戏。

上学的第一天，黄春平起得很早。在母亲做饭时，黄春平就像放电影似的在脑子里把认识的字又过了一遍。吃完早饭，他就匆匆跑出家门往学校赶，因为还不知道自己要读哪个年级呢。

黄春平来到学校，老师坐在他跟前，拿出一沓纸片让他认字，什么“天”“田”“共产党”……他都能马上读出来。黄春平忍不住了，大声跟老师说：“我可以读文章！”

这位老师没有立刻叫黄春平读文章，而是又拿出两张纸片让他认，一张纸片上写着“翼”，一张纸片上写着“屹”。

第一张纸片，黄春平马上就认出来了，这是“辅翼村”的“翼”，第二张纸片上的“屹”，黄春平就觉得陌生了，这个字怎么长得那么怪呢？说是“吃”，旁边却立着一个“山”。过了一会儿，黄春平指着“屹”字说：“我知道这边是个口的话，就念‘吃’。”

这下，老师拿出了一篇文章让黄春平念，黄春平老想着“屹”字，念得有点结巴，好在没有念错一个字。后来还考了几道简单的算术题，他全部答对。

“你到那边去，上四年级。”老师说道。就这样，黄春平被分到了四年级。放学回家，黄春平把胸脯挺得高高的，步子迈得大大的。黄春平是个小学生了，而且一上学，就直接读四年级，看来花在认字上的时间，一点儿没有白费。

黄春平在辅翼村中心小学读了两年半。1953 年夏天的初考，他以全校第七名的优异成绩考入闽侯二中，上了学校的红榜，结束了在辅翼村的小学生涯。

圆梦苍穹

第三章

贵人相助　家庭重挫学未弃

（1954—1959）

有人认为我是有福气的人，每到关键时候都有贵人相助，我以为自己学生阶段的“贵人”就是我的老师，唐森林老师就是这些老师中的代表。

——黄春平

1. 家庭重挫

黄春平上的闽侯第二中学，坐落于“二七”大罢工烈士林祥谦的故乡尚干镇五虎山下，陶江水畔。其前身是清末太师陈宝琛倡建的“陶南书院”。1934 年，经国民政府主席林森首倡，在原陶南书院遗址创办“省立乡村师范”，由毕业于日本明治大学的林葭藩先生担任校长。其后，校名历经“私立七濑中学”“闽侯初级中学”“林森县初级中学”“闽侯县立初级中学”之衍变，1955 年正式定名“福建省闽侯第二中学”，创办高中部，成为完全中学校。

黄春平读中学时，从家里到学校足足有 10 里路。这是一条弯弯曲曲的田间石板小路，小路从田间穿过，田两边是村民的低矮民房，青青的稻田和错落的民居相映成趣，俨然一副江南水乡的美丽画卷。可这些对黄春平来说，却鲜有诗意，他回忆更多的是汗水和泪水，是急切赶路的心情。初中一年级时，黄春平就寄宿在学校，只有每周六下午放学才回家，周一又返回学校。整整一年，黄春平快乐得像一只小鹿，白天专心读书，参加学校各项活动；晚上自习结束后，就在寝室里与同学们谈天说地，畅想未来。由于黄春平性格随和、长相憨厚又

2004年，黄春平在闽侯二中留影

不失聪明伶俐，所以，无论是班主任还是任课老师，都很喜欢他。在班上，他被选为学习委员，当上了班干部。

好景不长，1954年7月，黄春平期末考试回家后，看到平时身体一向很好的父亲躺在床上。母亲说父亲可能是收谷子挑东西淋了雨，偶感风寒。可躺在床上的父亲好像变了一个人似的，看上去面黄肌瘦，说话的声音也有气无力，平时能吃三碗米饭的他，现在吃一碗稀饭都很困难。黄春平感觉这次父亲的病相当严重。

黄春平把父亲带到福州肿瘤医院检查，检查的医生拿着化验单，把黄春平拉到一边，语气低沉地说："你父亲患了肝癌。"听到这句话，黄春平如被重锤击中了头颅，脑袋顿时一片空白，简直不敢相信自己的耳朵。

黄春平不敢相信，也不愿意相信父亲的病不能治。父亲才50岁呀！黄春平带着父亲在福州大妹妹家住了好一段时间，还到福州原仓山租借地找外国医生看，没有一个医生说能治父亲的病。7月下旬，黄春平只好带父亲回家。

黄春平父亲也预感到自己将要面临什么。一天晚上，父亲把他叫到跟前，对他说："你知道我要到什么地方去吗？"黄春平说不出话，只是一个劲儿地流泪。"你不要哭，我要到下面去了。"黄春平的父亲想抬起手来比一比，可他连动一下的力气都没有了，只好动下眼睛。就这一动，好像耗尽了他的全身力气……

初中二年级开学了，黄春平回到学校。没过几天，有人带话让他快点赶回家，他的父亲要见他。

黄春平午饭都没吃就往家赶。10 里乡间小道，平时觉得并不长，可这天头顶着烈日往家跑的黄春平觉得这 10 里路长得没有终点似的，脚也很沉，像灌了铅一样迈不动。黄春平一路跑一路哭，10 里乡间小道传来他的哭声和脚步声。

当黄春平赶到家时，他深爱的父亲却要永远离开这个家，永远离开他们。

父亲好像就是等着他这个儿子回来接替他照管这个家似的。

"我知道你喜欢念书。但是儿子，你可能念不成书了。"

这就是父亲留给黄春平的最后一句话，父亲知道儿子喜欢读书，知道儿子样样功课都很好，可他再也没有力量来帮助儿子了。父亲留给这个 16 岁孩子的是一副家庭的重担，一个 6 岁的妹妹，一个 2 岁的弟弟，还有一个高度近视的母亲，今后他们的生活都要由这个未成年的 16 岁孩子来负担。作为家庭顶梁柱的父亲去世了，这对这个本来就很脆弱的家庭来说，是一个非常沉重的打击。

2. 面临辍学

安葬了父亲后，黄春平很想回学校读书，可是家里的田地谁来耕种？母亲只能干一些家务活，种地打柴等体力活，现在只能由黄春平来承担和操持。

这时候，村里的一些热心人到黄春平家里帮助出主意。乡邻们都说黄春平的父亲当年给游击队送过粮，打游击的许多人现在都当了领导，还有的人在省城工作，黄春平应该去找找他们，革命家庭应该有救济和补助。

黄春平听后摇摇头说，自己不能去，人的一生应该靠自己，要自力更生，不要去给政府添麻烦。

有人背地里说，黄春平这孩子太犟了，这又不需要他付出什么，只需跑跑腿、动动嘴，把情况如实向政府反映一下就行，村里的人也愿意为他证明。

其实，黄春平自己也想不出什么更好的办法，只知道家里的活要干，书也想读。

一天傍晚，班主任黄拔灼老师来到黄春平家，问黄春平还愿不愿意回学校读书？黄春平又何尝不想返校读书，可现在家里这样的情况，如果自己不耕田种地，地里就没有收成，一家人的生活也就没有着落。黄拔灼老师听后也想不出办法，只能叹着气惋惜地走了。

1958 年欢送黄拔灼老师合影（后排左一为黄春平，后排左二为黄拔灼老师）

过了几天，唐森林老师来了。唐森林老师是学校团委书记，也是黄春平的体育老师，因为黄春平在学校喜欢打篮球，喜欢运动，所以唐森林老师很喜欢他。黄春平被妹妹从田里叫了回来，一进家门看见母亲和唐森林老师两人默默地坐着。显然，唐森林老师跟母亲的谈话遇到了困难。

黄春平此刻心里难受极了，他真的好想读书，他愿意付出一切去读书。他默默地站在一旁，希望唐森林老师能再说点什么。不一会儿，唐森林老师对黄春平的母亲说："你再好好想想吧，这不光是我个人的看法，老师们都认为黄春平就是读书的料。平时你看他吧，该上课的时候上课，该打篮球的时候打篮球，成绩总是名列前茅。"

黄春平母亲听后，低沉地回答说："这我知道，他跟着南下工作组识字的那会儿，工作组的人来我家，都说他聪明，认字快。"

唐森林老师接着说："那你还犹豫什么呢？有什么困难你直说吧，我们一定想办法。"

黄春平母亲回答道："地里的农活怎么办？快收红薯了……，家里就春平这么一个劳动力，如果他去读书了，红薯就得烂在地里。"

唐森林老师听到这儿，对黄春平母亲说："这事情好办，我回去让学校组织几个人来帮忙。"

"可是我拿不出什么钱给他们付工资啊……"

"学校来的人是义务劳动，不要付工资的。"

"你家有米吗？"

"有！"

"那就让春平自己带米到学校蒸饭吃，可以省些钱，学校还有助学金，可以给春平一些补贴。"

听到这儿，母亲一时说不出话来，支支吾吾地说："这……我……"

唐森林老师回答说："你看看还有什么困难，随时可以跟我们说，可春平这孩子你得让他读书，不读书他这一生就可能毁了。"

听到这里，黄春平再也忍不住了，他跳起来对母亲说："我保证会好好地把地里的活儿干好，一定不会让田地荒芜。我是真的想读书啊，您就让我回学校吧！"

黄春平说到最后，声音都哽咽了，连一句完整的话都说不出来，只是哭。这是自父亲离开之后，他又一次失声痛哭。

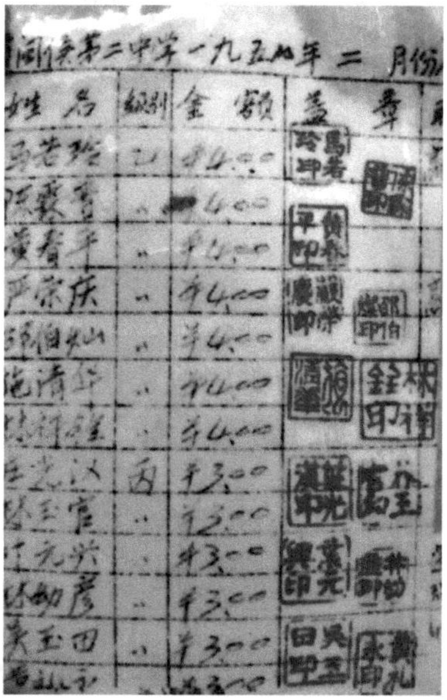

1958 年闽侯二中给学生的补助记录本

在唐森林老师和黄春平的共同努力下，母亲终于同意黄春平回学校读书。这时初中二年级已经开学一个多月了，学校免了他的住宿费，还帮他申领了甲等助学金，每月补贴 4 元。这样，他在学校的生活就不成问题了，还可以节省一点出来给母亲。他每天早晨上课前把从家里带的米放到自己蒸饭的竹筒里，中午就用咸橄榄当菜，有时候干脆就吃白米饭。黄春平深深懂得学习的机会来之不易，无论如何都要加倍珍惜，更加勤奋地学习。

没想到黄春平的成绩更好了，他曾连续 8 次，数学考了 100 分，学校将他的成绩张榜公布，予以表扬。这时，他觉得学习不仅是一种光荣，更是一种鞭策。有同学问他书读得这么好，有什么绝招？他说没有，如果要说经验的话，也很简单，学习就像做人一样，必须踏踏实实；还有上课要专心，老师的启发很重要，每天必须理解消化，不

1954 年，黄春平参加闽侯县第二次团员代表大会合影

（前排左一为唐森林老师，右一为黄春平）

能搞突击。

收红薯的时候，唐森林老师带着学校青年团员八九人到黄春平家里帮助收红薯，这在辅翼村里是头一次。村里人都感动了，更别说黄春平和他的母亲了。收稻子的时候，还是唐森林老师带着学校青年团员来帮黄春平家割稻子，这也是辅翼村里的头一次。

黄春平默默地把这一切都记在心里，他把感恩化作学好功课的动力。除了勤奋学习，他还在思想、道德、体育、做人等方面严格要求自己，各方面得到全面发展。1954 年，黄春平代表闽侯二中出席了闽侯县第二次团代会。

1956 年，黄春平初中毕业。母亲希望他去考中专，中专两年毕业后就能有工作、有收入，也就能帮助家里了，可黄春平心里却不这样想，他把自己的想法告诉了唐森林老师。没想到唐森林老师的想法跟他一样：黄春平应该继续读高中，最后考大学。

唐森林老师又去做黄春平母亲的工作，除了告诉她黄春平的成绩如何优秀外，还代表学校向他的母亲保证，黄春平高中毕业时，如果家庭实在有困难，无法上大学，需要黄春平马上工作，可以让他留校。这样，黄春平的母亲才同意让他读高中、考大学。

由于黄春平学习成绩优秀，加之家庭的特殊情况，学校决定免除黄春平的考试，直接上高中，这样便让他把假期的时间全部用在挣工分上。

中华人民共和国成立后，从 1951 年到 1958 年，中国农村先后经历了互助组、初级社、高级社三个历史阶段。1954 年，福州地区开始试点。

黄春平初中快毕业时，辅翼村就进入了高级社。刚解放时，田地分到每家每户头上，各家顾各家，现在田地归集体，每个人出工，根据性别年龄、干活类别等来计算工分，年终再根据工分来分粮、分油、分钱。

闽侯二中为了让黄春平多挣工分，还特别允许他星期六下午的党团活动，原则上可以不参加，可以回去干活，这样寒暑假及周六下午、周日，他就可以去挣工分，一年下来可以挣到 600 多工分（1 工分 =6 角左右）。黄春平为了能多挣些工分，干成年人一样的活，一个人可以挑 140 斤重的重担。

刚进入高级社时，黄春平的母亲曾经做过一阵子砖坯。每个周末回家，黄春平要做的首要事情，就是帮母亲挖土、和泥。和泥是做砖坯的关键活儿，也是一个需要力气的活儿，泥和得好不好，直接影响砖坯的质量；泥和得不到家，做出的砖坯就会开裂，或者烧出来有孔洞。所以，黄春平每次和泥都很认真，他用脚反复地踩泥，直到把泥土的黏性踩出来。黄春平每次都必须把回学校读书一周期间母亲做砖所需要的泥踩出来，才能安心去上学。

暑假结束了，黄春平要去闽侯二中上高中。开学没几天，黄春平被选为班里的团支部书记。由于他学习努力，做事认真，老师们喜欢他，同学们也对他服气。

过了半年多，母亲为养家糊口多挣点钱，决定离开家，去给人家做保姆。一个周末，黄春平回到家里，母亲对他说要出远门帮别人带孩子、做饭。黄春平很吃惊，母亲解释说，自己的眼睛不好，在队里做出的砖总不是很方正，虽然乡亲们都比较关照、谅解她，但总不能这样长期打砖；自己个子小、力气不大，也挣不了什么钱，所以决定到外地去给人家做保姆。

既然母亲已经决定了，做儿子的黄春平也没办法反对，但自己答应了母亲，要在上学的同时，照料幼小的弟弟妹妹，这可真是太难了，然而只要能读书，什么困难黄春平都愿意去克服。黄春平咬咬牙对母亲说："好吧。"

母亲离开了辅翼村，8 岁多的妹妹、4 岁多的弟弟都需要黄春平每天来照顾，这对他来说真是雪上加霜！

3．长兄如父

黄春平把家里发生的事向学校做了汇报，他就成了一个特殊的学生。为了让黄春平照顾弟弟妹妹，学校特别允许他每天下午 45 分钟的课外活动可以不参加。在全校没有一个像他这样的学生，学习期间可以不住校，可以不参加课外活动，原则上也可以不参加班团活动……黄春平具有了双重身份，即在学校是一个高中生，回到家里则成了照料弟弟妹妹的"父母"。

那时候，黄春平没有表，家里也没有钟，但每天早上什么时候起床对他来说好像不是一个问题。感觉天快亮了，到了应该起床的时候，他就起床，每天5点多起床，点上煤油灯，开始做早饭，同时还必须把弟弟妹妹中午的饭做好。做好后，他先吃，然后叫醒弟弟妹妹，帮他们穿衣洗脸。当弟弟妹妹上桌吃饭时，他就出门踏上了10里上学路。无论刮风下雨，还是严寒酷暑，他从没旷过一节课、迟过一次到。

每天下午快放学时，黄春平又是匆匆忙忙赶路回家照看弟弟妹妹，准备晚上的饭菜。待大家匆匆吃完晚饭，他先将弟弟妹妹洗漱完毕，并安排上床睡觉后，再抓紧时间做功课。

黄春平母亲去做保姆，高中三年级，他的每一天几乎都是这么过来的。

周末有农活可以挣工分时，黄春平肯定是放下书本去挣工分。没有工分挣时，他就上山砍柴。黄春平不怕柴火扎破手脚，每次被扎后回家，他用灶灰一涂抹就算消了毒。他只怕上山撞上漆树，因为他对漆粉过敏，一见漆树，全身就会红肿发痒，痛苦难忍。父亲健在时，每次与父亲上山砍柴，父亲总是让他远远地跟在后边，见周围没有漆树后，才让他跟上。父亲去世后，要靠他自己上山砍柴，这样跟漆树碰面就是家常便饭了。

一个周末的中午，黄春平没有等到生产队长派工的消息，就自己上山砍柴。为了能早些把柴火担回家，他走了另外一条人烟稀少的路，去了平时不常去的地方。他想也许这个地方的柴火多，不用花费多少时间就可以砍一担。可这个地方的柴火却在一个风口上，黄春平眼力所及之处看不见漆树，但风却带着漆树的粉末吹了过来。

因为没看见有漆树，黄春平就在这片风口处砍起柴来，正要捆柴时，突然觉得全身痒起来，他直觉自己很可能碰到了漆树，便赶紧挑上柴火往山下走。

回到家时不知多晚了，黄春平赶紧做饭，安顿好妹妹弟弟睡觉后躺在床上，这一晚上痒得他痛苦难耐，无法入睡，脚都肿起来了，难以下床。

这次因漆过敏，黄春平在家休息了一个多月，当他带着还没有完全愈合的伤疤往返于闽侯二中与辅翼村的10里路上时，他已经耽误了一个多月的功课，最后还是很快补上了。

4. 台军轰炸

原全国人大常委会副委员长、福建省委书记叶飞曾说过，新中国成立七八年，《解放区的天是晴朗的天》这首歌在福建唱好像仍然不合适，因为我们只解放了福建的土地，还没有解放福建的天空。当时我们在福建没有空军，国民党的飞机随便飞进飞出，神气得很。

一遇好天气，台湾国民党空军驾着崭新的“F-84G”“F-86F”，在广州、汕头、福州、泉州、厦门、温州等地上空飞来飞去，或高空转圈拉烟，或呼啸俯冲。据不完全统计，1955年1月至1958年7月，国民党空军飞机进入大陆达15546架次，投弹339枚，扫射110次，大陆沿海军民伤亡704人，炸毁各型船只63艘。以1954年春节前夕对福州的三次大轰炸尤为严重。

第一次，1月19日6时56分至13时49分，国民党空军4批30架次，在汕头海关码头一带投弹28枚，致地面居民亡12人、伤30人，沉船14艘。

第二次，当日下午2时，国民党空军8架飞机围歼从厦门开出的“颖海”号拖轮及拖带的木船，使毫无武装之客船骤然变成极为恐怖的“海上地狱”，炸死船工、妇女、儿童62人，伤19人。

第三次，翌日下午 3 时 40 分，国民党空军 12 架飞机又于福州台江人口稠密区投弹 23 枚，在近郊投弹 1 枚，当场炸死 161 人、炸伤 180 人，台江区木板民房被烧成一片火海，共毁民房 12000 余间，受害者逾 30000 人，除夕之夜，整个福州城形同鬼域，满目灰烬，一片哀啼。

黄春平 12 岁的大妹妹林瑞月当时就住在福州台江闽江第六码头附近，此次大轰炸时，大妹妹正在家里，国民党的飞机来时，防空警报还没来得及拉响，一颗炸弹就在大妹家的房屋后落下，落在距离她不到 20 米的地方，将大妹家的房子烧掉了，家里的一切都被炸弹的冲击波炸烂了。黄春平亲眼目睹了国民党飞机轰炸福州的惨烈，亲眼目睹了解放后国民党飞机经常在福州上空横行霸道、扰乱社会的情景。那时的战事，对黄春平而言，是很大的触动。他深深感到落后就要挨打，就要任人宰割，祖国没有强大的国防是不行的。从此，黄春平立志要投身国防，报效祖国。

5．贵人相助

解放初期，闽侯县曾是省直属县。1958 年 10 月的一天中午，黄春平刚吃完饭，正要回教室，唐森林老师叫住了他：“春平，你回家安排一下，后天我们要到省里去参加全省的田径比赛，比赛要三四天。”

黄春平平时喜欢打篮球，他是左前锋。左撇子的他突破能力强，起跳快，命中率高。自初中一年级时，父亲去世后，他便开始每天往返学校和家之间，天天这么跑，黄春平的耐力也锻炼出来了。在学校举行的运动会上，他跑 800 米、1500 米和 5000 米，总得第一名。参加县运动会，他也一样强势，还创下了县纪录。去福州参加省田径运动会，黄春平理所当然地成为了闽侯县的体育选手之一。

唐森林老师带着黄春平来到操场，给他详细讲解了长跑要领。唐森林老师说：“到省里去参加运动会，起跑虽然也可以像在学校那样站着，但一定记住，省里起跑是听起跑枪声，而不是哨声。枪声一响，就往前跑。”

两天后，黄春平和学校其他几位同学来到了福州。

让黄春平万万没有想到的是，比赛前，唐森林老师要他去试鞋！

试鞋？黄春平以为自己听错了，跑步怎么要试鞋呢？

“是跑鞋，跑步的运动员都要穿。”

“不穿不可以吗？”

“不可以。”

“鞋把我的脚箍着，我肯定跑不快。”

黄春平实在不喜欢自己的脚上有一双鞋，从小到大，他什么时候穿过鞋呀，家里经济条件不好，母亲不会做，买鞋需要钱。高中之前，黄春平白天都是光着脚，只在晚上才穿上自制的“木拖鞋”。黄春平从小跟着大人学会了制作，削一块比脚板稍大的木板，两边打上眼，拴上棕绳，就是一双“鞋”了。

唐森林老师看了看黄春平满是伤痕的脚说：“你试一试吧，穿上鞋你会跑得更快。”

黄春平专门给自己的脚找了双稍大一点的跑鞋，很不习惯地穿上后，好像不会走路了。唐森林老师让他试着跑跑，他跑了几步，才感觉那双鞋是在他的脚上。

黄春平站到了起跑线上，起跑发令枪响了，黄春平以为发令枪的声音会跟他记忆里的枪声一样响，没想到却很轻，像燕子起飞一样

2004 年 12 月，黄春平于闽侯二中（右三为柯化鹏老师，
右四为黄春平，右五为唐森林老师）

“噗”地一声。黄春平随着发令枪声冲了出去，他很高兴自已刚开始就跑在前面，可过不了多久，喘气就有点急促不匀了，再后来渐渐地被别的运动员甩到了后面，而没有拿到名次。他这个没有受过专门训练的长跑运动员犯了一个最大的错误，开始跑得太快，到要冲刺时已经没有后劲了。

在黄春平的运动生涯中，这一次是他参加的最高级别的比赛。虽然黄春平在这次比赛中没有拿到名次，可在他人生的道路上，他仍然得到了像唐森林老师这样热心肠的贵人的帮助。

2004 年 12 月，黄春平应邀到闽侯二中做报告。他说：“有人认为我是有福气的人，每到关键时候都有贵人相助，我以为自己学生阶段的‘贵人’就是我的老师。”

唐森林老师可以说是这些老师中的代表，他不仅在黄春平两次面临辍学时说服了黄春平的母亲，还在黄春平报考大学时，与其他老师一道，为黄春平把好了脉——应该到北京去读大学。

6. 难忘亲人

黄春平读高中期间，为了高考，在余下的一年中，他曾经带着弟弟妹妹和一个堂弟住在尚干镇表嫂家。那时他有学校每个月 8 元钱的甲等助学金，加上挣的一些工分钱，米和柴都是周末由家挑来，四人自己开伙，勉强支撑了这一段时间。

表嫂家离闽侯二中不远，表嫂把一座平房的西边一间住房和一间厨房让出来，安排黄春平和弟弟妹妹睡一张床、堂弟晚上睡在厅里的存储柜上，白天再收起铺盖。这个时候，黄春平感受到了家的温暖。一有空闲，黄春平便会帮着表嫂做事情，表嫂也帮着他照看一下弟弟妹妹。逢年过节，表嫂都会给他们送好吃的。

弟弟妹妹有表嫂的关照，黄春平就能把更多时间放在学习上，学校所有的活动，他也都能参加。1958 年大跃进，他参加勤工俭学，上山开荒种红薯；参加大炼钢铁，到处搜集铁器；他还参加“反右”运动，去批斗那些所谓的“反党反社会主义的右派分子”。每项活动他都

2003 年 11 月，黄春平回乡探亲与表嫂合影

是积极分子，觉得浑身有使不完的劲儿。有一次大炼钢铁，他二十多天都没有睡过囫囵觉，也不觉得一点苦和累。

黄春平参加工作后，多次去看望表嫂，深表感恩之情。

1961 年，黄春平与姑妈等于福州西湖合影
（后排右一为黄春平，后排右二为黄春平姑妈）

黄春平对姑妈感情特别深。姑妈在福州，身边没有小孩，虽早先抱养过一个，但这个孩子很小的时候就夭折了。姑妈又从她哥哥那过继了一个孩子，后来也去世了。黄春平特别懂事，逢年过节都会到福州安慰姑妈，所以姑妈特别喜欢黄春平，对他宠爱有加。黄春平在其他亲戚家吃饭从来吃不饱，因为不好意思添饭。而在姑妈家吃饭就不一样了，自己说饱了，但姑妈都会亲自再给他盛上半碗，命令他吃下去。姑妈是福州脱胎漆器厂的工人，每月仅有 20 多元的收入，她把节余的钱几乎都用在了黄春平的身上，为黄春平买学习用具，为黄春平做衣服、织围巾……

每年清明节，黄春平必去姑妈家，生怕姑妈上坟的时候失声痛哭而哭坏了身子。黄春平也很听姑妈的话，但唯有一次姑妈让他去看带自己去福州当童工的叔叔时，他却没有去，一是这时他已经在北京工作了，没有时间；二是他还记着这个叔叔的不好。黄春平是一个爱憎分明的人，滴水之恩，涌泉相报；不喜欢的人，虽然不睚眦必报，却也形同路人。

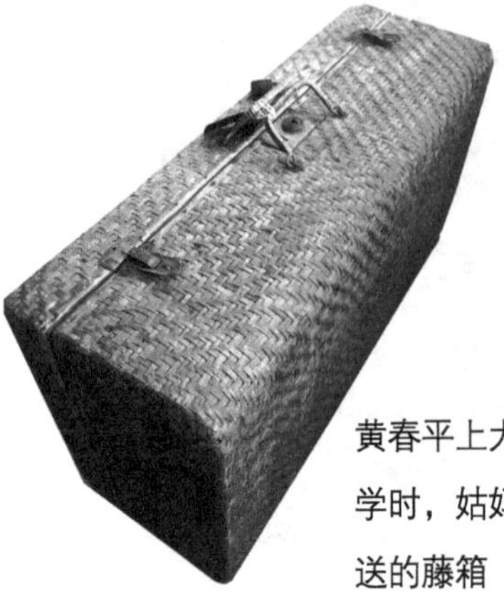
黄春平上大学时，姑妈送的藤箱

1961年，由于三年经济困难，家里实在过不下去了。还在北京上学的黄春平得知母亲带着妹妹和弟弟改嫁的消息，心里十分难受，并大哭了一场。暑假时，黄春平回到福州，整个假期几乎是跟着姑妈过的。姑妈去上班，他就坐在姑妈身边看着。姑妈下班后，他们一同走回家。晚上，姑妈让他枕着她的胳膊睡觉，让黄春平感觉像回到了小时候。小时候，黄春平每次到姑妈家，晚上睡觉时，姑妈都会这样像母亲一样让他枕着她的胳膊睡觉。黄春平在姑妈家吃得特别饱，睡得特别甜。

黄春平结婚生子后，曾把姑妈接到北京住了一段时间。1977年4月的一个星期六，黄春平接到姑妈病危的电报时大哭了一场。姑妈得病他早清楚，现在他知道世界上最亲的姑妈也将像父亲一样要到另一个世界去了。他匆匆定了星期一的火车票，收拾东西坐上火车往福州赶。见着姑妈后，姑妈总是不让他靠近。姑妈患的是食道癌，不会传染，但姑妈就是不让他靠近。黄春平守着姑妈哭了三天，姑妈要走的前一天晚餐，她终于同意让黄春平喂饭了，黄春平含着眼泪给姑妈喂完了人生的最后一次饭。这天半夜，姑妈带着无尽的眷恋离开了这个世界，离开了黄春平。

姑妈的离去，并没有带走黄春平许多温暖的记忆。至今，黄春平还保留着他上大学时，姑妈送的那只藤箱。每当看到这只藤箱，黄春平对姑妈的思念之情油然而生，常常独自落泪。2002年，黄春平的母亲离世。对于两个在他童年、青少年时期最重要的女性亲人，他都十分难忘。

圆梦苍穹

第四章
金榜题名　名校严师育英才
（1959—1964）

我不能忘记国民党飞机狂轰乱炸后留下的一片瓦砾残垣和惊吓中孩子们呼爹叫妈的惨状，我也意识到，没有强大的国防是不行的，落后就要挨打。

——黄春平

1. 参加高考

说起高考，对于黄春平来说那已经是1959年的事了。

1959年夏天，黄春平从闽侯二中高中毕业，参加了高考。说实在的，那次高考，一切都准备得很不充分，完全是匆忙上阵。前一年的大跃进和大炼钢铁，占去了同学们的大部分时间，功课几乎都停了，整天参加课外劳动。

1958年下半年，全国掀起了全民大炼钢铁的热潮，黄春平的学校高三年级第一学期停了一段时间的课，直到11月才复课。

就这样，学校的功课基本荒废了，同学们的心也放飞了，无心于课堂，无心于书本，甚至心存疑问，明年还会有高考吗?

高三第二学期开学时，校长说今年高考照常举行，要大家努力复习，迎接高考。老师们也开始匆匆忙忙地赶进度，想把落下的功课都补上。时间紧，课时多，囫囵吞枣的同学们听得似懂非懂。

临近考试还有一个月左右，学校让学生填报高考志愿。班主任柯化鹏老师给大家发了《高考志愿填报指南》，以及《高考志愿申请表》。《高考志愿填报指南》上除了介绍填报志愿的注意事项外，更多的是各类学校的名字和招生人数等。

那时候全国参加高考的人数不是太多，只有 20 万人左右，高考志愿能选择的学校也不是很多，主要集中在北京、上海、西安、成都、武汉等地的 200 多所学校。此时的黄春平心里十分矛盾，如果报考省外好大学的话，家里就没有劳动力了，家庭会更加困难。黄春平看着《高考志愿填报指南》，一时犯了难，到底应该如何选择呢？

这天晚上，他躺在床上，辗转反侧，难以入眠，像过电影一样回忆起这些年经历过的点点滴滴。突然，他想起 1954 年在福州的大妹差点被国民党的飞机炸死的事情，蓦然下定决心，要献身国防事业，中国不能没有自己的飞机，更不能没有自己的防空力量。

第二天一早，他再次翻开《高考志愿填报指南》，一直搜索跟国防相关的专业，当他看到北京工业学院时，眼睛就定格在了工程力学专业上。“对，这就是我要报的学校和专业”，黄春平内心激动起来。当他拿着《高考志愿填报指南》找到唐森林等几位老师时，唐森林老师也非常支持他的想法：“很好，你就应该到北京去读大学，那里能为你施展才华提供更广阔的空间。”

转眼，考试的日子到了。黄春平他们考试的地点设在闽侯一中，尽管是第一次参加高考，但大家的心里并不紧张。

高考共考六门功课，理科考语文、数学、俄语、物理、化学、政治。出乎大家意料的是，卷子竟然不太难，题量也不多，数学只有五六道题。最不犯难的是作文，题为“记一段有意义的生活”。因为参加过大炼钢铁和农村土地深耕、水稻密植，黄春平毫不犹豫地选择了这一题材，写了炼钢和深耕的故事。黄春平还记得，他用的是日记的形式，他想，“一段”必须有一个时间跨度，于是黄春平写了一个月中三天的日记。由于写的是自己熟悉的生活，写完了时间还有富余。那时不懂得散文笔法，只是如实记述，自觉虽然粗糙，但却紧扣了要求。

那时高考的录取率可以达到 80% 以上，但不是每个分数线达标的人都能上大学。当时考大学要先看个人“成分”，如果是地主、资本家、反革命、伪军的后代，高考成绩再好，也不能上大学。“成分”不好的直接不送档案。黄春平的“成分”很好，他的家庭是地地道道的贫农，家里还是贫农中的“赤贫”，父亲还参加过游击队，“成分”政审肯定不成问题。

1959 年夏天，黄春平在家里如愿收到了学校送来的北京工业学院（现北京理工大学）的录取通知书。

接到消息，黄春平几乎是飞奔到家的，喜悦之情溢于言表。但当他兴奋的心情逐渐平复之后，想到自己一贫如洗的家是多么需要他来支撑，一丝丝的忧虑又悄然爬上心头。“我如果走了，家里更没有劳动力了，妈妈怎么办？妹妹弟弟怎么办？”

“但是，我不能忘记国民党飞机狂轰乱炸后留下的一片瓦砾残垣和惊吓中孩子们呼爹叫妈的惨状，没有强大的国防是不行的，落后就要挨打。而读书也是改变自己和家人命运的唯一机会。几年之后，我就能以自己的专业知识立足于社会，既可以报效祖国，也有能力来照顾未成年的妹妹弟弟。”黄春平心想。

亲友和老师们都为黄春平高兴，也为他感到自豪。大家劝说黄春平，家里的困难是暂时的，读书的机会可遇不可求，为了报效国家，也为了将来能一路坦途，不应该错过这个机会。

黄春平终于做出了决定：去北京上大学！

2006 年，黄春平（前排左五）回乡同部分乡亲合影

时光荏苒，转眼 61 年过去了。当年的高考已定格成一张相片，珍藏在黄春平的记忆里。

十分重感情的黄春平，现在还和初中、高中的同学有联系。神舟五号载人飞船发射成功，实现了中华民族千年飞天梦，2004 年年初，闽侯二中初中、高中的同学为黄春平举办了一次庆祝活动。同学聚会设在福州市“武夷宾馆”，黄春平带了 60 多份礼品，包括手表、纪念封等纪念品分给大家。同学聚会气氛十分热烈，一群年过花甲的老同学，数十年未见，大家互诉衷肠，相拥而泣，场面十分感人。

2. 求学路上

1959 年，打着光脚板走到 21 岁的黄春平终于要到北京去上大学了！

“一人有难，众人相助”。疼爱他的姑妈，一名脱胎漆器厂的工人，月工资仅有20多元，就给了他20元。其余的亲戚朋友，你给8元，我给5元，大家一共给黄春平凑了60多元，这对于几乎赤贫的黄春平来说，真是雪中送炭。

家里贫困，在家乡念书的这些年，黄春平几乎没有什么像样的衣服。但在亲友们和老师们的关照下，如今的他也有了一些值得一提的“行头”了。首先是唐森林老师给了他一双半新的高帮蓝色球鞋。唐森林老师温和地对他说：“北京比这里冷得多，你总不能光着脚板去北京。”老师的体贴就像冬日暖阳，又像春天和煦的风，让黄春平的心瞬间融化。他含泪收下了这双鞋，也收下了老师的深情厚义。

黄春平自己只有一件浅黄色旧毛衣和几件旧衣衫，而姑妈为他准备的行头可以说是一个系列：一床土布薄棉被，一张草编凉席，一个洗脸盆，一顶蚊帐，还有一个价值7元多的二层皮做的小藤箱。有了这些，黄春平突然有点“富足”的感觉了。姑妈的恩情，他铭记于心，这些物品多年后他仍然保留着，尽管妻子嫌它们俗气，他也不舍得丢掉。

当时福州到北京的硬座火车票是19元多一张，学校给他发了20元的路费补助。黄春平坐的是慢车，中间还要在上海换车。乘长途火车，路上很辛苦，但这样能节约五六元钱啊。就这样，黄春平老老实实地坐到北京。

后来，黄春平每次从北京回福州，总会提前用自己的粮票去食堂买些烧饼装在发的背兜里。夏天回来还带着凉席，等车的时候，他就把凉席往火车站广场的地上一铺，睡一下，车来了就上车。他仍旧为了省几元钱换乘慢火车，中途要换几次车。几年时间，他在不同的城市换过车，南京、杭州、浦口、济南、天津、鹰潭等地都留下了他的足迹。他专挑便宜的车坐，吃自己背兜里带的干粮，喝凉水，不敢多花一分钱。

就这么着，黄春平稀里糊涂地到了北京。黄春平是南方人，对北方的寒冷没有概念。下了火车，陌生的城市给这个初来乍到的南方小伙子留下两个印象：一，空气很干燥；二，风沙很大，吹在人脸上生疼。黄春平身上穿着的是七八元钱的硬毛线衣，不懂得什么叫“棉毛裤”，也没带一件棉袄，就这样几乎没有“武装”地到了北京。到了北京工业学院，学校马上给他发了一套蓝色的棉袄棉裤和一床厚厚的被褥，这才避免了这个“傻小子”过不了冬的危险。这套棉袄棉裤，黄春平一穿就是 5 年。同时，他还领到了一个月 16.5 元的甲等助学金（伙食费一个月 12.5 元，零花钱 4 元；后来伙食费涨到一个月 16.5 元，助学金也随之提高到一个月 20.5 元）。这样一来，黄春平不但自己衣食无忧，而且还略有节余，逢年过节可以给家里寄点钱，补贴一点家用。

3. 学海遨游

就这样，黄春平来到了这所改变他生命轨迹的大学——北京工业学院。北京工业学院的前身是创办于 1940 年的延安自然科学院，首任校长是毛主席的老师徐特立，是中国共产党创办的第一所理工科大学，被誉为“红色国防工程师的摇篮”。

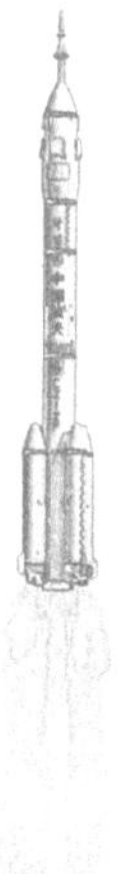

学校真大啊，大操场上有足球场，还有一排一排的篮球场，同学们在几百米长的跑道上奔跑、散步；学校有藏书丰富的图书馆，有让人眼花缭乱的各种力学实验室和化学实验室，还有庄重高耸的教学大楼；宿舍大楼也一样气魄十足，8 个人住在一间房里，有架子床，有书

桌坐凳，丝毫不觉得狭窄。这一切，哪是辅翼村中心小学和闽侯二中所能比的，黄春平有点像鱼儿从小河沟游到了大河、大海，有“海阔凭鱼跃，天高任鸟飞”的惬意之感。

黄春平被工程力学系录取，幸运的是，他喜欢自己的专业——再入飞行器总体专业。光是这个专业名称，就能让他感受到一种神圣的责任感和使命感。

头两年主要是上基础课，一个大班有 40 多人。到了三年级，班里有一多半同学分到了常规武器专业，而黄春平和马小青等其他 16 个同学（含 2 个女生）留在工程力学系再入飞行器总体专业。黄春平知道，这就意味着这一辈子要奉献给国防尖端科学技术事业，一种神圣的使命感在他的心头油然而生。

从三年级开始，与火箭、导弹、再入飞行器有关的专业课渐渐成了黄春平学习的主课，比如空气动力学、液体力学、工程热力学、传热学、火箭动力学、导弹概论、飞行力学等；而有关火箭方面，则有火箭发动机、航天器结构设计、火箭效能分析、火箭控制与制导、导弹概论、飞行器制造工艺等。这些林林总总的专业课程，为黄春平打开了通往科学海洋的通道，从此可在知识的大海里畅游。

通向高端科研的大门打开了，但好奇的黄春平还需要睿智的引路人，才可以走到科学女王的宝座前。幸运的是，学校有一批国内最顶尖的老师，系主任丁敬教授是我国著名的爆破专家，马宝华教授是遥感技术专家，蒋浩生教授是再入飞行器设计专家，周兰廷教授是传热学专家，还有其他一批极具潜力而又发奋有为的中青年老师。

使命感和对专业课的热爱都促使黄春平更加饱含热情地投身于学习。北京文化氛围浓厚，高校里有不少文娱活动，大多数学生乐于参加，但黄春平除了坚持打篮球、跑步锻炼之外，几乎不参加其他文娱活动，即便中央歌舞团来校演出，他也不会起心动念去看演出，而是专注地完成自己的学业。

1964 年，黄春平（前排中）与闽侯二中同学摄于清华园

黄春平找到了自己的一套学习方法。考试前，他要把学习内容读三遍，第一遍是把所有章节认认真真地通读一遍；第二遍是对第一遍读过的内容进行回顾，对不甚清楚的章节再进行阅读；第三遍是对不同类型的、可能要考的题进行重点复习。对没有弄明白的知识点，黄春平一定会请教老师或同学，直到把它搞清楚为止。

“我一直严格要求自己，无论大事小事都要起带头作用，所以一直能当班干部。”黄春平说。后来共青团改选，黄春平被选为班级的团支部书记。

4. 大学轶事

在北京工业学院优美舒适的环境里，黄春平实实在在地过了一段幸福充实的日子。黄春平爱学习，学校提供了丰富的资源、宽敞明亮的教室、设备齐全的实验室、藏书丰富的图书馆……黄春平每天都能吮吸新的知识，每天都有新的收获。这个 20 岁出头的小伙子正在长个儿，而学校食堂的伙食不但管够，而且美味可口。黄春平还喜欢打打球，运动运动，在午后或者傍晚，他和同学们相约在大操场，绕着操场跑步，或者临时组队比赛篮球，他这个三步上篮、屡投屡中的前锋经常获得一片叫好声。

北京工业学院是这样温柔的一位母亲，在她的怀里，这个来自福建的农村小伙子像一棵茁壮的小树一样，“噌噌噌”地长个儿。

黄春平还保持着农村时的一点“野性”——喜欢打着赤脚走路。当然，他也有一定的章法，大家一起上课时，他穿鞋子；打篮球、跑步、外出游玩，他常常光着脚丫，这样做不一定全是为了爱惜那双鞋，更多的是出于一种习惯——脱了鞋，让脚丫子呼吸，他感到那么舒适而自然。

这种习惯终究还是被改变了。一个秋高气爽的日子，黄春平和几个同学溜达到离学校不远的北京动物园。待他高高兴兴地回到学校不久，就受到了批评。年级主任李惠宁老师提醒他，光着脚丫去遛大街，是不文明的行为，有损首都北京的形象，作为班干部尤其不应该这样。黄春平是个听话的好学生，从此到公众场合就不光着脚丫了。

黄春平的大学生活在平静而有序的日子里度过，然而，一件突如其来的意外，打破了这种宁静——他的同班同学不堪羞辱自杀身亡了！

事情发生在 1961 年元旦。那时是困难时期，学校给每人每月只有 30 斤粮食，其中有 6 斤细粮。迎新年改善伙食吃饺子，学校每人要交 6 两细粮票（红票）。一天晨练回来，有同学发现自己丢了 6 两红票，来自上海的这位同学在大家的质问下嗫嗫嚅嚅地承认是自己一念之差偷的。在这种特殊的情况下偷粮票那还了得，何况她平时学习成绩不错，还在班里担任卫生委员。这位同学立即陷入被接二连三的批判和小组会的帮助之中。“品质恶劣”“自私可耻”之类的责难在所难免，口头和书面检讨也反复进行了多次。这个梳着羊角辫、脸色红润、身材健硕的年轻姑娘，立即像霜打的茄子似的蔫了。

春节过后，接连发生了几次让人胆战心惊的事，这位同学剪断电导线；湿了大半个身子晕晕忽忽地从外面回来……组织上特意让同寝室的女同学平时多留点神，防止她出意外。但意外终究还是发生了。一天上课，大家发现少了这位同学，立即在校园里寻找，竟无所获。第二天，同学们在颐和园的石舫旁边发现了她，此时的她已是溺亡后冰冷的尸体了。

一个花季少女就这样凋谢了，一个未来的栋梁之才就这样含着怨悔离开了人世。

黄春平的心中也受到不小的震撼，他不断地叹息：“太可惜了，太遗憾了！”这位同学的心理素质固然弱了一点，但谁又能苛责一个20岁左右的花季少女承受不住压力呢？如果大家能够对年轻人多一点包容，也许悲剧就不会发生。

5. 共度时艰

北京工业学院属于军事院校，大部分教材都是学校老师自己编写，并且是油印的，不花钱。需要黄春平花钱的项目很少，每个月学校还给甲等助学金，扣除伙食费，每个月还可剩下4元左右的零用钱。1962年以后，伙食费涨了4元，补贴的助学金也涨了4元，这样还是可以剩下4元的零用钱，所以，黄春平读大学，单纯靠助学金也是可以过日子的。在母亲没有改嫁之前的一年多时间里，黄春平过年过节都往家里寄钱。

好景不长，1959—1961 年，全国进入三年经济困难时期。那几年，每人每月只可以发到的粮食越来越少，渐渐地，不但在外面吃东西要用北京粮票，在学校食堂吃饭也要交内部粮票了；再晚一些时候，内部粮票也分红票（细粮）和绿票（粗粮）了。

食堂里，油腥渐少，鸡鸭鱼肉更成了稀罕。再往后，出现了白菜根、杨树叶和棒子面混做的“双蒸窝头”，用葱花加酱油兑开水而成的“高汤”充饥……饥饿难熬的日子开始了。

许多学生都扛不住这么苦的日子，消瘦得厉害。黄春平本来身体挺好的，那阵子也瘦得像一阵风就能吹走的样子，医生告诉他，你的身体快浮肿了。

尽管如此，打小吃苦习惯了的黄春平仍然保持着顽强的意志，并没有被眼前的困难吓倒。他想，在这个时候，光向老师拍胸脯表态是不够的，作为班里的生活委员，一定要用实际行动和大家一起战胜困难、共度时艰。

他首先减少了自己的运动量。篮球场上，很少再见到他矫健的身影，晨光曦微或夕阳西下时，他常常出现在小南庄的菜地上。这里本是学院搞爆破实验的地方，现在分给各班级种菜。黄春平就带着一些同学在本班的菜地里种萝卜、白菜，怎么翻地、怎么播种、怎么间苗等他全懂，自然大家都听他的指挥。而掏粪、施肥这类脏活、重活，他也是义不容辞地带头去做。

光种菜还不够，等收获完大白菜，黄春平还会带领着同学们到市郊去捋杨树叶子、到人民公社的大田里去捡白菜根。食堂里的菜团子、白菜根、杨树叶拌棒子面“双燕窝头”里，都有他们的一份汗水。

这时候，出现了一件让他看不惯的事。有一位调干生，每月有60元钱的工资，他时不时到外面下馆子“改善生活”，在大家普遍吃不饱的情况下独自享受，黄春平觉得这样影响很不好。

黄春平心里犯起了嘀咕，李惠宁老师不是多次提醒我们注意影响，要自力更生、克服困难吗？他是共产党员，不应该起带头作用吗？如果大家都像他这样，不就增加社会负担了吗？黄春平在反复思量后，终于憋不住，向李惠宁老师反映了这位同学的情况。听说后来党组织对这位同学进行了批评和帮助。不过，黄春平只是就事论事，对他并没有个人意见，后来他学习上遇到困难，黄春平还主动给他辅导，帮助他顺利过关。

6. 家中变故

在北京学校里过日子都这么难，可想而知在老家农村，母亲一人带着妹妹弟弟他们，日子肯定更难过。但黄春平又能有什么好办法呢？他只能在伙食费之外省下来的4元钱里，除了买必要的文具类开支外，他都一分一角地攒起来，等逢年过节就给母亲和妹妹弟弟寄回去。整个困难时期，5分钱一个2两的面包，他从来没有买过。

每当黄春平到邮局汇这可怜的一点钱时，心里就会说：“母亲啊，你辛苦了，再过几年等儿子毕业工作，有了收入，就能更好地照顾你和妹妹弟弟了。”

然而，突如其来的事情发生了。1961年6月的某一天，黄春平接到姑妈来信，说母亲带着妹妹弟弟改嫁了。黄春平顿时嚎啕大哭，他想现在真是无家可归了。

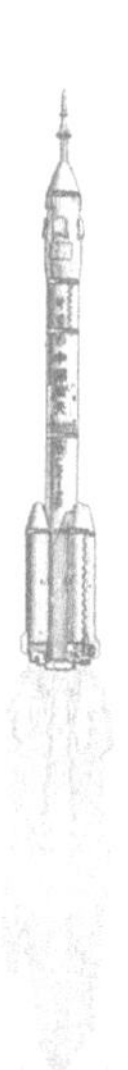

1961 年放暑假，黄春平急忙回福州，直接到姑妈家，姑妈详细地告诉他母亲改嫁的事情。

姑妈说：“那是今年春天发生的事。那时候，你母亲过日子也真难。如果只是没钱花，我还可以每月补贴她几块钱，可一家三口人没粮食吃，我哪里帮得上忙？就这样她便不得不改嫁到 5 里外一个姓林的人家那里去了，林家人待他们还不错……”

姑妈在不停说着，黄春平却一句都听不进去了，他的眼泪“唰唰”地往下掉：我的命怎么这样苦啊！1954 年上初中一年级的时候，父亲因病去世了，一家的顶梁柱没有了；好不容易上了大学，又遇上了全国性的饥荒；自以为现在咬咬牙便能挺过去了，哪想到母亲却带着妹妹弟弟改嫁了。

“我黄春平从此真是一个无家可归的人了，我从此就成了没有亲人可牵挂的孤儿了！”他的心中反复默念着这句话。

亲爱的姑妈看出了这个孩子心中的失落与痛苦，她一边替他擦眼泪，一边心疼地说：“孩子你莫慌，姑妈这里就是你的家！”

黄春平定下心神，决定到乡下看望母亲他们。他已经不敢指望改变母亲的决定，只是觉得千里迢迢地跑回来，应该去看看生养过自己的母亲和亲如手足的妹妹弟弟。他还想，家里虽然穷得叮当响，没有什么值钱的东西，但也许会给他留下一两件值得纪念的东西吧。

然而没有。那张父亲和他都用过的旧三屉桌没有留给他，犁耙之类的农具，连那把崩掉一个小口子的锄头、那件用了多年的旧蓑衣都没有留给他，他真的是一无所有了。

正所谓“赤条条一身无牵挂”，黄春平咬咬牙对自己说。他使劲抹去沉重的悲伤与无以名状的孤独，回到了北京。

7. 高分毕业

岁月如同一条波光粼粼的河流，无声无息地流淌着。黄春平逐渐从悲伤中平复过来，而国家也在与天灾人祸搏斗，最终走出了那段最困难的日子。

中央从 1960 年开始实行“调整、巩固、充实、提高”的八字方针，并为此采取了调整农村生产关系，恢复发展农业生产，缩短基建战线，精简城市人口的政策和稳定市场等一系列的政策，这些调整经济、发展生产的政策到 1962 年初见成效。人们终于吃得上白米饭了。

北京工业学院的学生生活在这样的背景下也渐渐有所改善，学生食堂里不再出现“双蒸窝头”和葱花、酱油兑开水的“高汤”。大学生的温饱问题已经解决，黄春平矫健的身影重新出现在篮球场和跑道上。

斗转星移，冬去春来。不知不觉地，黄春平和他的工程力学系的同学们就要告别五年的大学生活了。毕业前的头等大事当然是写好毕业论文，这对黄春平来说并不是太难的事。黄春平毕业论文的题目是“再入飞行器破片抛散设计”，而论文的指导老师就是再入飞行器总体设计专家蒋浩生。1964 年，蒋浩生教授不过 40 岁出头，但他的知识、经验和教学成绩早已在同行中备受赞赏。而黄春平呢，本来基础课就学得好，三年级上专业课以后，他有意识地大量阅读专业文献，广为涉猎，打下了很深的专业基础。他还到过黑龙江碾子山的炮弹生产厂和南京炮兵学院去见习。黄春平自己设计的试验小样件，在小南庄半地下坑道做爆炸试验，对抛散破片的分布密度、均匀度和抛散角度等有关试验资料、测试数据都认真地做了记录。这样，再加上有蒋浩生教授的指点，黄春平的毕业论文做起来真是得心应手。

1964 年 7 月，黄春平北京工业学院毕业照（前排右五为蒋浩生，三排右三为黄春平）

果然，当厚厚一沓子共四五十页的《再入飞行器破片抛散设计》论文手稿交到蒋浩生教授手里之后，这位严肃的教授脸上露出了难得一见的笑容。蒋浩生教授不但很痛快地给了他“优秀”的评分，而且笑意盎然地向其他同学介绍，指出黄春平的毕业论文在“抛散半径、密度、均匀性等多方面”理所当然应该得到高分。

“名师出高徒”，果不其然。

8. 光荣入党

毕业论文完成后，就是等待分配的日子。

黄春平在等待中继续平静的生活，日出而作，日落而息。他孜孜不倦地学习，如饥似渴地阅读图书馆里的藏书，跑道上或篮球场也总能见到他矫健的身影。一切如常。然而，这个勤奋而优秀的学生仍有疑惑，对于一段完满的大学生涯来说，我是不是还缺点什么？

一天，黄春平又习惯性地溜达到松树林。这个有松树林的花园坐落在学校主办公楼的右后方，面对办公楼有一座革命老人徐特立的塑像。这位老人曾经是延安自然科学院（北京工业学院的前身）院长，2013年，北京理工大学成立了“徐特立英才班”，旨在培养拔尖的创新人才。徐特立参加过二万五千里长征，他不仅是一位伟大的教育家，还是一位无产阶级革命家。

在灿烂阳光的照耀下，面对徐特立老人慈爱的笑容和期许的目光，一首耳熟能详的革命歌曲《跟着共产党走》在黄春平的心中响起：

你是灯塔，照耀着黎明前的海洋

你是舵手，掌握着航行的方向

伟大的中国共产党

你就是核心，你就是方向

我们永远跟着你走，人类一定解放

我们永远跟着你走，人类一定解放

……

黄春平豁然开朗：今天你是学业有成的大学毕业生，但这五年来你的衣食住行，所有的学习资源，是不是都来自于学校，来自于国家，来自于中国共产党？没有共产党，就没有你的今天，但你为什么还不是中国工人阶级先锋队的一员呢？

黄春平明白了自己的心思，深感一定要加入中国共产党，成为现代化建设先锋队的成员。他再次把自己的思考和决心跟李惠宁老师谈了。李惠宁老师对他说，争取分配前解决吧，否则到了新单位，又需要有一个了解的过程。李惠宁老师对此事考虑得这么周到，令黄春平深受感动。

他将自己入党的决心再次告诉了从二炮来班里进修的共产党员江绍华和党小组长马小青。江绍华和马小青成为他的入党联系人。其实，从 1962 年起，支部就把黄春平列为入党的重点培养对象，一直很关心他的进步。但由于在困难时期，黄春平反映了个别党员的生活问题，致使自己的入党问题受到了一定的影响。最终还是江绍华和马小青排除不同意见，在校延期一个月左右的时间，党支部通过了黄春平的入党申请。

1964 年 8 月的某一天，黄春平终于和另外一些新近入党的同志一起，在党旗和毛泽东主席像前，举起紧握拳头的右手庄严宣誓……

9 月，新生陆续入学。在一个可容一百多人的大教室里，黄春平向北京工业学院工程力学系 1964 年入学的新生作报告。他介绍了自己赤贫的家庭出身，讲了五年来自己努力学习的经过和对党的追求，最后表示坚决服从党的分配，在党指定的岗位上全心全意为人民服务，为人民共和国的国防建设服务，为实现共产主义的理想奋斗终生！

刚刚参加中国共产党的黄春平对于投身国防建设已经做好了一切思想准备，党会把黄春平这个厉兵秣马、热血沸腾的新党员放在什么岗位呢？

圆梦苍穹

第五章
服从分配　意气风发献国防
（1964—1966）

1964年9月的一天，我选了个秋高气爽、风和日丽的日子，雇了一辆三轮车，来到位于北京南郊丰台区大红门路1号的国防部第五研究院一分院报到，我没有想到的是，在这里一干竟然就是一辈子。

——黄春平

1. 服从分配

1964年7月，黄春平在北京工业学院五年的学业圆满完成，毕业考试和论文答辩都通过了。他期待的是毕业分配，这也是人生里程重要的一步。

在等待分配的时候，黄春平还是很有规律地过着日子，依旧按作息时间读书学习，他矫健的身影也依旧会出现在长长的跑道或篮球场上。

校方对学生毕业分配的工作很重视。早在3月，便以公函的形式通知每个毕业生的家长："请家长协助学校共同对学生做好他们的思想工作，使学生能坚决服从国家的分配，愉快地到祖国所需要的地方去。"

黄春平因母亲改嫁，学校的这封公函只有寄给亲爱的姑妈。当学校要求填写邮寄地址时，黄春平不假思索地写下了姑妈家的地址。

黄春平的姑妈收到这份公函，就托人写了封信给黄春平："咱们家很穷，如果没有国家的支持和帮助，你根本就读不起大学，你是我们家的第一个大学生，是党和政府培养出来的，毕业后你一定要服从分配，为国家出力。"黄春平看信后深受鼓舞，决心服从祖国的分配，到祖国最需要的地方去，将自己学到的知识毫无保留地贡献给祖国国防建设事业。

对于毕业后的去向，黄春平是深思熟虑过的。

那时候人们的思想觉悟都很高，从服务于国防现代化这个总目标出发，他填报的三个志愿是：第一，到核工业部所属青海湖边海宴军工厂去，那里属于“风吹石头满地跑”的戈壁高寒地区，海拔 3500 米，但他不怕吃苦；第二，到边疆黑龙江满洲里辗子山的军工炮弹生产厂，他读书时去实习过；第三，留校，他对教学、研究都有兴趣，他相信和丁敬、马宝华、蒋浩生这些业内知名的专家在一起，定会学到更多有用的知识。他把工作、生活条件艰苦的地方都报在前面，反正也没家了，就四海为家吧！

然而，结果却与这几个地方都无缘。年级辅导员李慧玲跟黄春平说：“我认为你这个人适合搞研究，在学校里发挥不出你的长项，会埋没人才。”于是，组织上分配黄春平到国防部第五研究院一分院（即后来的中国运载火箭技术研究院）去工作。

新党员黄春平对服从组织分配是早有思想准备的，对组织上的安排绝不说二话，开开心心地接受了。被分配到国防部第五研究院一分院，正好实现了黄春平立志献身国防的愿望。他希望在大家的共同努力下，中国的国防科技事业能够迅速强大起来。

“现在自己可以亲身参与到国防科技的研究事业中。”黄春平难以忘怀，也难以抑制内心的激动。

快要离开这个学习和生活了 5 年的母校，大家思绪万千，恋恋不舍。同学们互赠留言，相互勉励，还合影留念，留下了校园生活美好的回忆。至今，黄春平还保存着毕业前夕系、班、组的集体照。

国防部第五研究院原大门（电视剧《五星红旗迎风飘扬》截图）

他的行李也简单，稍加收拾，便选了个秋高气爽、风和日丽的日子，雇了一辆三轮车，于 1964 年 9 月的一天来到位于北京南郊丰台区大红门路 1 号的国防部第五研究院一分院报到，同时也参加了中国人民解放军。

黄春平没有想到自己在这个单位一干竟然就是一辈子，而且随着国家国防和航天事业的发展壮大，终于在他的亲自指挥下，在新世纪研制出了长征二号 F 火箭——神箭，把载着我国第一位航天员杨利伟的神舟五号飞船送入了浩瀚太空，实现了中国人的千年飞天梦想！

2. 艰苦军训

黄春平报到后的头一件事是接受为期两个月的军训。作为国防部的下属单位，接受军训再正常不过。穿上军装的黄春平觉得自己精神了许多。

军训第一课是站军姿，抬头、挺胸、十指夹紧贴于裤缝，平时松松垮垮的架子突然要端正起来，真是难受。这还不算苦，真正苦的是练习正步走的时候，教官让学员们控腿，一控就是10分钟，而10分钟不到，学员们已经东倒西歪了，可教官却稳稳地站在那里，大家不禁佩服教官的毅力和耐力。

军事训练内容看似非常简单，不过是原地转圈、正步、立定、齐步走这些基本动作，而真正做起来却没有那么容易。一天下来，黄春平他们就感觉累得半死，全身都疼，但大家没有一个人退缩，都坚持到了最后。黄春平从中深深体会到了坚持就是胜利的道理。

军训有一项重要的科目就是整理内务“叠被子”。刚开始听教官说教大家叠被子，大家都流露出不屑的表情：“叠被子”谁不会啊，还用教？可等教官做了一次示范，一会儿功夫就把原本皱巴巴在床上摊开的被子，叠得像“豆腐块”似的棱角分明，大家顿时对教官肃然起敬。

黄春平很快就学会了叠被子，将背包打得方方正正、结结实实。邻床一位小伙子说：“打背包也就罢了，平时有什么必要把被子叠得像豆腐块似的那么整齐？”黄春平便带点玩笑地劝他：“我们到这里来就不同于老百姓了，不算正式的军人，也算准军人了。打背包、叠被子不仅有实用的需要，也是为了培养一种严格自律、一丝不苟的好习惯。”

军训中，还有打靶实习。教官把有关的知识要领先做宣讲，但除了原先当过兵的调干生，其他学生兵谁也没有实践过。有些爱哭的女生拿起枪就心狂跳、手发抖，步枪10发子弹只上靶2发，其余不是打飞了，就是钻地了，而5发手枪稍好一点，总共12环。黄春平也打得不理想，只是及格而已。

“不经历风雨，怎能见彩虹？”军训给了黄春平一些难忘的体验。

军训虽苦，但在军训中，磨炼了意志，让大家知道“吃得苦中苦，方为人上人”的道理。军训，让大家有了“掉皮掉肉不掉队，流血流汗不流泪”的团队精神！

“宝剑锋从磨砺出，梅花香自苦寒来。”如果梅花没有傲立霜雪的勇气，就不会成为残酷冬日里的一道靓丽风景；如果人没有经历挫折磨难，就不会有坚强的意志。能经历磨炼才证明坚韧，能经得起挑战才说明勇敢，能跨过挫折才能展示成功。烈日晒黑了黄春平的皮肤，却使他那颗少年的心变得更加坚强；汗水浸湿了黄春平的衣襟，却留下了许许多多难以忘怀的回忆和弥足珍贵的精神财富。

要培养严格要求自己、一丝不苟的工作作风，事业的成功有赖于团结奋斗的团队精神，以及一定要掌握过硬的专业技能，无论枪炮还是火箭导弹，一定要打得出去，打得准，打得狠。

未来的火箭专家就是这样从学习走正步、叠被子、射击训练起步的。

3. 初识航天

1964 年 10 月，黄春平进入国防部第五研究院一分院，除了参加军训、锻炼体能、培养情操、磨练意志外，研究院还利用晚上时间，对新来的大学毕业生进行为期一个月的岗前文化培训，在此期间，单位给他们讲述世界航天发展史、中国航天历程等知识，这让黄春平他们对航天发展史和有关飞天的神话故事，有了初步的了解。

自古以来，神秘的星空一直对人类具有强大的吸引力，引起人们无限的遐想。虽然地球引力和落后的生产力将人类活动限制在了人类文明的摇篮中，但人类想象的翅膀却无法被束缚。在古人追求飞天梦想的同时，也为后人留下了许多美丽的神话与传说。

嫦娥奔月，在中国可谓家喻户晓，也是世界著名的飞天神话。相传远古时代，天上出现了10个太阳，直烤得大地生烟、海水枯干。一个名叫后羿的青年人拉开神弓，一口气射下9个多余的太阳。后羿立下大功，受到百姓的尊敬和爱戴。不久，后羿娶了美丽善良的妻子嫦娥。一天，后羿巧遇王母娘娘，便向王母求得一包可以升天成仙的不死药。然而，后羿舍不得撇下妻子，暂时把不死药交给嫦娥珍藏。3天后，后羿率众外出狩猎，心怀鬼胎的逄蒙假装生病留了下来。待后羿等人走后不久，逄蒙手持宝剑威逼嫦娥交出不死药。危急之际，嫦娥打开百宝匣，拿出不死药，一口吞了下去。嫦娥吞下药后，身子立刻轻如羽毛，飘离地面，飘出窗口，向天上飞去。由于嫦娥牵挂着丈夫，便飞落到离人间最近的月亮上。

真正的近代火箭的出现是在第二次世界大战时的法西斯德国。早在1932年德国就成功发射“A2”火箭，飞行高度3公里；1942年10月发射成功“V-2”火箭（A4型），飞行高度85公里，飞行距离190公里。“V-2”火箭的发射成功，把航天先驱者的理论变成现实，是现代火箭技术发展史的重要一页。

1945年5月，德国战败，苏联俘虏了部分德国火箭技术人员，缴获了几枚“V-2”火箭和有关技术资料。在此基础上，1947年，苏联仿制“V-2”火箭成功；1948年自行设计了“P-1”火箭，射程300公里；1950年和1955年，又先后研制出“P-2”和“P-3”火箭，射程分别达到500公里和1750公里；1957年8月成功发射两级液体洲际导弹“P-7”，射程8000公里。经过改装的“P-7”导弹于1957年10月4日，成功发射世界上“人造地球卫星一号”，从而揭开了现代火箭技术新的一页。

苏联由于发射多种航天器的需要，先后研制成功“东方号”“联盟号”“宇宙号”“质子号”“能源号”等多种型号的运载火箭，可将100多吨的有效载荷送入近地轨道。

第二次世界大战后，美国俘虏了以冯·布劳恩为首的德国火箭专家，缴获了100余枚“V-2”火箭。美国陆军在布劳恩的帮助下于1945年发射了“V-2”火箭；1949年开始研究“红石”弹道导弹；1954年制定人造卫星计划；1958年2月1日“丘比特C”火箭成功发射美国第一颗人造卫星“探险者一号”，送入近地点360公里、远地点2531公里、轨道倾角33.4度的椭圆轨道。美国为发射多种航天器的需要，先后研制成功“先锋号”“丘诺号”“大力神号”和“土星号”等运载火箭。

圆梦苍穹

第六章
非常时期　研制火箭不放弃
（1966—1976）

虽然那时七机部是两派斗争最激烈的部门，可是因为航天事业是关系到国防安全至关重要的事情，中央非常重视，所以有关航天的科研工作还能进行。从 1966—1970 年间，还进行了十几次火箭发射试验。

——黄春平

1. 白手起家

新中国成立后，党中央领导层明显地感觉到外来威胁的存在。人家还说我们是“东亚病夫”、一穷二白，因此新中国国防科学技术的发展成为重要的议题。新中国的航天史始于 1956 年。那一年 2 月，钱学森向中央提出了《建立我国国防航空工业意见书》，第一次系统地提出了发展我国火箭和导弹技术的重要意见。同年，国务院制订了《1956—1967 年科学技术发展远景规划纲要（草案）》，提出要在 12 年内使中国喷气火箭技术走上独立发展的道路。4 月，国家成立航空工业委员会（简称航委），统一领导中国的航空和火箭事业，由聂荣臻任主任，黄克诚、赵尔陆任副主任。5 月，周恩来总理主持中央军委会议，讨论了聂荣臻主任代表航委提出的《建立我国导弹研究工作的初步意见》，确定由航委负责组建国防部导弹管理局（国防部第五局）和导弹研究院（国防部第五研究院）。

1956 年 10 月 8 日，我国第一个火箭导弹研究机构——国防部第五研究院（简称国防部五院）成立，钱学森任院长。这一天，成为了中国航天事业起步的日子，中国航天从此走上了艰辛的创业之路。

国防部五院成立之后，我国导弹、火箭技术究竟选择一条什么样的发展道路？聂荣臻副总理在给中央的报告中指出：我国导弹的研究，采取“自力更生为主，力争外援和利用资本主义国家已有的科学成果”的方针。1956 年 10 月 17 日，毛泽东主席、周恩来总理批准了这个方针，并成为国防部五院的建院方针。几十年中，在这个方针的指引下，我国航天事业战胜了重重困难，不断发展壮大，走出了一条适合我国国情的发展道路。

1957 年 11 月 16 日，国防部五院成立了一分院和二分院，一分院负责导弹总体和弹体、发动机研制，二分院负责导弹控制系统研制。一分院建院初期，条件非常艰苦，有 175 人。除了兼任分院院长的钱学森和几位留洋的专家（任新民、屠守锷、梁守槃等）外，没有什么导弹和火箭专家，都是搞数学、物理、化学和电子、机械研究的人才，还有就是部队干部、大学毕业生等新入职人员。新中国的导弹和火箭研究工作就是在这几位专家的带领下起步的，可以说是白手起家。

2.“两弹一星”

为了缩短我国导弹技术起步阶段的摸索过程，我国政府曾就建立和发展我国导弹技术同苏联政府举行谈判，苏方只同意接收 50 名火箭专业留学生和提供两发供教学用的“P-1”模型导弹（即苏联仿制的德国“V-2”导弹）。1957 年 10 月 15 日，中苏两国签订了新技术协定，在 1957 年至 1961 年底，苏联将供应我国几种导弹样品和有关技术资料，派遣技术专家帮助我国进行仿制，并提供导弹研制、发射基地的工程设计，增加接收我国火箭专业留学生的名额。这为我国导弹的仿制和研制基地的建设起到了积极的促进作用。

1960年，中苏关系恶化，赫鲁晓夫下令全部停止根据先前协议正在进行的对中国的援助，撕毁合同，撤走全部专家，但这更激起了我国导弹研制人员自力更生、奋发图强的精神。

1960年11月5日，在祖国的地平线上，飞起了我国自己制造的第一枚导弹。这是我军装备史上一个重要的转折点。从此，中国有了自己的近程导弹。这是打基础、上水平的阶段。20世纪60年代中期，中国航天事业在奠定基础之后，进入了从仿制到自行研制、从初级向高级发展的阶段。

我国自行研制的第一枚导弹，于1962年进行了第一次飞行试验，但导弹才飞行十几秒，就掉了下来，试验失败。

“离开苏联老大哥，我们中国的导弹就不能上天吗?”回答是否定的。经过两年的研制和地面试验，我国于1964年成功发射了第一种自行设计的中近程导弹，它的研制成功，揭开了我国导弹发展史上新的一页。

在研制导弹的同时，中国也在着手研制原子弹。苏联专家撤走后，导弹研制很困难，再加上连续三年的经济困难，我国的工业基础非常薄弱，技术水平很低，经济实力又不行。但中央的决心很大，邓小平说：“我们就是砸锅卖铁也要把‘两弹一星’搞出来。”困难时期，很多工业需要调整，就是“两弹一星”不能调整，只能接着干。在这样困难的条件下，研制人员进行了一系列的试验。

当时没有电子计算器，研制人员就用手摇计算机计算弹道。弹道确定气动力、气动力确定载荷、载荷确定发热，等等，这样十几项，就要算上半年以上。为了保证专家能安心工作，政府提出“党委和领导是做保障工作的，要做专家的后勤，要给专家打洗脸水。”国防科委领导、专门管理导弹和原子弹研制的聂荣臻元帅，请各军区价拨一批猪肉、鱼、黄豆、水果等副食品，给专家们改善伙食。

1964 年 10 月 16 日，中国第一颗原子弹爆炸成功。美联社当天报道：“在亚洲，核力量不论多么粗糙，都是一种国际地位的象征，是科学技术和军事力量的象征。它既是动人的，也是吓人的。”中国第一颗原子弹研制成功，宣告了一个曾经落后的大国正在以强国的姿态屹立于世界之林，这是一封震惊世界的宣言书，更是一份珍贵的历史档案。

随着第一颗原子弹的成功爆炸，中国成为继美国、苏联、英国、法国之后，世界上第五个拥有核武器的国家。

1966 年，我国成功地进行了“两弹结合”飞行试验，创造了人类历史上首次在本国国土上进行“两弹结合”的飞行试验，结束了“有弹无枪”的历史，标志着我国导弹核武器的发展进入成熟阶段。

1957 年 10 月 4 日，世界上第一颗人造地球卫星由苏联发射成功。随后，美国、法国、日本也相继发射了人造地球卫星。1958 年 5 月 17 日，毛泽东在中共八大二次会议上发出“我们也要搞人造卫星”的号召，掀起中国航天事业的第一个高潮。

1970 年 4 月 1 日，装载着 2 颗东方红一号卫星和 1 枚长征一号运载火箭的专列抵达酒泉导弹试验基地。4 月 2 日下午，周恩来在人民大会堂听取即将发射的中国第一颗人造地球卫星及其运载火箭情况的汇报。4 月 24 日凌晨，毛泽东主席批准实施发射。

1970 年 4 月 24 日 21 时 35 分，中国第一颗人造地球卫星“东方红一号”从酒泉导弹试验基地发射，21 时 48 分，卫星进入预定轨道。《东方红》乐曲第一次在宁静的太空中回荡。

东方红一号卫星的发射成功，使中国成为继苏联、美国、法国和

日本之后，世界上第五个完全依靠自己的力量成功发射人造地球卫星的国家。

东方红一号卫星发射成功，是“两弹一星”精神和航天精神的体现。在东方红一号卫星的研制过程中，中国依靠自己的力量，全国大协作，建立起了一个比较完善和健全的航天科学技术研究、设计、试验、制造及质量保障和管理体系，锻炼和造就了一支又红又专、技术水平高、能打硬仗、善于攻关、专业配套、老中青相结合的航天技术队伍。历史不会忘记钱学森、邓稼先、赵九章、郭永怀、钱骥、陈芳允、杨嘉墀、王大珩、任新民、屠守锷、黄纬禄、孙家栋等23位“两弹一星”功勋奖章获得者对中国航天事业发展所作出的杰出贡献。

正是有了艰苦奋斗、无私奉献的精神，中国航天人不怕狂风飞沙，不惧严寒酷暑，没有条件，创造条件；没有仪器，自己制造；缺少资料，刻苦钻研；以惊人的毅力和速度，从无到有、从小到大，创造出“两弹一星”的惊人伟绩。

“热爱祖国、无私奉献，自力更生、艰苦奋斗，大力协同、勇于登攀”的“两弹一星”精神一直深藏在黄春平的心里，影响了黄春平这一辈子。

3. 非常时期

1965年11月23日，以国防部五院为基础，组建第七机械工业部，简称“七机部”。

1966年5月，“文化大革命”爆发。“文革”之初，七机部派系斗争严重，成了“文革”的重灾区。

1966年12月10日，黄春平参加了在北京工人体育场举行的

“12·10”大会，这个大会是原国防科委系统一至十研究院的群众组织召开的，目的是要求恢复其军队编制。参加会议后，黄春平于12月14日，乘坐钱学森的专机到了酒泉导弹试验基地，参加中程导弹的第一次飞行试验，然后从基地坐专机参加试验。

1967年2月8日，黄春平从和田基地回京，看见院子里贴了很多大字报，由于黄春平是穷苦出生的“红五类”，他在研究院第一设计部1000多人的大会上做了慷慨激昂的发言。

1967年4月23日晚，黄春平等要去基地发射导弹。到了基地，跟往常一样工作，似乎没有受到“文革”的影响。1968年6月，航天材料及工艺研究所所长、著名材料专家姚桐斌被无故殴打至死，此事惊动了周总理，总理亲自接见了两派的头头……。那时候，七机部实行军事管制，军管会每星期都要向总理汇报一次。总理下了一个命令，要搞一个科学家的名单。名单送上去后，总理说：“名单中的每个人，你们要保证，出了问题我找你们!”钱学森曾说，“文革”中我们都是受保护的，没有周总理的保护，恐怕我这个人早就不在人世了。

在黄春平的记忆中，有这样一段刻骨铭心的“文革”经历，令他记忆犹新，永生难忘。

4. 永不言弃

20世纪70年代起，正是国际局势趋向缓和、许多国家经济起飞或开始持续发展的时期。但由于受“文革”的影响，中国不仅没能缩小与发达国家的差距，反而拉大了差距，从而失去了一次发展机遇。

让黄春平稍感安慰的是，有关航天的研究和生产活动并没有停下来。各级干部、党员和工人、解放军指战员、知识分子，在极端困难的条件下，克服重重干扰，顽强工作，使国防科学技术取得若干重要成就，包括成功地进行了导弹核武器发射试验，爆炸了第一颗氢弹，发射了第一颗人造地球卫星等。

“虽然那时七机部是两派斗争最激烈的部门，可是因为航天事业是关系到国防安全至关重要的事情，中央非常重视，所以有关航天的科研工作还能进行。从 1966—1970 年间，还进行了十几次火箭发射试验。”黄春平如是说。

在当时极其艰难的条件下，还能取得如此伟大的成就，这不仅是中央领导的高度重视，更是航天科技工作者们对科研工作舍生忘死、攻坚克难、永不言弃的结果。

圆梦苍穹

第七章
风餐露宿　戈壁沙漠寻残骸
（1966—1976）

在沙漠腹地寻找导弹再入飞行器残骸，每人带上两军用水壶的水，不能擅自喝水，而且每次每人只能喝一口，不能多喝，怕的是后面可能没水喝。

——黄春平

1. 钱老关心

1966 年 11 月 14 日，黄春平搭乘钱学森的伊尔 18 专机，从北京沙河机场去酒泉导弹试验基地参加中程导弹的发射试验。

苏制伊尔 18 客机

身穿戎装的钱学森和黄春平他们同机赴酒泉基地。钱学森非常重视这次发射试验工作，利用飞行途中的两个多小时，详细听取了同机人员的情况汇报，并进行了精心部署。黄春平记得最清楚的一件事，是当钱学森得知同机的有再入飞行器设计人员黄春平时，他面带微笑地走到黄春平身边，和蔼可亲地问道："你是 4 室的？"黄春平回答说："是的。"这样，钱学森就开始跟黄春平聊起了再入飞行器研制情况。钱学森说："搞'卫星'的要成立一个研究院，你们搞再入飞行器的比卫星还复杂，也应该成立一个研究院。"但由于负责再入飞行器工作的行政关系隶属复杂，有效载荷研制在二机部，再入飞行器研制在七机部，所以，再入飞行器研究院一直成立不起来。

钱学森在“文革”政治风暴肆虐的时候，还这样关心黄春平这些年轻人，让黄春平永生难忘。他开始思考在这场复杂的政治风暴中，自己该怎么处事呢？

2. 试验落区

导弹系统是一个复杂的高科技系统，其设计方案、技术指标、环境适应性和使用性能，除了要进行大量的地面试验外，还必须经过多次飞行试验的考核方能定型，并交付使用。因此，试验落区的选址十分重要，既要考虑安全，又必须选在土质松软和地形较为广阔和平坦的地方。根据周恩来总理的指示，导弹试验不要占用良田。为此，试验落区就选在了新疆和田地区。为了满足导弹飞行射程的要求，选择了多个落区。

再入飞行器落点搜索队经常要在沙漠里行走，进场时仅靠 28 匹骆驼背着帐篷、行军锅、行李和油盐酱醋柴等，搜索时，仅靠队长拿着指南针导航，人与人间隔 50 米左右，拉开人字队形，在沙漠中前进。夏天，沙漠地表温度高达 60 多摄氏度，大家只能穿着裤头，光着脚在滚烫的沙堆里行走。冬天，沙漠里的气温达零下 30 多摄氏度，由于搜索队带的是单帐篷，在帐篷内，大家只能把腿伸进军用皮大衣的袖子里，然后盖上被子睡觉。

五十多年前，黄春平等航天科技人员，就这样与中国人民解放军的官兵们，担负着再入飞行器搜索任务。在号称“死亡之海”的塔克拉玛干沙漠腹地，与严寒酷暑、风沙干渴搏斗，在千里沙漠中艰难地

黄春平（左）等在沙漠腹地

跋涉、搜索、挖掘和运输；他们远离人群，远离家人，在异常艰苦的气候条件下辛勤地工作着，为祖国的航天事业默默地奉献自己的青春年华，留下了一段段悲壮动人的故事。

3．进场参试

飞行试验时，黄春平等试验人员需要从乌鲁木齐坐专机到和田某部队，飞行前几天，他们再从和田去落区参加试验，执行搜索任务。

黄春平他们和解放军战士坐上解放牌军用大卡车上，战士们都把前排让给科技人员，他们自己坐后排，忍受着颠簸和飞扬的尘土。就这样他们长途跋涉，辗转来到一般地图上找不到的塔里木盆地的麻扎山。

麻扎山可不是内地常见的林木葱茏的高山，它是沙漠地区的一座小山，山上根本没有树，山的东头是和田河，北面由于是背风面，堆积着与山脊几乎齐平的软沙，南面迎风面却是硬土。和田河西岸有一些七零八落的胡杨树。胡杨树是新疆最古老的树种之一，它主要分布在极度干旱的新疆塔克拉玛干大沙漠周围。胡杨树被维吾尔人称为“托克拉克”，意为“最美丽的树”。由于它能任凭沙暴肆虐，任凭干旱和盐碱侵蚀，任凭严寒和酷暑袭扰，照样顽强地生存，所以又被人们称为“沙漠英雄树”。当地人都这样赞美胡杨：活着昂首一千年，死后挺立一千年，倒下不朽一千年，铮铮铁骨千年铸，不屈品质万年颂。胡杨有顽强的性格，也有独特的美，在朝晖、夕阳的照耀下，它的千姿百态更加显得挺拔而优美。

从和田河出发到麻扎山是一条顺着和田河西岸，用沙子堆起来的所谓“公路”，路被卡车压过，变成一条深深的沟。卡车每小时只能行进 6～7 公里，需要两天才能到达麻扎山落区。

黄春平他们在落区还帮部队盖房子、盖地窝子住。生活用水需用水车到 3 公里以外的和田河取，真可谓水比油贵。部队规定，从和

黄春平在沙漠胡杨林中

田河取来的水只能用来喝，擦身子、洗漱、洗脚等要用当地取的地下水。沙漠地带的地下水富含硝碱等矿物质，又苦又涩不能喝，喝多了会拉肚子。

冬天，和田河上结了厚厚的冰，部队进入试验区，为了能快些到达目的地，汽车经常会在厚厚的冰面上行驶。有一次为了进场，司机看到前方有不明物体，一脚急刹车，大卡车在原地旋转了180度，而司机浑然不知。就这样，汽车往回走了很长一段路，直到司机看到坐标，才发现方向走反了，赶紧调头。这种情况，对于冬天在冰面上行驶的车辆来说，经常出现。

盖地窝子可不是黄春平这个南方人的强项，但他能吃苦，不怕累，克服了许多困难，也作出了自己的一份贡献。

4．试验营地

落区试验指挥部所驻扎的地方，沙子细得像面粉一样，风一吹漫天飞扬。试验队搭了几顶帐篷，供办公和食堂之用，人员则住在地窝子里。地窝子最大的好处就是因陋就简，不费多大事，就解决了大西北苦寒地区的临时居住问题。这是解放初期进军大西北的解放军用过的办法，现在黄春平他们也用上了。

所谓地窝子，就是往地下挖约2米深的坑，顶棚是用从和田河砍来的芦苇盖的，用沙压着。风一吹沙子就掉下来，过一两天，床上就可以收集一大把沙子。因此，为了防沙，部队发的床单，不是铺在褥子上的，而是当做天花板用。地窝子床上铺着芦苇，由于沙漠下面的盐碱地会返潮，所以床面非常潮湿。1967年夏天，黄春平就在这样的环境下住了123天，期间没有洗过澡。但他一想到国防建设，浑身就有用不完的劲，下定决心，不怕牺牲，排除万难，去争取胜利。

5. 火箭农场

1967年4~8月，战斗在新疆塔克拉玛干沙漠的黄春平他们，唱着“下定决心，不怕牺牲……”的毛主席语录歌曲，来到导弹试验末区。这不仅仅因为当时正处于“文革”的高潮之中，还因为他们到达试验区的营地之后，亲眼目睹了沙漠地区苍凉苦寒的自然环境，亲耳听到了烈士们为火箭试验英勇献身的故事。黄春平心想，在这里搞火箭试验，没有不怕牺牲的献身精神，恐怕还真不行呢！

住在地窝子里，天天接受流沙的洗礼，慢慢也就习惯了。黄春平他们不时地把当做天花板的床单解下来，抖干净积攒在上面的细沙，然后再挂上去。

至于伙食，像黄春平这样能吃苦的人，觉得也没有什么好抱怨的，基本上是吃肉罐头煮挂面，加上点盐或酱油，应该说并不难吃——重要的是吃进口之前一定要做好防沙工作，千万别让细沙冒充了胡椒面。当时，蔬菜是没有的，但有一定数量的水果罐头，如橘子、菠萝罐头，调剂着吃一些，还算可以。

经济上，黄春平这样刚刚转正不久的大学毕业生，每月只有56元工资。按照空军地勤的伙食标准吃饭，每天的伙食费是1元1角3分钱，公家补贴6角5分钱，自己支付4角8分钱，每个月十几元钱，还是可以承受的。

根据工作需要，他们有时要离开营地，到更远的地方去工作，进场要走两天，途中留下来过夜的地方，就是火箭农场。

火箭农场其实和火箭试验没有直接关系，它是一个新组建的农场，主要是由上海市和苏州市的上山下乡知识青年组成。但这一回，黄春平他们来到农场，眼见的却是一片荒芜，几乎见不着人——借着“文革”红卫兵大串连的由头，知青们都跑光了，都闹革命去了，农场的领导也找不着了。黄春平心里嘀咕着：都这么闹“革命”，生产谁来搞，工作谁来做呀！

见不着人，倒是见着了一群鸡。那是他们要借该农场过夜、借厨房做饭时发现的。“呼啦啦！”一下子从大铁锅里飞出来几只鸡，母鸡们还“咯咯咯”地叫着。黄春平心疼这些鸡，可除了临时给它们找点吃的，还能怎么办呢？看着把大铁锅当鸡窝的这些鸡，黄春平无奈地摇了摇头。

可是，试验队的晚饭还得用这口锅来做啊，黄春平将满是鸡屎的铁锅刷了一遍又一遍，用它开始做起了晚饭……

6. 搜寻残骸

搜索再入飞行器残骸和数据是落区工作的头等大事。那时候，落区搜索的条件非常简陋，基本就是铁锹加水桶，运输主要靠骆驼。搜索队没有装备现代化的“GPS”系统，寻找火箭残骸，就靠搜索队拿着指南针，按照首区（酒泉基地）指示的大体落点，在末区（导弹落点）一定范围的区域里搜寻。观测再入飞行器飞行轨迹时只能依靠苏联产的光学设备。再有就是凭搜索队员丰富的经验。

1967 年 7 月，中程导弹进行飞行试验，在预定落点没有看到光点，也没有听见声音。首区确定发动机出了问题，一方面需要在沙漠中寻找再入飞行器落点，另一方面要寻找发动机残骸，以便分析故障原因。黄春平他们很快接到了首区的指令，第二天出发搜寻残骸和数据记录装置。黄春平任搜索队主力，要去寻找落点。

经过几天艰苦的长途跋涉，黄春平他们终于来到了落点所在地，搭起了临时住宿的帐篷。

搜索队由部队和黄春平这些科技人员混编组成。出发时，每人背上两军用水壶的水。搜索中，队长按指南针指示的方向，走在全队的最前面，队里其他人以队长为参照，相隔 50 米左右，排成人字形，朝着目标区逐步推进。大家按照队长指令统一休息，休息时，每人只能喝一口水，如果开始喝多了，到后来没水了，就会出问题。因此，能不喝尽量不喝，实在不行了，才能喝点润润嗓子。

塔克拉玛干沙漠的地貌特征是新月形的沙丘接连不断。软沙漠的沙丘起伏不平，无法坐汽车去搜索，只能徒步行进。搜索队穿的鞋子都是特别定制的高帮软底靴子，否则沙子会进入鞋里。沙漠中一块石子都没有，黄春平他们搜索时便光着脚走。沙漠的迎风面很实、背风面软得像“泥潭”，一踩上去就会陷下去很深，因此，搜索时只能顺着迎风面走。搜索队的锅碗瓢盆、行李、粮食、帐篷等物资是靠 28 匹骆驼送进去的，搜索的部件、残骸等，也只能靠这些骆驼运出来。

搜索队员在烈日的炙烤下口干舌燥、汗流浃背。眼要往远处张望，脚下朝前迈一步，后滑半步，真的好费劲！但黄春平和大家都知道，除了坚持，别无选择。

找到落点后，挖掘残骸和数据记录装置要挖三米多深的坑。开挖的口径很大，大约有 10 米。从首区特制了 4 个不同直径的钢圈，一层套一层。黄春平与战士们一起挥舞着铁锹挖沙，干燥的沙子漫天飞扬。不知挖了多久，终于找到了要回收的 300 多公斤的装置。大家十分高兴，高喊：

搜索队在试验区搜寻导弹残骸

"找到了，找到啦！"

"毛主席万岁！"

"毛主席万岁！"

"万岁、万万岁！"

……

欢呼声接连不断地响起来，嘶哑的、洪亮的、尖细的、粗重的，混成一片，在空旷、一望无际的塔克拉玛干沙漠的上空形成了欢乐的交响曲。

就这样，黄春平等科技人员与战士们一道共同奋斗着。他前后20多次在沙漠中搜索导弹残骸、部件和数据记录装置。有好几年，黄春平他们就是在塔里木盆地的沙漠里寻找、挖掘、运送……就靠这些数据记录装置，完成了我国几个导弹型号再入飞行器的定型，为导弹事业的发展作出了突出贡献。

7. 遭遇龙卷

沙漠里的气候变幻莫测，遇到龙卷风也是常事。黄春平曾亲历过龙卷风的袭击。那是在远离大本营搜寻导弹残骸的一个傍晚，大家辛苦了一天，正围坐在帐篷旁边准备吃晚饭。新疆夏天天黑得晚，能见度很好，晴空万里，不经意间一阵狂风扫来，卷起了漫天的飞沙，万里晴空顷刻化为昏天黑地。黄春平他们立即本能地趴在帐篷四周，用身体将帐篷边压住，有些人紧紧地拽住固定帐篷的绳子。好在龙卷风来得急，去得快，帐篷没有受到什么损失。

8. 引火烧身

黄春平忘不了在塔克拉玛干沙漠里过冬的情景。那年冬天，中程导弹试验打偏了，用直升机在和田河边上找到了落点。搜索队带着铁锹和水桶去挖掘导弹残骸，一挖就是十几天。他们睡的是帐篷，沙漠里冬天的气温达到摄氏零下三十几度，真是呼气成雾、滴水成冰。

最难受的是晚上睡觉时，帐篷外寒风呼啸，全身都是冰凉的，虽然同事们都很年轻，但床上像冰窖似的，让大家辗转难眠。有人就想，既然可以用枯死的胡杨木烤火，为什么不可以把没有燃尽的热炭伴着烤热的沙子一起垫在毛毡下面取暖呢？于是，大家就把胡杨树枝用汽油点着，将沙子扒开，把火红的木炭放进去，然后再用沙子盖上，最后把个人的毛毡铺在上面。

办法虽然很好，但也得掌握好火候，火候掌握适当，非常暖和，能让人睡得很舒服。可有一次，有人木炭取多了，铺在上面的沙子太少，没有把木炭完全盖住，木炭遇到空气烧了起来，把毛毡烧着了，他立马从地上跳起来，喊叫声惊醒了周围的人，大家都忍俊不禁，哈哈大笑起来。

圆梦苍穹

第八章

汇报工作　大会堂中见总理

（1968 年）

向周总理汇报导弹出厂的情况时，总理听得非常认真，他那种兢兢业业的工作作风让我很感动，现在回想起来，还历历在目，无法忘怀。

——黄春平

1. “双想”活动

1966 年，我们国家在国际上受到核大国的威胁，国内经受着经济上的困难，“文革”又闹得轰轰烈烈，内扰外患，形势严峻。然而，在周总理的亲切关怀与严格要求下，国防科研的步伐并未停滞。

在黄春平心目中，周总理对于尖端科学技术事业的关怀，以及严谨的科学态度和工作作风，永远是自己学习的楷模。当时的每一发导弹出厂，都必须向周总理汇报，经他批准后才能出厂。周总理每次都过问得很细，要求我们的科研工作，必须实事求是，循序渐进，坚持不懈，戒骄戒躁。

航天无小事。周总理要求同志们做到“严肃认真，周到细致，稳妥可靠，万无一失”。

特别是在执行大型任务过程中，周总理指示科技工作者要这样做，而他自己更是身体力行。每次试验之前，周总理都要听汇报，总是仔细地询问可能影响成败的各个关键环节，还要求大家把各种不利的或者意外的因素考虑到。比如说原子弹试验，已经挂上了飞机，气象条件发生变化怎么办？原子弹受空气影响，投不下来怎么办？飞机带弹返回机场时，原子弹会不会意外脱落诸如此类的问题，应该采取什么安全可靠的措施？周总理在得不到满意的回答时，他会说，我们暂时休会，给你们一定时间认真研究。直到我们有了令人放心的答案后，他才决定复会，作出决定。

周总理多次语重心长地告诫大家，搞尖端武器试验关系重大，绝对不能有一丝一毫的马虎。我们国家还很贫穷，做什么事情，都要考虑周到，略有失误，都会加重人民的负担。正是由于周总理严肃而又亲切的教导和榜样的力量，培养和锻炼了国防科技队伍严谨的工作作风。

此后，每一次重大的科研试验，大家都要重申“十六字方针”，都要遵照周总理的指示，开展群众性“双想”（即回想和预想）活动，提方案、定措施，做到不带隐患进试验场，不带隐患上天，使我国成为在世界航天领域发射成功率比较高的国家。

2. 总理接见

让黄春平终生难忘的一件事，就是到人民大会堂向周总理汇报首枚中远程导弹出厂工作的情形。

那是1968年3月，正值“文革”期间，作为研究室“文革”领导小组副组长的黄春平没下“五七”干校，他当时是研究室里主管中远程导弹再入飞行器研制的负责人。

研制中的再入飞行器出现了超重问题，火箭发动机里还发现了铁屑等多余物。这样重大的质量问题，必须如实向周总理汇报。

于是，院领导委派第七机械工业部一院副院长兼液体发动机研究所所长任新民、黄春平和再入飞行器设计员陈利法等到人民大会堂向

任新民院士

周总理汇报情况。

黄春平得知要到人民大会堂向周总理汇报工作后，心情无比激动，又十分忐忑。激动的是自从来到北京，他曾无数次经过人民大会堂，每次都饱含着好奇的心情往里面张望，想象着人民大会堂里面的样子，想象着毛主席和周总理在里面工作的情形。这次，终于有机会亲自步入人民大会堂，能亲眼见到敬爱的周总理，太激动了。可静下心来想想，他又感觉十分内疚和惭愧，毕竟导弹出了两个质量问题，尤其是自己负责的再入飞行器出了问题，让日理万机的周总理操心。“周总理要是把我们训斥一顿或给我们安个什么罪名，那我们以后就要过苦日子了。”那天晚上，黄春平辗转反侧，一直在想象着第二天怎么向周总理检讨工作不严谨的情形。黄春平心想，不管怎么样，既然领导把这么重要的任务交给我们，我们一定要认认真真倾听周总理的谆谆教诲，无论如何也要完成任务。

第二天，黄春平与陈利法跟着院领导任新民到人民大会堂去向周总理汇报工作。任新民和黄春平等人坐上“万山牌”面包车往人民大会堂赶，按通知他们应该在下午两点前到达。

屋漏偏逢连阴雨，意想不到的事情发生了。车子行驶到天桥时出现了故障，司机捣鼓了半天，等赶到人民大会堂时，已经下午两点半多了，晚了半个多小时。到了会场，服务员说：“总理早就到了，等你们半天还没来，就去打乒乓球了。”当周总理得知人都到了，便马上赶回来，健步走到他们面前，热情地招呼大家都坐下。这是黄春平第一次亲眼见到敬爱的周总理，只见总理头发花白，眉毛浓密，神态慈祥，笑容亲切可掬。因为导弹出了两个问题，并且又迟到了半个多小时，黄春平他们怀着忐忑的心情，向周总理解释迟到的原因，以为难免要挨一顿训斥，没想到周总理没有批评他们，只让他们抓紧汇报这枚导弹研制情况及发生的问题。听完汇报后，周总理语重心长地说：“现在外面有些乱，你们不要管这些，你们自己可不能乱，一定要把人力、物力和精力投入到导弹的研制工作中去，一定要专心致志地做好这件事。事关国家安全，可不能马虎大意啊！”最后周总理同意导弹出厂，并起身和他们一一握手告别。周总理一边离开一边说：“我还要在车上把胡子刮干净，今天是柬埔寨王国西哈努克亲王的生日，我要赶去给他祝寿。”望着周总理憔悴的面容、钢丝似的胡茬、消瘦的身影，黄春平心里好感动，也好难过，泪水在眼眶里打转。

周总理在“文革”非常复杂的政治背景中，仍然对导弹研制工作如此关心，令人十分感动，真是人民的好总理！黄春平在心里叮嘱自己，也是在向周总理做庄严的保证：是的，事关国家安全，我们怎敢马虎大意，我们怎敢分心旁骛，只有专心致志，全力以赴！

这天的事情，黄春平至今回想起来，还历历在目，无法忘怀。遗憾的是，当时没有相机，也没有记者跟随，没能留张与周总理的珍贵合影。

黄春平是幸福的，他真是“文革”中的幸运儿，在此期间，他把自己的宝贵青春都投入到了祖国的航天事业中去。

从亲聆周总理的叮咛以后，黄春平先后主持过 7 个导弹型号的研究，参加过 48 次火箭发射试验，为祖国的航天事业作出了重大贡献。

第九章
一波三折　悲喜交织铸情史
（1966—1968）

我们没有经过花前月下、卿卿我我的浪漫，彼此看着还顺眼，为人做事合得来，又都到了谈婚论嫁的年龄，便好上了。谈恋爱之后，我还有些难以置信，像我这样的穷小子，居然还会有人喜欢？

——黄春平

说起来，黄春平的感情经历并不复杂，只是在那个特殊的年代，并不是拥有单纯的情谊就可以获得美满婚姻。因为自身的优秀，黄春平赢得了许多少女的青睐，但由于家庭贫困和国防系统工作的特殊性与严肃性，他的情感生活也几经挫折，最终黄春平的婚姻选择不仅是互相爱慕、相濡以沫的伴侣，也是事业上携手共进的好伙伴。

1. 青梅竹马

“春平，在家吗？要不要出去玩儿？”

这是表妹在喊他。表妹和黄春平是青梅竹马的小伙伴。他们俩是同乡，从小一块儿玩耍，从小学、初中，一直到高中都是同年级同学，只是那时候，两人年纪都小，天真懵懂，并没有其他想法，但有深厚的表兄妹感情。

表妹不仅长得漂亮，而且对表哥一往情深。高中毕业，黄春平考到北京工业学院，表妹考到福建医学院。两人一北一南，身处两地，遥遥相望。因为交通不便，两人要想见一面，也只有寒暑假才有可能。所以，每逢黄春平回福州姑妈家休假，表妹必定闻风而至，结伴外出游玩。回想起当年两人相处的愉悦情形，像过电影一样，一幕幕地在黄春平眼前闪现……

不过，那个时候黄春平与表妹还是年轻懵懂的孩子，也因黄春平家境不好，两人并没有一丝“处对象”“谈恋爱”的想法，少男与少女之间是纯真的友情。年纪稍长，黄春平也不是没有动过婚娶表妹的想法，只是命运弄人，他与表妹只能是表兄妹的情谊，而无法成为情侣。

说起来，他们的姻缘不能促成有不少原因。

其一，当时大学生不许谈恋爱。那时候的学生比较踏实、学风好，在学校里基本是一心一意地学习，很少有谈恋爱的学生。对于学生恋爱，有的学校是既不赞成也不反对，有的学校就非常严格，一经发现有谈恋爱的学生，就要开除其学籍。在这种严肃的氛围里，无论是黄春平还是表妹，都不敢轻易开启这段恋情。

其二，表妹是华侨，她的父亲在印度尼西亚，那个时候属于有“海外关系”。所谓“海外关系”是指与国外、境外的人有亲戚、朋友关系。有“海外关系”在那个年代可不是件小事，是可以被怀疑为“特务”“奸细”的理由。一旦被列入具有“海外关系”者，报考大学的考生在政审表上就会被盖上“不可录取机密专业”的条形蓝色印。这样，你成绩再好，也只有剩下不多的师范、会计、地质、医生等普通专业可录取了；参军时，不管你体质多健壮，也因会“海外关系”政审不合格而被挡在门外；招工也要看那个工厂是什么性质的工厂……反正，有“海外关系”的人，政治上受歧视，工作上受限制，每次政治运动一来，就要受到冲击。黄春平在军工院校学习和后来在军工系统工作，政审要求格外严格，表妹的“海外关系”，使他们的“爱情证书”无法盖章生效。

其三，黄春平家境贫寒。他家没有房子，毫不夸张地说是“上无片瓦，下无寸土”。有时，黄春平回乡时，不得不到他的堂嫂（表妹的姐姐）那里吃顿饭、睡个觉，有时还会见到表妹的妈妈。表妹的妈妈对黄家的贫困情形十分了解，她的妈妈心疼女儿，担心女儿嫁过去生活上要吃苦，于是劝表妹说：“黄春平是很不错，但是他家里很穷，就算有一百个黄春平那么好也没用，我不同意，你就死了这条心吧。”对表哥芳心暗许的表妹，最终还是听从妈妈的话，选择离开黄春平，留下了终生的遗憾。

1986 年，已是航天一院第十四研究所副所长的黄春平，到香港去看望已经移居香港的表妹。曾经青梅竹马的一对，却有缘无分，造化弄人，令人感慨。表妹的母亲见到黄春平，想起当年阻拦两人交往过的事儿，羞愧难当。

黄春平的姑妈特别喜欢、疼爱黄春平，她收养了一个女儿，本来想许配给黄春平，但黄春平觉得两人之间没有感情，便没同意。

2. 穷人无妻

黄春平念初中、高中时，一直当班干部，与同班也是班干部的一位女同学小君（化名）关系很好，但并没有成为恋爱关系。小君考上了福建师范大学化学系，而黄春平在北京工业学院读大学，她读四年，黄春平读五年。

1962 年春节假期，黄春平回到家乡。得知黄春平回来了，小君在黄春平姑妈工作的福州小桥商店放了一封信。黄春平看到信后，得知小君不准备回家过年，要与他一起到姑妈家过年。信中还要黄春平在大年三十那天下午 5 点到解放大桥旁的新华书店接她。黄春平没有手表，也没有重视这件事，到了五点多才到那里，未见到小君。

黄春平急忙返回到姑妈店里，小君又留下一封信，说她已经回家了。黄春平看信后心里有些歉疚，下午五点多了她还回兰埔，那时候没有汽车，不知她是怎么回家的，几点到家。小君在信中还留下一句话：“我初二还会上来。”令黄春平很是感动。

初二那天，小君果然如约而至，要黄春平跟她一起去她家。一个晚上，小君的母亲都在“审问”他，详细询问黄春平的情况。黄春平心想，不能说假话，于是一五一十地把家里如何穷，如何“上无片瓦，下无寸土”和母亲改嫁等情况，如实地告诉了小君的母亲。小君母亲听后，满心不高兴，嘴里嘟哝着说：“怎么能找这样一个女婿啊?”她也像表妹的母亲一样，拒绝了两个年轻人的来往，真是“穷人无妻”呀!

小君从黄春平那里了解到他和母亲的对话，气得说不出话：“我本来是让你来促进，你倒好，促退!”黄春平摸了摸后脑勺，憨厚地说：“促退不促退，我都得说实话，跟你母亲不能说假话，能看上就看上，看不上也没有办法啊。”

小君比黄春平早一年大学毕业，毕业后分配到北京国营第二无线电器材厂（718 厂）。很显然，这是小君为了能与黄春平离得近一些，而且参加工作的她每个月给黄春平寄 10 元钱，还经常给他送饭送雨伞等。作为女孩，小君还是很矜持，黄春平毕业工作后，小君并没有去他的单位，倒是有时周末黄春平去集体宿舍看她。当时小君的单位是生产电子管的，是苏联援建的国有大企业。黄春平偶尔会去小君那里吃顿饭、聊聊天，在她宿舍坐一坐，为了避免被人看到说闲话，对小君产生不好的影响，他从来没有提出两人一起出去走走。

时间久了，工程组的孔祥才组长好奇地问黄春平：“你俩到底什么关系？是同学关系，还是朋友关系？要快决策，不能拖着。”黄春平老老实实地回答："说不清楚。"

过了些时候，小君从陕西同仁县参加"三线建设"回北京。一天下午，黄春平约她到中山公园见面。那时候的社会风气保守，年轻人即使私下见面，也是规规矩矩，两人坐在同一张板凳上，中间还隔着铁扶手，别说搂搂抱抱，连碰碰手都不敢。坐下后，黄春平郑重地问小君："我们年纪都不小了，我们的关系是不是该确定下来了？"但小君的回应并不热情："我们家里正在开家庭会议，研究是跟你还是跟姓杨的？"

后来黄春平才知道，718厂有一位小君的同学，问她："你跟黄春平是什么关系？"小君说是同学关系，她们就给小君介绍了一位在军队系统从事研究工作的杨先生。在那个年代，军队系统年轻人结婚是需要组织进行政治审查的，审查家庭和政治背景，待组织批准后才可以结婚。为此，杨先生单位给718厂发函，把小君的政审材料调过去进行组织审查。后来，政审事情泄露出来，大家都知道了小君在和杨先生谈恋爱。

小君很忧愁，对黄春平说："现在不好办了。"黄春平倒是有耐心："我可以等。"小君又说："我家里正在开家庭会议讨论这事。"听了这话，黄春平十分生气，心想"我们这么多年的老同学，谈个恋爱还要开什么家庭会议？"回到办公室，黄春平写了一封信，正式跟小君提分手。他在信中说："如果是这样（指她和她的家人犹豫不决），我们俩的事就算了，毕竟我们年纪都这么大了。"

到第二年春节，黄春平和现在的妻子张永桂谈上了恋爱。经过张永桂同意，黄春平还是去看望了小君。见到黄春平，小君泪水涟涟地说："家里的决定是让我和你在一起。"黄春平叹了一口气，说："现在已经不可能了，我已经和另一个女孩在谈恋爱了，我不能脚踏两只船。”事后，小君的嫂子还写了一封信质问他：“你怎么搞的？”但黄春平心想，我和小君是六年的同学，在北京又相处了两年，可以算是“八年抗战”，这么长时间的感情，还要开家庭会讨论能不能结婚，他心里难以接受。

黄春平的感情可谓一波三折，最终他得出一个结论：“穷人找老婆可真难哪！”

3. 二分为媒

黄春平与小君的感情结束之后，已是第五研究院总体设计室主任的孔祥才看不下去了：“哎呦，你的婚事不能老这么拖了，不行，我得给你介绍。”孔祥才给他介绍了现在的爱人张永桂。

张永桂是哈尔滨人，祖籍山东。张永桂出身小业主家庭，家庭经济条件比黄春平好。她从西北工业大学飞行力学专业毕业，分配至黄春平所在的研究院总体设计部工作。从专业上说，两人可谓门当户对。张永桂在工作上也很出色，是高级工程师。姑娘长得漂亮，为人实在、低调，这正是黄春平梦寐以求的那种类型。

其实黄春平与张永桂之前就认识，只是没来往。他们是怎么开始的？黄春平开玩笑地说：“我们是两分钱做的媒。”当初，黄春平借给张永桂两分钱，她为了还这两分钱，给黄春平寄了一封存有两分钱的信。从那之后，两个人就这样你来我往地开始交往了。

张永桂和黄春平没有花前月下、卿卿我我的浪漫，彼此看着还顺眼，为人做事合得来，又都到了谈婚论嫁的年龄，便好上了。跟张永桂恋爱之后，黄春平还有些难以置信，像我这样的穷小子，居然还会有人喜欢？想到此前的感情风波，黄春平的心里有些感慨。他特别感谢爱妻张永桂。

许多年后，黄春平回忆自己的感情历史，也忍不住想，如果当时跟华侨后裔表妹在一起，或者小君的家人早一些让他们在一起，现在也不知道自己的命运会是怎样？但这一切的感情波折也许正是为了促成他与张永桂的结合吧。

4. 喜结连理

他们正式谈恋爱的时候，黄春平在七机部第一研究院第一设计部4室工作，张永桂在5室研究遥测、遥感系统。为了组建研制卫星的第五研究院，从第一研究院调18名骨干到第五研究院从事卫星研究工作，被调动的包括第一设计部4室的工程组长孔祥才，5室的张永桂也是被调动的骨干之一。这并未影响沉浸在爱情中的一对小情侣走入婚姻的殿堂。

1968年，北京还有武斗，局势很紧张，即使是研究所内部，也存在着派系斗争。科研、生产受到冲击，产品质量下降，研制周期拖长，那一年，中央确定的发展规划和试验任务连一半也没完成。在如此严峻的形势下，在这紧张的气氛中，黄春平与张永桂于1968年6月6日悄悄地结婚了。

结婚很简单。那时候日子还很艰苦，单位还是实行供给制，“文革”期间没有盖新房子，就借了院副书记杨亚中家一间14平方米的小平房作为婚房。单位给了一张普普通通的木质双人床，让黄春平到办公室挑了一张三屉桌和两把椅子，再把彼此的箱子（黄春平的是他上学时姑妈送的小藤箱）和简单的行李集中在一起，就成了一个温馨的小窝。两人到民政局登记结婚，花60多元钱买点糖散发给“闹洞房”

1978 年，黄春平夫妇与大妹林瑞月及儿子黄敬中、女儿黄敬华合影（后排左二、左三为黄春平夫妇，左一为林瑞月，前排左一、左二为黄敬华、黄敬中）

的同事们吃，两口子唱了首国歌，这就算是结婚了。

婚后，他们度过了一段甜蜜的日子，两人出双入对，形影不离，一起做家务，一起去公园散步。渐渐地，他们在家庭生活中形成了默契的分工，张永桂勤快又讲卫生，家里的洗洗涮涮当然是她的事，连黄春平用过的手绢、袜子都是她洗。而黄春平喜欢炒菜做饭，所以，家里厨房的事就由他承包了。黄春平从不讲究吃穿，至今工资全都交给家里。张永桂从小养成勤俭节约的好习惯，从不轻易下馆子，下班买菜，还常常买降价处理的。

因为黄春平是福州人的缘故，夫妻俩都很爱吃福州菜。每次回福州，一定要吃家乡的年糕、粉干、鱼丸、蚬子、燕皮、线面、白粿这

黄春平（左三）与大妹一家合影

些传统菜。两人还商量着，退休后在福州找一间房子，偶尔回去住住。

黄春平很爱自己的妻子和子女，但他的精力被工作占据了太多，所以在细节上常常忽略了妻子和子女。黄春平感到很对不起妻子的，是两人结婚几十年，他竟还不知道她穿多大号的鞋，有一次黄春平想给妻子买双鞋，却无从下手，妻子调侃他说："真是白跟你几十年了。"

不仅对妻子如此，他也记不住儿子的电话，因为他的心里只想着工作上的事情。他只要一到酒泉卫星发射中心，就不给家里打电话，家里人有急事找他，只能先找秘书。

黄春平对工作的那份周到细致，让身边的许多人都很敬佩，而生活中的他，却"马虎"得常常闹笑话。有一天，他陪妻子去银行，看见一枚金黄色的五角硬币，感到非常惊奇，他问："这是钱吗?"弄得妻子哭笑不得。

"他的心里只有火箭!"家人都这么说他，言语里有理解的无奈，也有亲昵的自豪。

第十章
拨乱反正　迎来改革新时代
（1978—1984）

那个年代，社会上流传着这样一句顺口溜：“造导弹的不如卖茶叶蛋的，拿手术刀的不如拿剃头刀的。”我总觉得在这个纷乱的时候，是不是应该静下心来冷静思考一下呢？钱不是万能的，在追求金钱的同时，我们是不是应该有点更高的追求呢？

——黄春平

1. 拨乱反正

1978年迎来了中国历史上的重大转折点。

1978年12月13日，邓小平在中共中央工作会议闭幕式上作了题为《解放思想，实事求是，团结一致向前看》的重要讲话。这次中共中央工作会议，为随即召开的十一届三中全会做了充分准备。1978年12月18日—22日，中国共产党第十一届中央委员会第三次全体会议（十一届三中全会）在北京隆重举行。全会的中心议题是讨论把全党的工作重点转移到社会主义现代化建设上来。

十一届三中全会结束了粉碎“四人帮”之后两年中党的工作在徘徊中前进的局面，实现了建国以来党的历史性的伟大转折。拨乱反正后的1978年8月，邓小平对中国航天事业作出指示：“我国是发展中国家，在空间技术方面，我国不参加太空竞赛，现在不必上月球，要把力量集中到急用、实用的卫星上来。”

这一轮太空竞赛，中国一直是一个旁观者。法国提出了“技术欧洲”计划；苏联提出了本国的战略防御计划；日本、巴西、韩国、印度，甚至南斯拉夫，都制定了航天技术发展计划，日本提出了要研制

“希望号”航天飞机，欧洲开始哥伦布空间站研制……但在中国的土地上，“航天”一词却消隐得无影无踪。

2. “不如卖蛋”

美苏两个超级大国的“军备竞赛”进行正酣之时，正值中国改革开放如火如荼进行之际，国家提出了“精兵简政”政策，军事让位于经济发展，一方面国家常规的采购锐减，另一方面缺乏出口途径。

此时，社会上流传着这样一句顺口溜：“造导弹的不如卖茶叶蛋的，拿手术刀的不如拿剃头刀的。”改革的春风吹来了，没有成熟的模式可以参考，该怎么市场化？尤其对于航天高精尖技术产业，应该如何市场化？是否会影响到国家整体的发展？国家的军事力量是否会由于市场化而被削弱？……一连串的问题摆在了航天人的面前。

此时的一院，工作任务不饱满，黄春平所在的研究室，在 20 世纪 80 年代初，国家分配来 7 名大学毕业生和研究生，5 年后走掉了 6 名。有人调侃说，与长期安心从事航天事业的“永久牌”相比，这些在航天事业做短暂停留的无疑就是“飞鸽牌”了。

人员流失严重，研制重点转向，航天人面临着新任务，从以往的军品转向以市场为主的民品。

相当一部分人对军转民的思路不适应，有人情绪激动地说：“你看人家外企，同样是大学毕业生，就别说研究生了，一个月能挣一两千元，再看看我们，工作都这么多年了，收入还抵不上人家的一半儿。”

有人反驳道：“不应该只看收入。不管怎么说，他们是给洋人打工，而我们是给自己国家工作，感觉能一样吗？”

有人补充道：“国家本来钱就不多，这几年培养的大学生、研究生，好多去了外企，我们国家自己的支柱企业怎么发展，我们这些老同志再能干，没有接班人也不行啊。”

有更加悲观的人称：“再这样下去，我们这些老家伙慢慢都得回家，航天别干了，航天部解散算了。”

有人听不下去说：“我就不信，我们这些搞科研的无用武之地。”

黄春平理解大家的心情，他总觉得在这个纷乱的时候，是不是应该静下心来冷静思考一下呢？离开钱是万万不能的，但钱是不是万能的呢？在追求金钱的同时，是不是应该有点更高的追求呢？

后来有人问黄春平：“那个年代曾有‘搞导弹不如卖茶叶蛋的’说法，您是如何评价的呢？”黄春平说：“其实我们根本就没心思去考虑将自己的职业与卖茶叶蛋做比较。那个年代，一切都是服从命令。”

黄春平作为国务院国际技术经济研究所客座教授，参加了一次论坛，当他亲耳听到有人发言说“你们搞最简单的机器生产都过不了关，还搞什么导弹”时，心如刀割，他认为，作为航天事业的科技工作者，不应该拿造导弹的与卖茶叶蛋的相提并论，我们应该有更高的追求，有真正的精气神，要以服从国家需要为天职，要全心全意、心无旁骛地完成党和国家交给的任务，这个使命是崇高的、无尚光荣的。他是这么想的，也是这么做的，正因为怀抱着这种理想和信念，他为航天事业贡献了毕生的精力，也取得了辉煌的成就。

3. 走出国门

从 20 世纪 60 年代起，中国开始研制弹道导弹。利用导弹研制的成熟经验，于 1970 年制造出第一枚运载火箭——长征一号，把第一颗人造地球卫星——东方红一号送入太空。之后，长征二号、长征三号等运载火箭先后诞生。中国能否在人类和平利用空间的领域，与世界航天顶尖高手竞争卫星发射市场，这是摆在中国航天人面前的一项艰巨任务和崭新课题。

1982 年 4 月，一院所在的七机部改成航天工业部（简称航天部）。1985 年 6 月，中国航天技术在巴黎航展首次亮相，“中国力量”瞬间风靡巴黎。10 月，中国正式对外宣布，将长征系列运载火箭投放国际市场，承揽卫星发射业务。

1986 年 1 月，航天部组织了一个调查小组，专程访问瑞典空间公司，成功签署了用长征二号丙运载火箭搭载瑞典弗利亚科学试验卫星的发射订座协议，这是中国进入国际市场的第一个订座协议。

1987 年 8 月 5 日，长征二号丙运载火箭为法国马特拉公司搭载发射微重力试验装置获得成功，这是我国最早的对外搭载发射任务。1992 年 10 月 6 日，长征二号丙运载火箭搭载发射瑞典卫星成功。这些搭载发射成功，仿如音乐剧演奏前的序曲，将导引出中国航天走出国门的宏大乐章。

1986 年可称作世界航天史的灾难年。1 月 28 日，美国挑战者号航天飞机发射升空 72 秒突然爆炸，机上 7 名航天员与航天飞机一道消失在太空；4 月 28 日，美国大力神火箭发射起飞 8.5 秒发生爆炸；5 月 3 日，美国德尔它火箭升空 71 秒主发动机突然熄火，91 秒飞行姿态失去控制，火箭坠毁；5 月 30 日，欧洲航天局阿里安火箭第三级未能及时点火，功亏一篑。

一连串的失败使国际商业卫星发射市场陷入低谷，阴霾密布。卫星运营商们一时找不到合适的运载工具，没有运载工具，卫星上不了天，而天上运行的卫星寿命又即将到期，亟待发射新的卫星。一家如此，两家如此……国际市场上出现了卫星排队等待发射的情形。

恰在此时，中国运载火箭出现在国际发射市场上。

1986 年 2 月 1 日，中国的长征三号运载火箭成功发射了第二颗实用通信广播卫星，大大提高了中国运载火箭的竞争力。一些外国卫星公司主动提出希望与中国合作的意愿。然而，外国运载火箭公司并不希望中国进入国际发射市场，增加竞争对手。还有一些卫星公司对陌生的商业伙伴不熟悉，有些抵触心理。

走出国门，阻力重重。

一家美国卫星公司总裁面对中国航天代表，刚一见面就说："和我们谈判要先付谈话费。"看到我国提交的标书只有几页纸时，这位总裁又说："等你们拿出一寸厚的标书时，再来谈吧。"接着又补充道："如果让我们帮你们写标书，请先付 100 万美元。"令他遗憾的是，中国航天人并没有劳他们的大驾，不久之后，在这位总裁惊异的眼神中，一寸厚、上百页的标书，摆在了这位总裁面前。

又有谁知道，这 100 页标书的背后，有多少航天人付出了多少心血，有多少火箭研制人员度过了多少不眠之夜……初出国门，不懂规则，但中国航天人肯学，敢干！

经过 30 多年的发展，中国的卫星发射技术突飞猛进，先后进行了 24 次国际商业发射服务，将美法等国的 27 颗卫星送入太空。黄春平作为长征三号、长征二号 E 运载火箭总指挥，领导了运载火箭的商业谈判、研制和发射卫星的各项活动，为中国航天走出国门、占据国际卫星发射服务市场一席之地，作出了突出贡献。

4．拒迁新房

我国在计划经济时代，国家的住房制度主要采取“福利分房”的形式。按级别、工龄、婚姻状况、年龄、居住人口辈数和人数等一系列条件，给干部、职工分配住房，居住人实际支付的房租远远低于建筑和维修成本，房屋分配实际是一种福利待遇。

“文革”期间，黄春平所在单位没有盖房子的条件，也没有房子可分，所以，1968 年黄春平结婚时只能借房子。1982 年，黄春平所在的研究所有房子分了。

所里制定了分房办法，并由群众代表来监督分房。分房办法规定，凡住平房的，这轮分房原则上不考虑，而黄春平住的就是平房。作为所党委委员、研究室主任的黄春平，严格要求自己，按照分房规定，不搬新房。当有领导出于个人考虑、动员黄春平搬新房时，黄春平说：“我是所里基层唯一的党委委员，按照规定是不能搬新房的，如果我搬了，怎么向群众交代？如果我没有这个觉悟，以后我说的话谁还会听呢？怎么管理好这个研究室呢？”

黄春平的这一举动，得到了群众的一致好评。

5．留在一院

1982 年 1 月，黄春平担任了研究所副所长。

1984 年 4 月，部里下达调令，准备把黄春平调到福建省航天咨询公司担任总经理。当时主持一院工作的刘纪原副院长，向正在西昌卫星发射中心参加发射地球同步卫星工作的张镰斧院长报告了此事。张院长指示说：“关于黄春平调动的事情，无论如何也要等我们发射成功第一颗地球同步卫星回去后再处理。”就这样，黄春平没有调到福建，而是留在了一院。

当黄春平回忆起这段往事时，十分感慨地说：“当时如果没有院领导把这件事挡下来，就没有我今天的成就。在那个复杂的社会环境下，可能出现两种结果，一种可能是被提拔当上更高的领导，一种可能是犯错误啊！”

6. 改革创新

20世纪80年代，国家急需改变“文革”留下的生产力发展缓慢、人民温饱没有解决、科技教育落后的严峻局面，改革的目的就是改变不适应生产发展的管理体制和政策，并建立社会主义制度下的市场经济体制。

黄春平担任研究院综合计划部部长期间，正处于改革开放的初期，国家还基本实行计划经济，商品的生产和流通基本依靠指令性计划来完成。航天研究院也不例外，原来采用指令性计划，单纯依靠指令性计划指标，企业缺乏活力，“等、靠、要”思想严重，难以做到充分发展商品经济，不适应改革开放和培育社会主义市场经济的要求，这些问题都急待改革。

随着改革开放的深入，对外放开了门路、打开了市场，对内刺激了航天产业发展和科学技术提升，提高了航天科研院所的整体竞争实力。在院领导统一部署下，依据“军民结合、平战结合”方针，综合计划部提出了将指令性计划改为指令性计划加与厂、所签订研制合同的改革方案，即指令性计划加合同制，明确年度研制工作量、研制经费等，以提高效率，灵活地适应复杂多变的社会需求。

第十一章
刻苦钻研　工作出色担重任
（1984—1996）

作为一名航天科技工作者，能参与《中苏航天恢复关系的联合纪要》起草工作，能为中苏关系恢复贡献一份力量，也是非常荣幸之事。

——黄春平

1. 崭露头角

1965年至1977年，黄春平当设计员和工程组组长时，主要从事再入飞行器总体和结构设计，以及再入飞行器飞行数据回收装置的设计工作。

负责或主管再入飞行器飞行试验数据回收技术研究，是黄春平到单位后首先从事的工作。在黄春平的组织领导下解决了诸多技术问题。

解决高着地速度的数据回收，一直是困扰导弹技术发展的主要问题之一。黄春平带领几位年轻人组成了课题组，研究解决吸能缓冲、高温高压密封、材料性能变异和应力波传播等技术问题。经过多年潜心研究，先后解决了硬回收和半硬回收技术难题，此课题获得了国家自然科学发明二等奖。

1977年至1988年10月，黄春平担任研究室主任和研究所副所长以及有关型号技术负责人、总指挥等职务，全面负责全所的再入飞行器技术预先研究，他带领科研团队，先后主持了7种导弹型号的研制工作，完成了两个型号的“两弹结合”、研制定型和投产装备部队，为三个战略部件的定型提供了可靠数据，可谓成绩斐然。

2. 勇于创新

黄春平在任研究所副所长期间，依据国外相关技术发展动态，全面分析了我国第一代再入飞行器存在重量威力比大、体积威力比大、突防能力差和命中精度低等严重问题，主持提出了新的发展战略方向，着力研究了新技术。

3. 首席专家

1986 年 3 月，王大珩、王淦昌、陈芳允、杨嘉墀四位科学家联合提出《关于跟踪研究外国战略性高技术发展的建议》，邓小平很快批示："这个建议十分重要。此事宜速决断，不可拖延。"

根据这个建议，后经 200 多位专家研究、论证，最后形成了《高技术研究发展计划纲要》（简称"863 计划"）。1986 年 10 月，中央在批准"863 计划"时，决定拨出专款 100 亿元，其中 40 亿元用于航天领域的项目。

黄春平被任命为"863 计划"某直属主题首席科学家。1987 年 2 月，在人民大会堂召开了"863 专家"大会，赵紫阳等中央领导接见了全体与会同志，黄春平也荣幸地受到了接见。

1987 年至 1992 年，黄春平主持了这个直属主题的概念性研究，成立了专家组下设的五个二级专家组，实施首席科学家负责制，对技术攻关、研制、计划、经费等进行了全面管理。黄春平作为该主题的首席科学家，按照"择优"原则，打破行业条块分隔界限，组织全国大调研，确定了研究项目及承担单位，开展技术攻关，完成了概念性研究，制定了发展蓝图，为国家"863 计划"某直属主题的发展作出了重大贡献。

4. 访问苏联

中苏两党、两国经历了近10年的友好合作时期。从20世纪50年代末开始，中苏两党在国际关系、社会主义国家的相互关系等原则问题上出现了严重分歧，展开了争论。1966年3月，中苏两党关系中断。

1991年5月，中苏关系恢复，黄春平作为航空航天工业部第一研究院的代表，参加了航空航天工业部组织的代表团，赴苏联就恢复中苏航天事业关系与苏联通用机械部谈判，并到苏联中央设计局参观。苏联中央设计局航天专家科洛夫含着眼泪会见了黄春平一行，他说："我们苏中关系中断了三十多年，我们要以火箭的速度把它恢复起来。"

黄春平一行访苏行程计划14天，后接紧急通知，中央军委副主席刘华清要率代表团访问苏联，与苏联洽谈恢复航天事业关系事宜，要求代表团提前回国汇报在苏联的情况，并在当夜从萨马拉回莫斯科的专机上写好会谈纪要。

就这样，黄春平他们去了苏联不到10天就受命回国，向刘华清汇报在苏联的情况。除黄春平外，一起去汇报的还有综合计划部部长张新侠和五院某部门副部长王渊及翻译林金等。他们负责起草《中苏航天恢复关系的联合纪要》（简称《联合纪要》）文稿。

当时，苏联每一个航天设计局都有自己的飞机，黄春平一行所在的航天中央设计局不在莫斯科，他们需要连夜赶到莫斯科，所以，《联合纪要》是在飞机上定稿的。后来代表团有人开玩笑说："你们团长回去汇报就好了，我们组员接着参观不是很好吗？"科洛夫主席说："我们本来安排你们参观三天，你们却给我三小时，晚上就要走，这太遗憾了。"中方代表团提前回国，实属憾事，不过，黄春平认为，自己作

1991 年，黄春平（二排左二）等访问苏联合影

为一名航天科技工作者，能参与《中苏航天恢复关系的联合纪要》的起草工作，能为中苏关系恢复贡献一份力量，也是非常荣幸之事。

此后不久，苏联航天代表团访问中国，到航空航天工业部第一研究院访问并洽谈合作事宜，由时任院综合计划部部长黄春平向代表团介绍一院情况和合作项目情况。黄春平声情并茂、驾轻就熟的专业介绍，让苏联航天代表团成员听后频频点头，他们交口称赞黄春平精湛的业务能力。苏联代表团团长、苏联南方设计局生产厂厂长、乌克兰工程科学院院士列昂尼德·丹尼洛维奇·库奇马走到一院院长王永志身边问道："你们的计划部长怎么对技术那么了解？"王永志院长说："他是我们优秀的技术专家。"库奇马听后，向黄春平竖起了大拇指。

之后，库奇马邀请黄春平一行到位于乌克兰基辅的南方设计局参观，他亲自接待了代表团，并带领代表团参观了有关新技术。黄春平和库奇马建立了深厚的友谊。

苏联解体后，库奇马当选乌克兰第二任总统，黄春平给他发去了贺电并送了贺礼。当库奇马以总统身份访问中国时，时任中国航天工业总公司总经理刘纪原在钓鱼台国宾馆设宴招待代表团，刘纪原通知黄春平马上赴宴："春平啊，您的好朋友库奇马来了。"一进钓鱼台国宾馆大门，库奇马与好朋友黄春平紧紧地拥抱在一起。这是黄春平与国际友人建立深厚友谊难以忘怀的一段经历。

第十二章
因小失大　“澳星”发射遭挫折
（1990）

“澳星”发射失利，是由一片小小的铝屑导致的，“航天无小事”的说法太对了。

——黄春平

1.“澳星”合同

20 世纪 80 年代开始，中国火箭投入国际市场。当时的国际市场卫星一般都在 2.5 吨以上，为开拓国际市场，满足国际市场卫星发射的要求，一院开始研制大推力“长二捆”火箭。为尽快进入国际市场，在这个新型号火箭还处于设计阶段时，负责市场推广的中国航天人手拿草图，走访了十几个国家，开展广泛的宣传和推销。功夫不负有心人，澳大利亚奥普图斯通信卫星公司向中国火箭伸出了橄榄枝。

澳大利亚奥普图斯通信卫星公司从美国休斯公司订购了两颗第二代奥普图斯 -B（Optus-B）通信卫星，委托中国长城工业公司实施发射。

澳大利亚奥普图斯通信卫星公司为什么选我们的火箭，因为我们的“长二捆”火箭设计方案好、价格低，成为澳方的首选。

“长二捆”火箭以可靠性高的“长二丙”火箭为基础进行改进设计，“长二丙”火箭成功率达百分之百，举世罕见。同时，中国的火箭发射价格低于当时的国际市场价格，美国“大力神”火箭发射一次需要一亿多美元，而中国的火箭发射要价只有 2500 万美元。此时正值国际卫星发射服务市场的低迷时期，即使中国的“长二捆”火箭还处于纸上谈兵的设计阶段，在没有现成火箭和成功先例的情况下，一些明智的商家还是选择了中国航天。

1988 年 11 月 1 日，中方与外商签订了合同，但合同的个别条件比较苛刻。

第一，“长二捆”火箭必须在 1990 年 6 月 30 日之前，也就是“澳星”发射的前一年，立在发射场上，并进行一次正常的飞行试验，以证实其安全可靠。如果飞行试验失败，或无正当理由推迟发射，卫星制造商美国休斯公司则有权终止合同，并对中方罚款 100 万美元。也就是说，“长二捆”新型火箭必须在 18 个月内研制出来并发射成功。

第二，美方将在 1990 年 4 月前后，对中方的运载火箭、发射场等发射设施进行一次严格的评审。评审中，美方若有充分理由和根据认定中方不能发射，或者不能按时发射，有权单方终止合同，并对中方罚款 100 万美元。

美国休斯公司火箭专家史密斯先生得知中国的“长二捆”火箭目前只有草图、尚未成形时，话语中不禁明显带着不信任：“这样大的火箭研制项目，如果在美国，至少要三四年的研发时间，你们合同上却写一年半，让人不敢相信。”他轻蔑地说，“你们是不是吃了鸦片，产生了幻觉?”刻薄的话语，深深刺痛了黄春平和同事们的心。不仅如此，欧盟阿里安航天公司甚至做好了中国航天发射失败后如何接盘的准备。而此时在国内，该火箭的研制，一不是上级下达的任务，二无上级拨款，而是属于航天人自己从国际上寻找来的项目，研制资金成了一个大难题；火箭捆绑技术在国内尚属空白，没有经验可以借鉴……

内忧外困，骑虎难下！

经过深思熟虑，以王永志院长为首的一院决定贷款搞科研。然而时间飞逝，等条件基本具备、火箭研制即将开展之际，离合同规定的第一次试验发射时间只剩下 18 个月了。

18 个月，546 个日日夜夜，将一个设计中的火箭研制出来并试射成功，中国航天能完成这种不可思议的重任吗？

对此，在一院内部也引起了激烈的争论。

院长王永志坚决要研制“长二捆”火箭。他强调说：“如果‘长二捆’火箭批准上马，我们是有把握搞成功的。如果‘长二捆’搞成了，就可以和欧洲的‘阿里安 -4’火箭和日本的‘H-2’火箭并列世界第三。”

“什么并列世界第三，你要是搞不出来怎么办？如果你把‘长二捆’火箭搞砸锅了，一生的名誉就付之东流了！”有持怀疑的专家说道。

王永志也不含糊，坚定地回答：“为了把‘长二捆’搞成功，冒些风险是值得的。我相信我的干部职工，我们有能力干好这件事。”

此时，发生在中华大地的许多事情，一点一滴地激励着赤诚的航天人。听说是研制新式火箭走出国门，国家银行贷款顺利下拨；听说是支持“长二捆”工程研制，数百家企业摩拳擦掌，准备赶制零配件；听说中国火箭走向世界发射卫星缺钱，有的小学生把自己积攒下来的零花钱寄了过来……这点点滴滴，中国航天人都看在眼里，记在心头。

面对重重压力，中国航天人昂首挺胸！

步入国际大门，中国航天人岂能退缩！

开拓世界市场，中国航天人勇往直前！

黄春平作为一院综合计划部部长，他的具体任务是组织为谈判合同准备资料和相关方案，为落实合同中的有关规定而协调人力、物力，制定研制计划，组织生产。在时间紧、任务重的情况下，他制定了周密的研制计划，强化指挥调度，全力以赴组织生产，确保任务按时完成。

根据预算，研制“长二捆”火箭经费加上设备改造费，大约需要3.5亿元。因为这是为国际商业发射服务的项目，所以国务院办公会在批准“长二捆”火箭研制任务的同时，明确指示“长二捆”火箭的研制经费，国家不拨专款，由航空航天工业部从银行自行贷款解决。而巨额贷款本息的偿还，则要靠“长二捆”火箭研制发射成功之后，从发射“澳星”的收入中支付。

其实何止是经费上的巨大压力。为了如期履行发射合同，一院党政部门联合作出《关于“长二捆”研制工作的决定》，上下迅速建立起行政指挥、技术指挥、物资供应、质量保证、思想政治工作和后勤生活保障六大系统。当时国家一年一度的物资订货会议已经开过，在国家物资部、国家计委、国防科工委等部委的支持下，一院迅速组织召开了三次全国范围内有关“长二捆”火箭专项物资的紧急订货会，让全国25个省、74个市县的300多个厂家与火箭研究院供需双方见面，仅一天半时间便签订合同5000项，使90%的急需物资得到落实。7个月后，“长二捆”火箭急需的7445项、2000多吨金属材料、1100项机电产品和58万个电子元器件，源源不断地运到了一院。

黄春平这个综合计划部部长不光为研制“长二捆”火箭组织物资材料奔忙，还不辞辛劳地为研制生产协调组织人力操心。每当他仰望一院里那条“决不让研制‘长二捆’火箭的列车在我们这里误点”的横幅时，便会愈加感到身上肩负的重任不容有丝毫懈怠。整个研究院

黄春平（左二）等在第三届指挥调度系统工作会上

上上下下同心同德，坚持整整 18 个月 540 多个日日夜夜，超负荷工作成了他们的家常便饭。在这一年半的时间里，研究院成了灯火辉煌、名符其实的“不夜城”。

1990 年 6 月 29 日，即合同规定的最后时限的前一天，中国第一枚“长二捆”大推力火箭高高地耸立在西昌卫星发射中心二号工位的发射台上。

7 月 16 日 9 时 40 分，箭上搭载着巴基斯坦科学试验卫星的“长二捆”运载火箭成功发射，标志着中国航天技术发展又进入一个新的里程碑。

法国《世界报》评论说：“这是一枚令人生畏的火箭……”香港《文汇报》评论说：“在重型运载火箭技术方面，中国仅次于美国、苏联，与法国并列第三。这是中国顶着巨大压力完成的壮举。”

“长二捆”火箭试验发射的成功，为美国最终同意由中国发射“澳星”扫清了主要的障碍。

2. 险象环生

首发成功，全国振奋!

看到身边一张张喜悦的笑脸，看到行业内外欢呼雀跃的身影，黄春平并没有太多的激动，相反，在他的内心深处，还有一些不踏实的预感，发射现场出现的种种状况，使他知道火箭可能还存在一些薄弱环节没有完全暴露，可能仍然存在一些质量问题，包括元器件和设计上的问题。前路漫漫，不可稍有懈怠。

1991 年 11 月 23 日，从美国洛杉矶承运“澳星”专用推进剂的香港华辉、中辉公司的“天鹰彗星”号货轮在茫茫夜色中缓缓驶入广州港。此后，经过 2000 多公里的跋涉，“澳星”专用推进剂终于在 11 月 29 日平安抵达西昌卫星发射中心。

1992 年年初，中、美双方代表汇聚西昌卫星发射中心，共进行了 9 轮技术协调会，讨论并解决了星箭对接、分离等 500 多个技术问题。1 月 30 日，美国休斯公司将“澳星”运抵西昌卫星发射中心，并为它进行了测试检查。

“澳星”发射前的准备工作一切就绪。

3 月 22 日，老天爷开眼，给了一个难得的好天气。

西昌卫星发射中心，天气晴朗，被山峦环绕的发射场显得格外凝重而庄严。50 米高的“长二捆”火箭笔直地耸立在发射台上，巍然挺立，火箭上印有“中国航天”四个大字，整流罩上印有中、美、澳三国国旗，象征着国际合作。

18 时 40 分，外宾离开参观厅，转向楼顶露天大平台。此地离发射场只有几里之遥，在这里可以清晰地看到火箭从发射台上腾空而起飞向太空的过程。

离发射场百里之外的西昌“腾云楼”宾馆，庆祝“澳星”发射成功的盛宴已经准备就绪；远在北京南苑的中国运载火箭技术研究院也早已准备好鞭炮、锣鼓、秧歌、标语、贺电等，只等火箭凌空一刻欢庆盛典；江泽民、李鹏等党和国家领导人也在北京某地的国防科工委指挥大厅就坐……

然而，意料之外的事故还是发生了。

倒计时，10、9、8、7、6、5、4、3、2、1。

点火——

随着发射指挥员最后一道命令的下达，人们看到“长二捆”火箭底部忽地蹿起一股棕黄色的浓烟，紧接着火箭发动机轰然喷火，导流槽旋即浓烟腾起，高高耸立于发射台上的“长二捆”火箭开始了剧烈的颤抖……

1 秒过去，2 秒过去……6 秒过去，本应在点火 4 秒至 6 秒之后起飞的“长二捆”火箭却只在发射台上挣扎，像被点了穴的巨人似的，呆在那儿不动，随后只见一团铺天盖地的黄色浓烟席卷而来……

此时，高音喇叭随即响起“紧急关机”的口令。这声口令实际等于宣告此次发射失败。

“长二捆”爆炸的威力相当于 1 万吨“TNT”炸药，如果发生爆炸，发射场周围两公里半的地方都会化为一片火海，而由燃料毒气引起的危害更是不堪设想！

作为综合计划部部长、已在火箭研制岗位工作了近 30 年的黄春平当然知道问题有多么严重！

火箭发射是具有危险性的，黄春平想起30多年前发生在苏联拜科努尔发射场的一次火箭爆炸事故，这次事故使在场的165名工作人员全部丧生。这次事故可称为世界航天史上最为惨烈的一次事故。黄春平不敢再往下想了，全身的血液冲向头顶，脑袋像要炸开一样“嗡嗡”作响。

火焰喷射六七秒后，火箭发动机发出的轰鸣声戛然而止，火苗瞬间变小，发射场上黄烟弥漫。随着时间一分一秒地过去，烟雾慢慢变淡、散去，火箭既没有飞起来，也没有倒下去，仍然稳稳地立着，并紧急自动关机。大家长长地舒了一口气。有关负责人在火箭紧急关机后约10分钟赶到了发射现场。当他们将目光投向火箭底部时，都不禁倒抽了一口冷气，火箭点火后，按顺时针方向转动了约1.5度；4个用来固定火箭的防风连接螺栓的支撑腿在巨大的推力下，除一个还连着火箭，其余3个全都错位、变形失去了作用；50米高、460吨重、头上顶着10吨“澳星”的“长二捆”火箭，此时已离开原有位置2厘米多，整个箭体颤颤悠悠、摇摇晃晃，处在巨大危险之中，要不是发射台支撑盘边沿凸起部分止住了火箭的移动，火箭肯定会轰然倒下，而火箭一旦倒下，发射塔架和周围的一切，包括所有生物，都将化为乌有，不复存在。惨烈的场面可想而知，真是不幸中的万幸！

“紧急关机”如果再晚2秒，后果同样不堪设想！

大家目睹了这一切，目睹了人们的眼泪，也共同经历了吃不下饭、睡不着觉的痛苦历程。

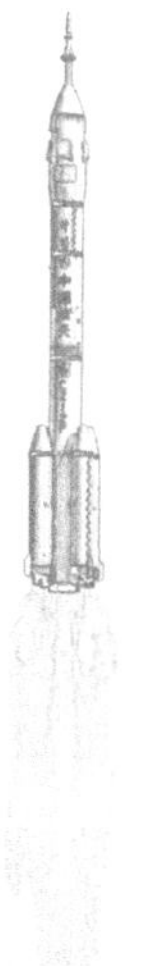

发射失利的压力接踵而来。来自外商的压力，来自政治、经济、技术三方面的压力，来自心底的自责，来自全国人民的震惊，等等，都深深地刺痛了中国航天人。此时的黄春平和同事们都承受了炼狱般

的折磨。

在一片悲伤、消沉的氛围中，中共中央总书记江泽民在航空航天工业部的检查报告上批示："失败乃成功之母。我们一定要坚持胜不骄、败不馁的工作态度，总结经验，找出问题，认真解决，准备再发。"

81岁高龄的钱学森发表了中肯、实事求是的意见："不要以为受到挫折便是坏事。科学家往往与百千次的失败结为伴侣……依我看，从事航天科技事业最不惧怕的应是失败。"

钱学森在列举苏联、美国、法国等火箭发射失败的例子之后，指出："我们的国家，也曾有几次失败，总成功率为85%。这种失败首先是同火箭结构上的复杂性分不开的。一枚火箭，由几百万甚至上千万个零件组合在一起，要使得火箭的可靠性达到99.999999%，也就是说，抽取1亿个零件，不可靠的不能多于一个。如何达到这样的精确度？这是很难预料的。其次，人的因素更是复杂的原因，也更难预料。1976年美国进行导弹试验时，由于操作员少拧了半圈螺丝，导致飞行失败。1980年，法国的'阿里安'火箭第二次试飞时，由于操作员不慎将一个商标枢纽碰落，堵塞了燃烧室喷嘴，导致失败。1989年美国用'德尔它'火箭发射卫星时，由于加注人员疏忽，少加了26磅推进剂，导致两颗卫星未能进入预定轨道……所以说，航天事业是一项高风险的事业，成功时常与失败相伴，辉煌与挫折相随，这就是航天人应当面对的现实。"

当黄春平看到钱学森这些意见时，被深深地触动了。1966年12月14日，在从北京飞往酒泉基地的飞机上，一身军装的钱学森主动走过来点着名和他握手，并加以勉励的情景又在他眼前浮现。现在他又一次从钱学森的意见中受到教益和鼓舞，他想，"长二捆"发射前有关的一切都做了严格的检查，怎么会出了漏子？会不会也像钱老所举的外国例子那样，问题也出在意料不到的细微之处呢？

3. 因小失大

当初与中国长城工业公司签订合同的休斯公司和奥普图斯通信卫星公司，在发射失利后的第二天，对外公开宣布不改初衷，继续履行合同，继续使用中国的运载火箭发射。从大洋彼岸不断发来的电传中，不难体会他们要求恢复发射的急迫心情。

1992 年 3 月 30 日，经过烈焰烧灼过的“长二捆”火箭从西昌运回了北京。

半个月后，故障原因找到了，问题出在点火系统控制线路上的程序配电器上的触点短路，阀门电爆管误爆，致使一、三号助推器发动机副系统氧化剂断流，引发自动关机。而触点短路是由于程序配电器内有铝制多余物，造成接点电流过大，致使发动机关机。第三助推器的点火触点因多余铝屑物产生电弧接通了关机触点，从而造成助推器在点火后随即关机。火箭的主计算机测得推力不够，所有发动机于 7 秒后实施了紧急关机，火箭未升空。

为了验证判断的正确性，研制人员用这种程序配电器在地面做了模拟试验，人为加进铝制多余物。在 11 次试验中，有 2 次故障复现。针对这些情况，设计师们一致认为，程序配电器是控制飞行指令的关键性仪器，首先必须完善程序配电器的设计，从设计源头上把住质量关；另外，要严格制定和执行零件的工艺管理制度，杜绝多余物的出现。

正是这一铝质多余物导致了发射的失败。通常，火箭中的遗留多

余物必须同时具备两个条件才起作用，一是多余物必须正好碰上配电器10个触点中电流最大的第四触点，二是多余物必须在触点簧片动态下接触接点。

“澳星”发射失利，是由一片小小的铝屑导致的，“航天无小事”的说法真是太对了，黄春平这样想。

“322”发射失利后，由于查明了原因，用“长二捆”发射“澳星”的合同依然有效，但就黄春平来说，“航天无小事”“航天事业是一项高风险的事业”这些至理名言，已牢牢地刻在了他的心里，并始终贯彻到他后来的实践工作中。

1992年3月22日，是中国航天人永远难忘的日子。

对于航天人来说，质量是根本，质量是生命。为了永远铭记这次事故，为了时刻自警自戒，中国航天工业总公司作出决定，将3月22日定为“航天质量日”。中国航天人，前事不忘，后事之师，铭记教训，再上台阶！

4. 一波三折

中国航天史，是一部遭遇困难、解决困难、超越困难的历史，是一部学习技术、发展技术、创新技术的历史。多少次，中国航天人遭遇了艰难险阻；多少次，中国航天人以坚韧顽强的毅力攻克难关，超然而上。

从哪里跌倒，就从哪里爬起来！

仅用短短100天时间，载着一枚崭新的“长二捆”火箭和一批试验队员的专列，又一次踏上了发射征程，中、美、澳的精兵强将，又一次聚集在西昌卫星发射中心。

1992年7月27日，火箭与“澳星”成功对接，测量控制系统、通信系统、加注系统和消防系统均处于良好状态。8月14日，“长二捆”火箭发射当天，火箭展开全面例行检查。检查至一半时，发现第三个助推器氧化剂箱上的“人孔盖”（“人孔盖”就是装配火箭时用于人员通过的孔）处有黄烟往外冒，推进剂泄漏了，大家的心里顿时紧张起来，这种情况肯定是“人孔盖”有缝隙。怎么办？推进剂已加注完毕，这个缝隙现在既不能焊，也很难补上，搞不好还会影响发射。大家一起商量后，决定先派一名工人钻进助推器里，拿扳手把螺栓拧一拧，看能否解决问题。螺栓经人工拧过之后，问题并没有得到解决，还是漏气。工人不敢再拧了，怕拧过头把螺栓拧断，或将蝶纹拧脱扣了，那样麻烦可能会更大。一名工人见状，出了一个主意，能不能用胶布把缝隙粘补上？

听到这个建议，火箭副总设计师刘竹生先是愣了一下，他低下头思考了片刻，是啊，自行车漏气时，补上一块胶布，自行车便可以继续使用，虽然火箭和自行车不一样，但这个方法也是可行的。于是，他坚定地跟身边的总设计师说：“我看可以。”

这时距预定发射时间还有一个多小时，发射塔架即将打开。

方案制定好以后，大家开始分头行动。崔师傅将保险绳系在身上，拿着和好的胶水瓶和几块剪好的玻璃布爬到塔架上，从助推器的外罩钻进去，进行技术补救工作。

按惯例，发射前一小时是属于火箭进入发射准备程序时间。而此时，距离火箭发射只有40分钟。等崔师傅从助推器里钻出来时，助推器终于不再冒黄烟了。

大家悬着的心终于渐渐落地。这一次，还是用简单的物理原理解决了大问题。有人开玩笑地对崔师傅说："以后你开个自行车修理铺，生意肯定红火，你可是成功补过火箭的人哪！"

这枚带补丁的火箭终于不辱使命，直飞蓝天，成功地完成了发射任务。

鲜花与掌声环绕着辛劳的航天人。火箭发射成功后，党中央、国务院、中央军委联名发电报给国防科工委，对参加这次发射的所有人员表示热烈的祝贺和亲切的问候。外国航天公司也对中国同行们表示了真诚的赞誉。

按照长城公司与外方的合同，1992 年年底还需发射第二颗奥普图斯通信卫星（Optus-B2）。

1992 年年底，迎来了"长二捆"火箭的第四次发射。

严冬时节，山区异常寒冷。12 月 21 日傍晚时分，在西昌卫星发射中心完成了"长二捆"火箭发射前的最后一次检测，一切进展顺利，各项指标正常。黄春平和试验队员们对检测结果非常满意，但"长二捆"火箭作为一种新型大推力火箭，包含很多新技术、新工艺，加之前几次发射出现过不少问题和故障，试验队员们对此次发射也同样没有十足的把握。

19 时 20 分整，"长二捆"火箭按程序点火并正常起飞，助推器、火箭各级按程序准时分离，整流罩分离指令按预定程序发出，一次次"飞行正常"响彻指挥大厅。当听到"火箭入轨、星箭分离"时，在场的参试队员全体起立，鼓掌欢呼，笑容绽放在大家的脸上。

正当人们沉浸在发射成功的喜悦之时，第二天，从美方传来了一个令人惊愕的消息："澳星"失踪了。

美国休斯公司代表紧急约见中方负责人。休斯公司代表对中方负责人说："火箭发射后，我们没有收到卫星信号。从录像上，我们看到发射期间空中出现了两个目标，请中方帮助分析一下这两个目标，哪个是卫星。”

价值1.38亿美元的“澳星”神秘地失踪了。中方得到消息后，认真研究了目标轨道的运行情况，并通知美方，前面的目标是火箭第二级，后面的目标是卫星。有目标却无信号，大家对此感到奇怪，便反反复复地观看发射实况录像。当录像播放到49秒时，忽然有人喊：“快看，火箭顶部有火星掉落下来。”大家赶紧慢速度重播这段录像，这下看清楚了，所有人都被这一情景惊呆了，在这个时刻，卫星爆炸了。也就是说，在卫星爆炸产生强烈振动、运载火箭突然减重的情况下，“长二捆”火箭竟自动调整姿态，按原程序正常运行，将“澳星”爆炸后剩余部分的固体火箭发动机准确地送入了预定的地球同步转移轨道。

在没有观看这段录像之前，人们以为火箭把卫星准确地送入了轨道，实际上火箭只是把卫星发动机送入了轨道。这就好比一个人去远方执行传送文件的任务，经过千辛万苦，准确地到达目的地，把装文件的包裹交给了接收人，当他满意而归时，却接到文件接收人通知，说他所收到的包裹里没有文件。

卫星丢失以后，中美双方均感到非常尴尬，不知道为何会发生这种情况。地面观测到火箭发射一切正常，并显示卫星准确入轨，谁知卫星却跟着整流罩半途溜走了，这种事情闻所未闻。在不明事故原因的情况下，经协商决定，中美双方各自检查存在的问题。

既没有实物，也没有卫星数据，查找故障原因非常困难。中方认为主要是卫星的问题造成了这次事故，因为中方除了在整流罩上添加几个螺钉，提高了强度之外，没做什么更改；而美方也只是把卫星强度加大了一些，对卫星结构也没做什么修改。

事故就这样糊里糊涂地过去了，中美双方均没有查出原因，就如同一个人生了病，未查明病因，吃了点药就过去了。

“长二捆”火箭发射一直步履蹒跚，第四次发射时卫星爆炸，原因还没查清楚，马上又要进行第五次发射……

1994 年 8 月 28 日，“长二捆”火箭第五次发射。

此次发射正赶上雨季。众所周知，天气状况对火箭发射十分重要，云层、风力、雷电都是火箭发射要考虑的重要因素。此时，天色灰蒙蒙的，淅淅沥沥的雨滴丝毫没有停下来的意思。每过 5 分钟，地面天气观测员向指挥中心汇报一次当地的天气情况。在下雨、打雷的情况下发射非常危险，国际上有很多由于天气原因推迟发射或在雨天发射造成失败的例子。指挥中心的总设计师和总指挥对天气状况仔细察看之后，不约而同地抬起头，向对方点了点头，决定按计划发射火箭。

火箭按预定时间准时点火升空。当火箭飞到半空中时，一道闪电划破天空，接着一声惊雷，大家不由得身体颤抖了一下，眼睛盯着上升的火箭，还来不及眨，只见火箭在空中变成一个亮点，像天上的星星一样。此时，“火箭飞行正常”的报告声响彻大厅，大家异常紧张的神经松驰了下来。发射有惊无险，顺利完成。

5. 彻查改进

第二年年初，即 1995 年 1 月 26 日，中国按计划用“长二捆”火箭继续发射休斯公司为亚太通信公司研制的“亚太二号”卫星。这是“长二捆”火箭的第六次发射。作为“长二捆”火箭总指挥的黄春平，亲自指挥了此次发射。

发射准备工作一切就绪。“点火”指令一发出，火箭就像听到命令的士兵一样脱鞘而出，迅速飞向浩渺的太空。当火箭飞行50秒时，一个火球出现在屏幕上，卫星爆炸了。接着，屏幕上出现了一个更大的火球，“长二捆”火箭也随之爆炸。事故发生的时间和状态和第四次发射极其相似，都是在火箭飞行到近50秒时，卫星发生了爆炸，只不过上一次只是卫星爆炸，而这次火箭也爆炸了。

事故发生后，中美双方决定彻查事故原因。

中美双方进行了多次讨论。讨论中，双方各执一词，互不相让，争论得十分激烈。中方称休斯公司卫星再次爆炸，引发火箭爆炸，造成发射失败。而休斯公司则坚决要求翻案，理由是之前有14颗休斯公司制造的“HS-601”型卫星分别由欧洲“阿里安”火箭、美国“宇宙神”火箭和中国长征三号火箭发射，均获成功，只有用中国“长二捆”火箭发射时，发生了两次相似的失败，所以认定不可能是卫星设计的问题，而应该是火箭的问题。

双方都拿不出确凿的数据说服对方。

中方人员到距发射地点十几公里远的山区，找到发射失败掉落到地面上的卫星和火箭残骸。他们将残骸拿回研究院进行研究，对保护卫星的整流罩做静力试验。所谓静力试验，就是在静止条件下，对火箭结构进行加载，以测量它的应力、结构刚度以及承载能力。试验结果证明，整流罩强度足够大。至此，中方仍然认为，这次故障是由卫星问题引起的。但休斯公司说的也不无道理，为什么只有用“长二捆”火箭发射的这两次失败了呢？

中方派出代表团，就此事件赴美进行谈判。去美国谈判的前一周，中方人员再一次近距离仔细观察“长二捆”火箭残骸，他们发现整流罩上有一个尺寸很小的小舱口，凭借着对火箭结构的敏感，副总设计师感觉整流罩结构设计需要改进。虽然之前对整流罩做过合格的强度试验，但在高空恶劣的环境下，火箭上的任何一个微小的短板都有可能酿成灾祸。

很快，中方代表团到美国，就有关“长二捆”火箭第六次发射故障事项与美方进行谈判。在中美双方进行谈判时，美方怀疑中方研制的整流罩强度不够，或是卫星支架设计有问题，但没有证据。中国代表拿出事先准备好的卫星支架结构设计图纸，展示给美方代表看，美方代表对此没有提出异议。接着中方代表把整流强度试验结果拿出来，各项指标也符合设计要求。

中方代表团还观看了卫星发射实况转播，上面提到了“高空风攻角”的概念，这一点引起了大家的注意。“长二捆”火箭第四次和第六次发射发生的两次事故，分别是在 1992 年 12 月 21 日和 1995 年 1 月 26 日的冬季。冬天最大切变风发生时，整流罩会承受严重而复杂的气动压力载荷。

虽然这次谈判没有得出明确的结论，但有进步的是，为了彻底查清问题，休斯公司把卫星数据提供给了中方。

回国后，技术人员立刻对数据展开全面的分析工作，并对高空风的影响进行试验和分析，寻找发射失败的真正原因，以防再次发生类似事故。

最后，他们终于找到了事故原因，并通报美方。事故发生半年后，中美双方于 1995 年 7 月 25 日发表亚太二号卫星爆炸原因的联合声明，阐述可能的两个故障原因：一、在冬季高空切变风条件下，卫星和上面级与运载火箭的特殊连接方式出现谐振，造成卫星局部结构破坏；二、在冬季高空切变风条件下，运载火箭整流罩的局部结构破坏。也就是说，在高空风的环境下，火箭与卫星都可能被损坏。

联合声明公布以后，中美双方很快都采取了有效的技术改进。中方在整流罩拐角处增设 4 个爆炸螺栓，在整流罩空口盖处用螺钉拧紧，增加高空风攻角控制等改进措施。美方也对卫星做了相应的改进。

从此，“长二捆”火箭终于走出了阴霾。

1995 年 11 月 28 日和 12 月 28 日，“长二捆”火箭又进行了两次发射，均获成功，分别将亚洲二号通信卫星和艾科斯达一号通信卫星准确地送入预定轨道。

真是一波三折，步步惊心。黄春平亲身经历了刻苦攻关、首发成功、再发失利、卫星失踪、火箭爆炸等过程，对这个顺应潮流而诞生的新型号火箭有一种难言的情感，亲若子女，熟如亲友。

在波折中前进，在失利后崛起，彰显了中国航天人不屈的品质，也是任何一项事业发展的必经之路。质量是航天事业的头等大事，还需要持续加强；忍耐与坚定，这种根植于一院人灵魂深处的伟大精神，还需要持之以恒。

第十三章

出师不利　酸甜苦辣那一年

（1996）

在航天事业中，没有一个国家敢保证百分之百发射成功，重要的是搞清楚造成失败的原因，“原因不明”比“发射失败”更可怕！

——黄春平

1. 发射基地

卫星发射中心是开展航天发射活动的主要场所之一。中国拥有著名的四大卫星发射基地。

作为卫星发射基地，其选址条件非常严苛，必须同时满足以下条件，缺一不可。

纬度条件：纬度低，节省推进剂，降低发射成本；

气候条件：降水少，多晴朗天气，高空风小，空气能见度高；

地形条件：开阔平坦，相对周围地区地势较高；

交通条件：交通便利，便于火箭、航天器、仪器和设备运输；

安全条件：人口稀少，确保人员安全。

中国四大卫星发射基地，分别是酒泉卫星发射中心（1958年建）、太原卫星发射中心（1967年建）、西昌卫星发射中心（1970年建）、文昌航天发射场（2009年建）。

（1）酒泉卫星发射中心

酒泉卫星发射中心是科学卫星、技术试验卫星和运载火箭的发射基地之一，是中国创建最早、规模最大的综合型导弹、卫星发射中心，也是中国唯一的载人航天发射场。

（2）太原卫星发射中心

太原卫星发射中心位于山西省忻州市西北的岢岚县，始建于1967年，地处温带，海拔1500米左右，与芦芽山风景区毗邻，是中国试验卫星、应用卫星和运载火箭发射基地之一。

（3）西昌卫星发射中心

西昌卫星发射中心始建于1970年，主要承担通信、广播、气象卫星等地球同步轨道卫星发射任务。

黄春平（右三）等在酒泉卫星发射中心

（4）文昌航天发射场

文昌航天发射场位于海南省文昌市龙楼镇，纬度约为19° 30”，毗邻大海，不仅具有良好的海上运输条件，而且火箭航区和残骸落区安全性好。

2. 火箭爆炸

1996年，对中国航天人来说，是一个甜酸苦辣交织在一起的年头。这一年先后发射了3颗商业卫星，2颗失败。

第一颗是“长-3B”火箭发射的国际通信卫星，地点在西昌卫星

黄春平在西昌卫星发射中心

发射中心，时间是1996年2月15日，春节前三天。

当时，全国人民都沉浸在忙碌的年货筹备中，准备欢欢喜喜过大年。而西昌卫星发射中心，几乎看不出节日的气氛，这里的航天科技工作者们正在紧张地准备“长征三号”和“长-3B”火箭发射工作，并计划于春节前发射“长-3B”火箭。这是“长-3B”系列火箭第一次发射外国卫星。

此时，黄春平作为长征三号火箭总指挥，也在西昌卫星发射中心，他带领长征三号火箭发射试验队在技术阵地进行总装测试，准备等“长-3B”发射成功后，指挥火箭再转移到发射阵地做发射准备。

1996年2月15日凌晨3时01分，“长-3B”火箭发射国际通信卫星，点火起飞约两秒，火箭飞行姿态出现异常；几十秒后，火箭在大气层爆炸，火箭一、二级残骸坠地，撞到离试验队生活驻地招待所约 500 米的山坡上，随即又发生剧烈爆炸，星箭俱毁。

黄春平在发射指挥控制中心大厅参加“长 -3B”发射，火箭发射后，只听“轰”的一声响，像是闷雷在不远处落地，指挥部里一阵震颤，悬挂在前面的大屏幕摇晃了几下，照明灯全部熄灭。黄春平意识到火箭出了问题，叫大家赶紧到指挥控制中心大厅去，只见显示屏上的目标消失了。

一片沉寂。每个人都清楚地意识到发生了意外，火箭爆炸了。发射指挥控制中心的空气像凝固了似的，不久，大厅里就闻到了有毒的推进剂的味道。有人递来了湿毛巾捂住嘴鼻，由于担心火箭万一发射失败，为防护推进剂中的有毒气体，事先都有所准备。

黄春平立刻想到试验队生活驻地（招待所）有没有被破坏？破坏程度如何？是否有人员伤亡？他与“长 -3B”火箭试验队书记肖东太，在黑暗中乘车从指控大厅往驻地赶，到生活区他们看到周围已按预先方案实行戒严，到招待所二楼一查，有一位同志牺牲在楼道里，是“长 -3B”火箭试验队员。

6 时许，黎明的曙光又一次染红山脊，夜幕掩盖着的一切终于暴露在人们面前。面对爆炸留下的惨状，许多人流下了眼泪，从各处聚拢来的试验队员们都相对无语，心情沉重。

经清点发现，此事件中共有 6 人被夺去了生命，其中包括三名地方老百姓、一名县公安局副局长，以及两个试验队各一名队员。

不过，值得庆幸的是，“215”事件发生前，大家按照事先准备好的撤离方案，进行了人员分散撤离，试验队住招待所约 1200 人，绝大多数都安全撤离。

黄春平说："有三件事情算是不幸中的万幸。"

第一，做了撤离驻地的预案，当时跟火箭发射的无关人员，包含试验队驻地人员和附近村民都撤离了，做到了基地周围 2.5 公里内没有居民。

第二，"长 -3B" 是起飞后 20 多秒发生的爆炸，刚好避过了发射场避雷塔，如果火箭撞到避雷塔并爆炸，那么 "长 -3B" 和 "长征三号" 发射阵地就会塔毁人亡，那损失肯定是巨大的。

第三,三级火箭的推进剂为液氢和液氧，发生爆炸后，液氢和液氧燃烧形成了水。否则，如果有剧毒的推进剂流到水沟里，会造成严重污染，流到庄稼地里，就会造成颗粒无收，还会伤及民众。

这次火箭爆炸，对西昌卫星发射中心航天人的形象影响是巨大的。

事件发生后，西昌卫星发射中心的航天人被群众怒斥为吃干饭的，受了很多窝囊气。

为寻找失败原因，航天科技人员废寝忘食，绞尽脑汁。

经过长达 4 个月的反复分析，终于找出了原因。结论是：在火箭点火发射前 1 小时，平台系统已通电工作，并利用地面设备进行检测，还有光学通路观测平台的转动，直到点火前 210 秒、关闭光学通路前，一切工作都是正常的。点火前 180～171 秒，平台控制随动框架转动的线路发生断路，使它失去随动功能，而平台要补偿地球自转的影响，仍按规定程序继续转动。大约在点火前后，碰上了挡钉，使平台上的两个陀螺先后受到冲击，分别倒向一边，失去了控制作用，导致平台先向右倾倒 27° ，继而又向前转动 25.6° ，平台倒至这个错误的位置，前后时间仅为 1～2 秒。之后的几秒，平台短时间地停留在这个错误的位置。

倒台后，火箭运动使平台逐步脱离挡钉，在新的倾斜位置又恢复正常工作3～4秒，从第一次倾倒到恢复正常，全过程约为6.8秒。这段时间，火箭受平台控制也跟着倾斜，偏离了原定的飞行轨道。至7～8秒时，平台又碰上了挡钉，重复第二次倒台到恢复正常工作的全过程，总时间大约为8秒，接下去又是第三次倒台，直至触地炸毁。

用“长-3B”火箭总指挥的话说，火箭起飞22秒，就像运动员跳高，跨过一个横杆不往上飞便斜掉下去。火箭飞行约22秒，火箭头部坠地爆炸。

3. 三进山城

“长-3B”火箭发射失败后，“长-3B”和“长征三号”两个试验队全部撤回了北京。

黄春平这次指挥“长征三号”试验队准备发射美国亚太一号A通信卫星（中星五号D通信卫星）。

长征三号火箭在技术阵地，试验队员对它是否受冲击波和电磁脉冲影响，进行了详细的检测，得出的结论是“长征三号”没有问题。1996年3月2日，领导下令“长征三号”试验队再次进入西昌卫星发射中心。然而，受2月15日发射“长-3B”失利的影响，国外保险公司提出保险率从25%提高到29%，中方不答应，双方没有谈拢，一个星期后，“长征三号”试验队接到命令撤出西昌卫星发射中心，从山城撤回北京，这是试验队第二次进出山城。

同年5月，待保险合同谈好后，试验队第三次入驻西昌山城。对“长-3B”火箭爆炸后除冲击波外，还有电磁脉冲等因素对火箭是否有影响、设备还能不能使用、发射能否成功等一系列问题，黄春平都要求专家对此进行全面、详细的排查、研究、判断和决策。经专家细致、复杂的评审工作，一致评定火箭发射没有问题。

1996 年 7 月 3 日，火箭发射升空，并取得成功。

为发射一枚火箭，试验队“三进三出”的故事，给黄春平留下了深刻的印象。

4. “中七”失联

发射中的中星七号通信卫星

1996 年 8 月 18 日，在西昌卫星发射中心，黄春平在长征三号火箭发射成功的基础上，继续担任总指挥，负责用长征三号火箭发射中星七号通信卫星。“中星七号”是美国休斯公司制造的一颗地球静止轨道通信卫星，最终用户是中国通信广播卫星公司。

发射当天，随着一声“点火”口令，长征三号火箭訇然升空。

尾部喷着烈火的火箭带着逐渐加快的速度腾空而起，升空后的火箭越来越小，一道白烟拖在它的身后……

人们在兴奋中欢呼雀跃，从表面上看，这一次发射成功了，但黄春平却没有一丝的兴奋感，他还在等待最后的结果，因为只有中星七号通信卫星被送上 3.6 万多公里的地球同步轨道，才能成为真正的地球同步卫星，那时才叫真正的发射成功。

然而非常遗憾。

数据显示，火箭比预定时间提前 49 秒多关机。也就是说，这次的长征三号火箭只是把中星七号通信卫星送到了 2.3 万多公里的高度，即比预定高度低了 1.2 万多公里。这样，中星七号通信卫星不仅不起作用，还成为了太空垃圾。此次发射失败了。

在航天事业中，没有一个国家敢保证百分之百发射成功。重要的是搞清楚造成失败的原因，“原因不明”比“发射失败”更可怕!

发射失败后，航天工业总公司总经理刘纪原对黄春平说：“老黄，你要在 3 个月内找出发射失败的原因。”

黄春平受命领导分析失败原因，3 个月中，黄春平带领大家，不辞辛劳，耗资 200 多万元，对失败原因进行了无数次试验和复查，其中最重要的是模拟高空试验。这一次，黄春平觉得真难哪，若找不到真正的原因，以后难免重复以前的故障，但眼下工作又似乎毫无头绪，无从下手，黄春平只好组织大家反复查找，进行多次模拟试验。

灵光一闪，黄春平他们仔细观察了发动机燃烧过程中的压力曲线变化，在压力曲线末尾，发现有不正常的波动，经分析，可以判断三级氢氧发动机第一次关机，在滑行阶段，发动机不工作时，氢氧发动机的副控阀门关不紧，就会造成漏氧。发动机里的液氧温度约为零下 183 摄氏度，液氢温度约为零下 250 摄氏度。这么低温的液氧一旦泄漏就成了固态的冰，当发动机第二次点火启动时，固氧见火就会发生爆燃，把氧的输送管道炸坏，发动机就会因液氧泄漏导致液氧不足而提早关机。

为了验证机理，黄春平下定决心，又花 120 万元修建氢氧发动机模拟高空试车台。经过反复的模拟高空试验和验证，证明其判断是正确的。

据此，黄春平向航天工业总公司上报了有关故障原因和改进措施的报告，解决了长期以来“长征三号”“长征三号遥三、遥五和遥九”4 次发射都有类似隐患而未能解决的深层次技术问题。这是他一生中感到无比自豪的事情，他也因此成为领导解决航天工程中运载火箭深层次问题有贡献卓著的科学家。我国是世界上第三个掌握无污染氢氧发动机推进技术、第二个掌握氢氧发动机二次启动技术的国家。黄春平从根本上解决了其中存在的深层次技术问题，为我国航天事业作出了重大贡献。

5. 归零彻查

一年内的两次发射失败，给中国航天的信誉造成了极其严重的影响。国外一些卫星用户纷纷提出终止发射合同，国际保险界提出要提高长征三号火箭的保险率等苛刻条件。中国火箭的国际商业发射业务陷入低谷。

失败是成功之母，失败不可怕，可怕的是不吸取教训。对于中国航天人来说，既要勇于面对失败，更要从失败中吸取教训。按航天人的惯例，这次发射失败，要立即组织“归零彻查”，其中技术归零有五条：定位准确、机理清楚、问题复现、措施有效、举一反三。管理归零也有五条：过程清楚、责任明确、措施落实、严肃处理、完善规章。这十条在航天系统被称为“双五条”归零标准。

黄春平严格按照“双五条”归零标准，带领试验队归零了 3 个月，最后找出问题是由氢氧低温推进剂泄漏造成的。火箭第三级用的是氢氧发动机，先是第一次点火，待发动机关机之后，利用火箭惯性，飞

黄春平（右四）等在中国运载火箭技术研究院建院 40 周年记者招待会上

行一段时间，再第二次点火加速，增加射程。而这枚火箭在第一次关机、发动机泵停止工作时，液氧泄漏，飞行过程中，漏出的液氧由于低温被冻住，在再次点火时便发生爆燃，导致发射失败。

1996 年是中国航天人多灾多难的一年。大家深深感觉到，火箭质量的形势非常严峻，火箭发射“只能成功，不能失败，没有退路”。

为了从“215”和“818”失败中吸取教训，中国航天人进行了深刻的反思和全面的整顿。中国航天系统开始从思想上、作风上、设计上、生产工艺和管理上集中大家的智慧，制定了 110 条具体措施，出台了中国航天工业总公司《强化科研生产管理的若干意见（试行）》（简称“72 条”）和《强化型号质量管理的若干要求》（简称“28 条”），并和此前总结出来的“双五条”归零标准贯穿在一起，成为航天领域质量工作的指导和规范性文件，切实要求每一位航天人在实践中严格执行，不允许有任何疏忽和马虎。

严谨的科学态度和一丝不苟的工作作风很快有了成效。从 1996 年

10月20日长征二号丁火箭发射成功算起，直到2019年12月27日，我国共发射长征系列运载火箭共281次，仅失败7次，成功率高达97.5%，这在国际航天史上也是非常罕见的。

这是多么振奋人心和了不起的成就啊！

第十四章
出奇制胜　土洋并举解难题
（1997—1999）

有人对我说："黄春平是'麻子'，鬼点子多，遇到棘手的事情，总有办法对付它。"这种"土"办法，有的时候挺有效。

——黄春平

1. 紧急叫停

1996 年两次发射失败之后，中国航天界形成较为普遍的共识：

第一，火箭发射要按科学的计划来安排，不搞重大节日献礼。献礼成功了，是光彩；献礼失败了，就是给节日抹黑。所以，临近 1997 年 7 月 1 日香港回归不安排航天发射。

第二，航天发射没有万无一失的记录，尽量不要搞电视直播，一旦发射失败很伤国人心。

1997 年，长征三号火箭安排两次发射，第一次发射安排在 6 月 10 日之前，否则，就要在香港回归之后发射。为此，发射计划安排在 6 月 5 日实施，比规定时间提前 5 天。

此次长征三号火箭发射的是风云二号气象卫星（FY-2）。风云二号气象卫星是我国自行研制的第一代地球同步轨道气象卫星，与极轨气象卫星相辅相成，构成我国气象卫星应用体系。风云二号卫星由两颗试验卫星（FY-2A 卫星、FY-2B 卫星）和四颗业务卫星（FY-2C 卫星、FY-2D 卫星、FY-2E 卫星、FY-2F 卫星）组成，其作用是获取白天可见光云图、昼夜红外云图和水气分布图，进行天气图传真广播，收集气象、水文、海洋数据和平台等气象监测数据，供国内外气象资料利用站接收利用，监测太阳活动和卫星所处轨道的空间环境，为卫星工程和空间环境科学研究提供监测数据。

黄春平仍作为长征三号火箭总指挥。出乎意料的是，他遭遇了从事航天事业以来最大的技术危险，在发射即将进入倒计时 40 分钟自动程序时，天公不作美，西昌上空雷雨交加，电闪雷鸣，这是火箭发射的大忌。

在这紧要关头，在指控室里的火箭总指挥黄春平不同意发射，因为在这样恶劣的气象环境中发射，可能导致火箭遭雷击而失败。发射基地的其他领导想早点将火箭发射出去，以卸下包袱。黄春平和火箭总设计师范士合反复思考斟酌后，一致认为不应发射。在两位老总的坚持下，火箭发射被紧急叫停。

2. 土洋并举

天有不测风云，人有旦夕祸福。火箭发射被紧急叫停后，要立刻面对十分危险的三大难题。

其一，停止发射后，液氢和液氧必须泄放。由于氢氧贮箱是共底，所以必须把液态氧和液态氢按比例同时泄放出来，否则，会因贮箱压力差而损坏共底；泄出推进剂很危险，泄放过程中，一旦有液氢和液氧泄漏，稍有一丁点火星，火箭周围就会变成一片火海，整个发射场便会毁于一旦。

其二，停止发射后，约零下 183 摄氏度的液态氧和约零下 250 摄氏度的液态氢的贮箱隔热层恢复常温后会冒气鼓泡，如果不及时放气就会分层，再发射便会失败。

其三，停止发射后，液氢和液氧需要气封，要在发动机和整流罩里面充满热氦气，不让外面潮湿的气体进入，否则会有水气导致里面结冰，再组织发射就会爆燃。

如何解决这三大技术难题？这在航天史上是第一次，既无外国经验可以借鉴，更无实践经验可以遵循。

液氢是燃料，遇到氧气后，只要有点火星，瞬间就会爆炸，危险性很大。对此，黄春平进行了非常严密的组织和精心的指挥。此外，这项工作还要求岗位人员特别细心地操作才能完成，还需要不间断地往整流罩内吹热氦气。基地领导说："我们的热氦不够，没法这么干。"黄春平十分坚定地回答："热氦不够不行，必须赶快去买。如果不这样做，下次就不能发射了，肯定失败。"

自 1978 年以来，黄春平在中国运载火箭技术研究院担任过 9 个火箭型号的正副主任设计师、正副总指挥和副总设计师。悲与喜，愁与乐，他都经历过。别人犯愁的事，他屡出奇招、怪招，一一破解；别人心里一点谱都没有的事儿，他却自有主张，而且敢于拍板。

黄春平是敢做敢为的人，他带领二十几个人，冲到了同时泄放氢氧的火箭第一线。

此时，泄放出来液氢液氧的贮箱要严防热层鼓起气泡，一旦这些气泡鼓大，造成隔热层分层，就会导致后续发射失败。怎样防？黄春平土法上马，他吩咐工作人员拿来大头针，然后把二十几名队员分成两组，在火箭塔架上分两层排好，每人一手拿针，一手拿防潮漆，见一个气泡就扎破一个气泡，并且立刻涂上防潮漆。涂完后，为了保险，还需判断隔热层里有没有分层。黄春平又派了一位很有经验的工人，用木槌从上到下对整个液氢液氧贮箱敲打检查，听声音都一样，没有分层才放心。两天下来，工人师傅的手都敲肿了，但是看到黄春平的怪招解决了同时泄放液氢液氧的难题，大家再苦再累，依然感到很高兴。这也是世界航天史上首次将液态氢氧同时泄出的案例，世界各航天大国的同行们无不竖起大拇指，称颂中国航天人的果敢和担当。

事情并没有结束，钢筋铁骨、冰火不侵的火箭，伺候起来挺难，“冷了、热了都不行”。作为火箭总指挥的黄春平，在这种特殊的情况下，不得不比别人多留几个心眼。发射场的领导说：“老黄，你设计的火箭，三级要求热，一、二级要求冷，你们怎么设计的？我们怎么伺候啊？”因为一、二级的燃料是偏二甲肼，温度高了就会沸腾，而三级是低温推进剂，温度低了，火箭外面就会结冰，所以，三级要热，一、二级要冷。 火箭一、二级怕热喜冷，黄春平想到了用土办法，他要求部队组织人员拉来冰块，用大量的塑料盆装好冰块，围着火箭放到塔架各工作层。火箭底部的各工作层堆成了小冰山，相当于给火箭制造了局部的冷环境，保证了火箭一、二级推进剂温度不超过发射要求的温度。而火箭第三级需要热，要 24 小时不停地往整流罩里吹热氮气。

由于担心插座受潮产生漏电的风险，黄春平要求大家把插头拔下来，用吹风机吹干后马上插上，再用胶带封上。对于诸如此类的事情，黄春平总能出其不意地想到各种点子，来解决棘手的问题。

后来有人说：“黄春平是‘麻子’，鬼点子多，遇到棘手的事情，总有办法对付它。”这种“土”办法，有的时候挺有效。

这次发射组织得很艰辛。为了保障长征三号运载火箭发射成功，黄春平真是绞尽脑汁，把所有能想到的土洋办法都用上了。5 天之后，正好是 6 月 10 日，西昌发射场终于迎来了晴空万里的好天气。当天气温只有 19 摄氏度（为了保险，刘纪原总经理要求气温不能高于 20 摄氏度），长征三号运载火箭不负众望，腾空而起，成功地将风云二号气象卫星送入了预定轨道。

3. 现场直播

献礼的问题解决了，那么今后的发射要不要搞电视直播呢？

“215”发射失败后，对所有的发射都停止了电视直播，但 2003 年 10 月 15 日发射有航天里程碑意义的载人飞船，要不要采用电视直播呢？

对此说法不一，大家的意见也统一不起来，上级领导决定做一些调查研究。

先是了解领导层的态度。具体做法是在几十位领导中搞一次无记名投票。经无记名投票，多数人赞成直播。

为使工作做得更加完善和细致，投票结束后，又把这些领导召集在一起，开了第二次会议，要求每位领导在会上具体阐述赞成或反对电视直播的理由。在会上，有人问黄春平：“黄总，你们火箭系统最危险，你赞成直播吗？”黄春平知道，所谓火箭系统最危险，是根据世界上航天事业发生的灾难性事故 70% 左右都发生在火箭的上升阶段得出的结论，但他还是毫不犹豫地回答：“是的，我还是赞成直播。”黄春平能有这么铿锵有力地回答，是因为他自信现在的火箭经得起考验。在“215”和“818”失败之后，中国航天人查明了原因，制定了 110 条具体措施，对火箭发射有成功的把握；载人火箭采取了一系列加严措施，以最严、最细、最慎、最实的工作作风，严把质量关，对人民高度负责。

为了把工作做得更稳妥，会后将调查范围从 36 人扩大到七个系统的所有参试人员，同样是采取无记名投票，结果在 360 名火箭系统参试人员中，只有 40 多人投了反对票。可见，火箭系统参试人员对发射成功充满必胜的信心。因此，之后的火箭发射，在没有特殊原因的情况下，都进行了电视直播。

4. 亲和领队

黄春平一贯强调，航天事业是集体的事业，只有中国航天人齐心协力、团结一致，才能战胜困难，取得事业的成功；而带领这样的团队，必须宽严有度，必须有亲和力和感召力。

这种认识即使在“文革”期间，也没有因为流行空喊“革命”口号而动摇。

1973—1981 年间，黄春平在中国运载火箭技术研究院再入飞行器设计研究所担任第一总体研究室副主任、主任，手下有 160 多人。他认为单位就应该像家庭一样团结齐心，而领导者应该有“以人为本”的观念，从实际出发去理解人、关心人，调动每一个人的积极性和创造力。

研究室有一位同志到青海出差，由于劳累过度，病倒在西安。黄春平当即和所里干部处张云英（女）赶到西安去接人。在回来的路上，病人的吃喝拉撒、上下车等一系列事情都由黄春平照顾。回到北京，病人住进了同仁医院，黄春平作为研究室的领导，也去参加值班照料。研究室的其他同志很感动，觉得跟黄春平在一块儿工作很温暖。

1988 年，黄春平调到中国运载火箭技术研究院担任综合计划部部长、科研生产部部长、院长助理、副院长。随着职位不断升高，虽然在坚持原则时一点不含糊，但在体察下情、关心同志方面还是一如既往。

黄春平深知，火箭研制是一项十分复杂的系统工程，在发射成功的背后，是所有参与设计、生产和试验的同志们付出的辛劳。因此，他尊重他们、爱护他们。在试验现场，每当试验队员遇到技术问题时，黄春平总会设身处地地帮助他们解决困难。难怪有经验的试验队员会悄悄地提醒队友说："莫慌，别急，黄总'侠肝义胆'，会帮你在一大堆繁琐的数据中找出关键点，提醒你、点拨你，让你'守得云开见月明'。"

在紧张的攻关任务和发射试验的间隙，黄春平会邀上几个一线的科技人员，来一场"拱猪"扑克大战，调节一下大家的情绪。玩儿牌时，他也很率真、任性，会递个眼色，做个小动作。牌场上可是不认什么上下级的，有人就会嚷嚷："黄总，不许赖皮！"黄春平坦然地笑了："说赖皮就赖皮，只要你们工作中不赖皮，我就多画个小猪好啦！"谈笑间，大家的疲劳和倦意在不知不觉中消失了。

为了保证火箭的研制质量和进度，一线工人难免要加班加点，其间还常常遇到卡壳的难题，真是费力又劳神。作为研究院副院长，黄春平看着工人们熬红的双眼、疲惫的面容，又拿不出钱来奖励他们，便夸下海口："我知道大家很辛苦，再加把劲，干好了，我请你们吃饭。"

院领导、老总请吃饭，在工人眼里，可就不是杯来盏往那么简单的事儿了，那其中的尊重和情意，人们自然会深深地记在心里。在饭桌上，当然也会毫不含糊地表示，拼死拼活也要把活儿干好。在座的管生产的头头脑脑和车间主任们则免不了要"抗议"："黄总，你这哪

黄春平（立者）生日与下属共进晚餐

儿是请客，整个一‘鸿门宴’嘛，你饭桌上提的那些要求，让我们压力山大呀！”

黄春平哈哈大笑，仿佛是酒后吐真言：“你小子，这是‘鸿门宴’，那你别来呀！”“不来，那不是给你省下了吗？你还是先说说你下次什么时候请客，可别落下我。”这样的聚餐不论档次高低，每次都弥漫着和谐、温馨的家庭气氛，总是让人难以忘怀。

“长-3B”火箭爆炸后，由于爆炸冲击波太大，把协作楼都炸毁了。黄春平带领试验队再次进入西昌山城时没地方住，他们就搬到一个连厕所都没有的新的部队厂房住。那里连桌椅、板凳也没有，黄春平就命令后勤，给每一个人买一个小板凳。结果他们买回来的是小朋友才能坐的小塑料板凳。黄春平生气了：“这跟坐地下似的，哪怎么行？给我把它退了，给每个人花28元钱，买一个水曲柳的靠背椅子。”大家都挺高兴。

黄春平平时关心大家的生活，常常嘘寒问暖，所以大家都喜欢跟着黄春平工作。有人说：“跟着黄总干活，虽然工作很紧张，但是真暖心，也很痛快！”

圆梦苍穹

第十五章
道路崎岖　千回百折飞天路
（1999—2002）

神舟一号到神舟五号飞船的发射，在外人看来一帆风顺，但参加过飞船发射的人都知道，每次发射都“如临深渊，如履薄冰”，其中的千回百折、酸甜苦辣，实在难以言表。

——黄春平

1. 万户飞天

自古以来，人类就向往着飞向太空，遨游宇宙。

在我国古代，不仅有嫦娥奔月的美丽神话故事，有《山海经》《帝王世纪》上记载的“飞人”“飞车”传说，还有勇于进行飞天试验的开拓者。

人类最早试图靠火箭实现飞天梦的人，是中国明代的万户。美国火箭专家赫伯特早在 1945 年出版的《火箭和喷气发动机》这本书中就提到：“约 14 世纪晚期，有一名叫万户的中国官吏，他在一把座椅的背后，装上 47 枚当时可能买到的最大的火箭。”

关于明朝人万户飞天的故事，在我国古代文献资料中虽然记载不多，但当时的场景在 600 多年后的今天来看，仍是那样的惊心动魄，令人叹服。

万户最先的设想是利用火箭推力飞上天空，然后再利用风筝平稳着陆。不幸的是，火箭爆炸，万户也为此献出了宝贵的生命，但他的行为却鼓舞和震撼了人们的内心，促使人们更加努力地去钻研科学。为了纪念这位世界航天始祖，国际天文学联合会将月球上的一座环形山命名为“万户”。

2. 载人航天

载人航天在航天活动中占有重要位置。

苏联自1961年4月到1970年9月共发射了17艘载人飞船，1965年3月18日，航天员阿里克谢·列昂诺夫走出了上升2号飞船，实现了人类首次太空行走；1966年1月，两艘“联盟号”飞船第一次在轨道上交会对接，并实现两名航天员从一艘飞船向另一艘飞船的转移；1971年到1982年，又发射了7艘重量为18～20吨的“礼炮号”空间站；截至1985年，发射了27艘载人飞船和25艘无人飞船用作天地往返运输系统；1986年，发射了“和平号”空间站，这是永久性空间站的核心舱；20世纪90年代，又建成了由7个舱组成的大型空间站。设计寿命为5年的“和平号”空间站在太空运行了15年，于

黄春平（左五）访问俄罗斯时，与国际合作团队合影

2001年3月23日13时59分安全地坠落在南太平洋海域。

美国自1961年5月至1966年11月也发射了16艘载人飞船（“水星号”和“双子星座号”），“水星号”和“双子星座号”计划是载人登月，飞行目标是“阿波罗号”的头两个阶段；1965年6月，“双子星座号”飞船上的航天员第一次步入太空；1966年3月，“双子星座-8号”和“阿金纳号”飞行器第一次成功地实现交会对接，此后，“双子星座号”飞船进行过多次交会对接；1967年至1972年，共发射了14次阿波罗飞船（其中3次无人飞行，3次载人绕月飞行，6次载人登月飞行，12名航天员登上了月球）；1973年发射了“天空实验室”，并和阿波罗飞船进行过对接。1969年，尼克松政府宣布20世纪70年代研制航天飞机；1984年，里根政府宣布20世纪90年代建立永久性载人空间站。

1993年9月，美俄两国达成协议，合作建造一个有16国参加的国际空间站。2001年5月，美国宇航发烧友蒂托进入国际空间站俄罗斯舱遨游8天，成为航天游客第一人。

中国进行载人航天研究的历史可以追溯到20世纪70年代初，在中国第一颗人造地球卫星“东方红一号”上天之后，时任国防部五院院长钱学森就提出，中国要搞载人航天。国家当时将这个项目命名为“714工程”（即于1971年4月提出的），并将飞船命名为“曙光一号”。在开展了一段时间的工作之后，发现无论是在研制队伍、研制经验方面，还是在综合国力、工业基础方面，搞载人航天都存在一定的困难，该工程于1975年下马。

然而，中国航天人对太空的探索并未就此止步。1986年3月，面对世界高科技蓬勃发展的形势，以及国际竞争日趋激烈的严峻挑战，王大珩、王淦昌、杨嘉墀和陈芳允四位科学家提出了《关于跟踪研究外国战略性高技术发展的建议》，邓小平作出重要批示：“此事宜速决断，不可拖延。”

在充分论证的基础上，1986 年 11 月启动实施“863 计划”。全国成立了六个领域、两个直属主题的专家委员会和专家组。其中航天领域，围绕“载人飞船、小型航天飞机和空天飞机”三种科研方案，开展了长时间的探索与研究工作。部分专家认为，载人飞船技术相对简单，我国应该从飞船起步发展载人航天；另一部分专家却建议，我国应该学习美国的做法，研制小型航天飞机或空天飞机更有前途，这样不仅能够达到重复使用的目的，还可以降低发射成本。根据具体国情，最后我国的载人航天方案确定为“发射载人飞船”。

1992 年 1 月，中央专门委员会召开会议，听取航空航天工业部关于载人飞船方案的汇报。会上，任新民代表航空航天工业部汇报了载人航天工作情况，提出了载人航天工程立项方案。1992 年 9 月 21 日，党中央正式批准立项，并命名为“921 工程”。这样，中国的载人航天事业才算真正起步。中国载人航天工程战略规划明确做出分“三步走”方案：第一步，发射载人飞船，建成初步配套的试验性载人飞船工程，并开展空间应用实验；第二步，突破载人飞船和空间飞行器的交会对接技术，并利用载人飞船技术改装、发射一个空间实验室，解决有一定规模的、短期有人照料的空间应用问题；第三步，建造空间站，解决有较大规模的、长期有人照料的空间应用问题。

立项之初，上级确定了“争八保九”的目标。所谓“争八保九”，就是要求 1998 年要争取发射，1999 年要确保发射，无论如何一定要发射第一艘无人试验飞船。

聘書
LETTER OF APPOINTMENT
黄春平同志：
兹聘请您为《921工程专项管理研究》课题组研究员。
总装921办科技计划局
科技计划局
二OO四年四月十八日

2004年，黄春平被聘为《921工程专项管理研究》课题组研究员

中国载人空间站工程目标包括全面突破和掌握近地空间长期载人飞行和服务技术；突破和掌握近地空间组合体的建造和运营技术；开展较大规模和较高水平的空间科学应用；为开展载人登月等未来发展奠定基础；等等。

黄春平他们当初提出利用载人火箭试飞时搭载一个月球探测器，即首次无人飞行之前先实现了登月球探测，只要投入6.5亿元人民币。

要实现这个探月计划，需解决以下几个问题。

第一，要有足够推力的火箭把月球探测器送到距地球38万公里的月球上去。只要在“长-2F”火箭上再加一个较小发动机就能做到。

第二，要完成科学的轨道设计。月球在转，地球也在转，而火箭要把月球探测器送到月球上去，就必须事先精确计算好探测器运行的轨道。

第三，要有可靠的控制系统。火箭和它所携带的月球探测器处于无人操控状态，要靠自动控制系统精准地将月球探测器送到月球表面。

第四，还要有可视系统。发射上去要看得见，证明探测器确实到了月球上。

第五，要实现软着陆。否则，把月球探测器送到了月球上，却摔坏了，岂不前功尽弃？

以上问题，中国当时已经具备了解决的条件。为谨慎起见，黄春平还率团到俄罗斯进行考察。对此，中央专委审查后认为，还是先集中人力、物力，实现载人航天的目标。

3. 神舟一号

中国载人航天工程是一个庞大的系统工程，它由七个系统组成，需相互配合，齐心协力，才能共同完成载人航天的使命。全国有3000多家单位、数以10万计的工作人员，参与了这项工程的研制、建设和试验。

这七个系统分别是：

（1）航天员系统

一个以航天员为中心的医学和工程相结合的复杂系统。它涉及航天生命科学和航天医学等领域，包括航天员的选拔、训练、医学监督保障、营养食品、飞行模拟训练等。它还负责飞船上的环境控制，其环控生保系统为航天员创造一个适于生活和工作的环境。

（2）空间应用系统

它利用载人飞船的空间实验支持能力，开展对地观测、环境监测、天文观测，进行生命科学、材料科学、流体科学实验，安装有多项任务的上百种有效载荷和应用设备。研究成果将广泛用于医药发展、食品保健、防治疑难病症以及工业、农业等各行业之中。

（3）载人飞船系统

它是载人航天的核心部分，由推进舱、轨道舱和返回舱组成。其中轨道舱和返回舱为密封结构，为航天员提供必要的生活和工作条件，保证航天员进行有效的空间实验和出舱活动，并安全返回地面。载人飞船取名“神舟号”，它共有13个分系统。返回舱返回地面后，轨道舱继续留轨运行。

（4）运载火箭系统

把载人飞船安全可靠地送入预定轨道的运载工具，可靠性要超过97%，安全性须达到99.7%以上。它包括箭体结构分系统、动力装置分系统、控制装置分系统、推进剂利用分系统、故障检测处理分系统、逃逸分系统、遥测分系统、外测安全分系统、附加分系统及地面设备分系统等10个分系统，其中故障检测处理和逃逸两个分系统是专为载人航天新增的。运载火箭取名“长-2F”。

（5）发射场系统

设在酒泉卫星发射中心，由技术区、发射区、试验指挥区、试验协作区和航天员区等五大区域组成，形成火箭、飞船、航天员从测试到发射以及上升段、返回段测量的一套完整体系。

（6）测控通信系统

用来对运载火箭和飞船保持天地之间的经常性联系，完成飞船遥测参数和电视图像的接收处理，以及对飞船运行和轨道舱留轨工作的测控管理。它由指挥控制中心、6个陆上地面测控站、3个活动测量站和4艘远望号远洋航天测量船组成。

（7）着陆场系统

包括主、副着陆场，以及陆上应急救援、海上应急救援、通信测量、航天员医保等部分。主着陆场设在内蒙古中部四子王旗草原，副着陆场设在酒泉卫星发射中心的东部戈壁。

采访中，黄春平详细地介绍了“神舟一号”发射的艰难历程。

1996年，经历“长征三号”和“长-3B”两次失败，中国航天人再度陷入困境，质量形势达到了低谷。

同年，经过了3个月的认真整顿，中国航天系统从思想上、设计上、管理上和生产工艺上群策群力，制定了110条具体措施，并严格执行。至2004年，我国取得了连续发射长征系列运载火箭42次、百分之百成功的可喜成绩。也就是说，我国已拥有安全可靠的可以把载人飞船送入预定轨道的运载火箭，这就是“长-2F”火箭，被称为“神箭”的运载火箭。

“长-2F”火箭要发射的不是过去的卫星，而是载人飞船。载人航天工程被称为“不败工程”，火箭载人，人命关天，只能成功，不能失败。高质量、高可靠、高安全，是载人航天的生命线。为了确保航天员的安全，就必须再增加“故障检测处理系统和逃逸系统”。

故障检测处理系统可称为火箭的自我诊断器，就像是火箭内有一位医生在火箭工作的全过程中，能检测火箭工作异常数据，并根据判别准则，自动地判别出火箭故障，并发出逃逸指令。

逃逸系统可称为航天员的“生命保护神”，就像是火箭内的救生队员，在火箭发生故障之前，能及时地将航天员运送到安全地方，脱离危险。逃逸系统包括安装在火箭整流罩和逃逸塔上的一套固体推进剂发动机，在火箭出现事故时，能把飞船轨道舱和返回舱一起拉走，随后靠降落伞安全降落到地面。这套固体推进剂发动机，在“长-2F”发射前2小时45分钟至起飞后200秒（此时飞船高度约为110公里）

都随时处于准备点火状态。黄春平曾向《人民日报》记者展示过这几种发动机的模型。黄春平说："这是逃逸系统中最难设计的部分，我们曾想咨询俄罗斯专家，但他们开了天价。无奈之下，我们只好自己来解决。"花费大把的外汇去购买别人的技术与成果，一向不是中国航天人的习惯做法，自力更生才是中国航天人的宝贵传统。

为了保证载人航天的安全可靠，科研人员制定了高质量、高可靠性、高安全性的总体方案，规划了火箭各系统的可靠性增长目标。在电气分系统方面广泛采用冗余技术；发动机采取了提高可靠性的措施；火工品改用钝感材料，降低了火工品误爆的概率，提高了安全性。新型火箭的可靠性设计指标在置信度 0.7 的情况下达到 0.97，安全性指标达到 0.997。

要知道，火箭的可靠性从 0.93 提高到 0.97，是一项难度极大的工作，这好比运动员提高成绩、打破纪录一样。要实现这一目标，火箭上 5 万多只电子元器件，要进行百分之百的筛选，将每一个元器件的可靠性从 90% 提高到 99%，火箭研制人员要进行 290 多次的反复试验。

"长 -2F"是迄今为止中国航天最先进的运载火箭。火箭总指挥黄春平在接受《光明日报》记者采访时，如数家珍似地一口气列举了它的多项"第一次"：第一次预先提出了可靠性指标要求，以前火箭都是事后评估；第一次提出了安全性要求；第一次设计了故障检测处理系统和逃逸系统；第一次实现了"三垂"（垂直总装、垂直测试、垂直转运）模式；第一次实现远距离测试发射；第一次设计了冗余的控制系统；第一次研制了弯喷管逃逸固体发动机；第一次实现了可靠性工程化；第一次实现了软件工程化；第一次对元器件"五统一"；等等。总之，“长-2F”是最安全、最可靠（可靠性指标达到0.97，安全性指标达到0.997）、系统最复杂、达到世界先进水平的中国运载火箭。

黄春平在答记者问时坦率地认为，自己在第一次载人航天发射之前承受了很大的压力，除了因为研制故障检测处理系统和逃逸系统是我国航天事业创建以来开天辟地的第一次，还因为经费的问题。黄春平说：“制造一辆新的汽车或研制一种新飞机，还要有试车或试飞的过程呢。我就想，无论如何让我先打一两发试一试吧！看看是否可靠，是否存在问题，然后再进行无人飞船试验。可是领导没有批准。”为了加速载人航天进程，打第一发就要承担发射实验飞船的任务。这可不光有中央领导盯着，还有全国人民望着，也引起了全世界目光的关注。众目睽睽之下，会是个什么样的结果呢？

虽然“长-2F”至今发射了13次，成功率是百分之百，但也不能保证它永远成功。“长-2F”的8个发动机一起点火，其冲击力是非常大的，那么大的加速度，航天员受得了吗？黄春平不止一次地想过：打成了是功臣，在历史上会有个小红点，一旦失败了，就有可能成为阶下囚，就成了民族的罪人哪！由此可见，他心里有多大的压力！

4. 二次合练

1998年3月21日，黄春平带领火箭试验队员奔赴酒泉卫星发射中心，“长-2F”运载火箭将进行发射前的第一次综合演练（也叫合练），也就是除了火箭不加推进剂、不点火外，其他均按程序全部演练一遍。

此次运载火箭的发射技术与以往不同，将首次采用世界上最先进的“三垂”模式及远距离测发控技术，使火箭在发射架上的准备时间由以往的15天左右缩短为3天左右。在远距离测发控技术上采用先进的光电技术、自动控制技术和弱信号的远距离传输技术。这些技术在国际上都算是比较先进的。

“长-2F”火箭虽然继承了“长二捆”火箭的基本构型，但从轨道、气动、载荷、环境、机械电气接口和发射场总装工艺流程等，全部都进行了重新设计。为了保证“长-2F”火箭发射成功，黄春平决定进行两次靶场合练。第一次合练从1998年3月27日开始，到6月底结束，黄春平和参试队员在酒泉卫星发射中心苦战近100天。

这次合练的任务有五项：

（1）火箭本身10个系统在发射场环境下的合练与协调；

（2）箭船对接合练与协调；

（3）火箭与发射场技术阵地、发射阵地条件的合练与协调；

（4）电磁兼容试验；

（5）垂直转运及运输试验。

1999年6月，为了更有把握地发射，决定对“长-2F”运载火箭、神舟飞船和新建的发射场系统，进行正式发射前的第二次联合演练。其主要目的是进一步检验火箭总体和各系统方案设计的正确性和协调性；检验火箭与飞船总体方案的协调性；进一步检验发射场系统、测控通信系统设计方案的正确性。

从技术区转运到发射区进行合练试验，在发射区进行合练后，再回到技术阵地进行发射前的综合检查，发现逃逸塔9个连接螺栓中有一个断裂了。如果在实际发射时出现这种情况，又将是一次航天事故，航天人的一切辛苦和劳作将付之东流。

黄春平让工作人员将发生断裂的螺栓拿去检验，检验结果显示，该螺栓确实存在问题。有问题的地方就像豆腐似的没有强度，怎么办？黄春平马上让北京的生产单位对原材料进行检验，结果也是存在问题。如果原材料检验结果是正确的，那么就要换材料，就不可能按时发射，问题十分严重。黄春平敏锐地判断其检验结果不可信，他勇于承担责任，吩咐螺栓生产单位领导说："你这数据不能发传真，只能我知道，你赶快再生产一批，不要表面处理，不要镀锌，可以用油封。"

这样不做表面处理，这个问题也就不存在了。因为在处理过程中会溅酸、溅水。原理就这么简单。

在专家归零评审会上，黄春平说："这个问题是世界性难题，现在不做表面处理，重新生产一批调节螺栓，经过表面油封擦拭，可以直接在火箭上使用。"

螺栓断裂问题就这么解决了。用黄春平的话说："还好没跟领导反馈这螺栓的原材料有问题，如果当时说了，就肯定没法通过审批。所以，我有的时候也觉得自己胆子挺大的，敢冒风险，自作主张。航天事业有时候在紧急的情况下，还真需要胆大心细。"当然，这必须建立在科学判断的基础上。

5. 专家洒泪

为了顺利、成功地发射这颗优秀的"长 -2F"神箭，为了安全稳妥地把不载人的神舟一号飞船送入预定轨道，在酒泉卫星发射中心，新建了一个"三垂直"和远距离的发射工位。酒泉卫星发射中心是中国四个发射场中资格最老、规模最大的一个。这里，一个新的火箭装配厂和发射架，在神舟一号飞船发射之前及时完工了。一切工作就绪，就等“长-2F”火箭选择吉日把神舟一号飞船送入太空了。

这个重要的日子选定在1999年11月20日，在酒泉卫星发射中心，“长-2F”火箭在发射塔被发射平台轻拥在怀里，它身披金色的阳光，箭体上依稀可见鲜艳的五星红旗，神箭正静静地等待着一飞冲天的那一刻。

这一刻终于来临。

1999年11月20日凌晨6时，当“点火”的口令一下达，“长-2F”火箭托举着神舟一号飞船，訇然升起，观测大厅里随之响起热烈的掌声和欢呼声。

接下来是一连串的分离动作，逃逸塔分离，助推器分离，火箭一、二级分离，抛整流罩……每次分离，都伴随着一阵阵的欢呼声和掌声。

终于在火箭腾飞接近10分钟（587秒）的时候，屏幕上显示了火箭和神舟一号飞船分离的画面，在飞船准确地进入近地点约200公里、远地点约350公里的预定轨道的时候，观众席中再一次响起热烈的掌声和欢呼声。在中国航天人的共同努力下，终于将我国第一艘无人试验飞船“神舟一号”送入了预定轨道，火箭各系统工作正常，飞行试验获得圆满成功，实现了“争八保九”的目标，标志着我国航天事业踏上新的征程！

这时，心弦绷得紧紧的黄春平也终于如释重负。他再也控制不住自己的情绪，放声大哭起来。在乘车赶赴去见中央领导汇报的途中约6分钟，黄春平还是禁不住内心的激动，泪如泉涌，身旁的刘竹生总设计师受到感染，也哭了起来，他们一边哭一边说：“如果这一次发射不成功的话，就是中华民族的罪人啊！”当他们来到指挥控制中心、见到吴邦国副总理时，眼泪还在不停地流着，这是获得巨大成功之后，发自内心的难以抑制的喜悦泪水。

黄春平知道，从 1992 年 9 月 21 日中国载人航天工程获得中央批准，到今天才算跨出了成功的、关键的第一步。为了跨出这一步，时间整整过去了 7 年。

这不是总指挥黄春平第一次当众洒泪。黄春平当然不会忘记，为了安全可靠地把神舟一号飞船送入太空，他还当众流过两次泪。

第一次，是在 1999 年中国运载火箭技术研究院“长 -2F”火箭出厂的动员会上。黄春平想到 7 年来，自己和参与研制“长 -2F”火箭的同仁们经历了多少艰辛与挫折，尤其是那次整流罩设计出现超重错误，在 3 个月的计算修改中艰难攻关；栅格设计向俄罗斯专家讨教、咨询，想不到对方要价 1000 万元人民币……最后这些问题还是通过群策群力解决了。艰苦奋斗之后目标即将实现时，他的内心怎么能够平静下来？多少个挑灯夜战的夜晚，多少次群策群力热烈讨论的大小会议，多少辛酸苦辣，现在这些都过去了，他又怎能不流下激动的泪水？！

第二次，是“长 -2F”火箭到达酒泉，在酒泉卫星发射中心动员会上，黄春平又一次落泪。“发射成功，也许是功臣，打不成就会成为国家、民族的罪人!”这话沉甸甸地压在黄春平和总设计师刘竹生的心上。装满推进剂的“长 -2F”火箭点火升空以及飞上天空之后，能一切顺利、如愿吗？不怕一万，就怕万一呀！此时此刻，黄春平流下了紧张不安的泪水……

男儿有泪不轻弹。总指挥黄春平的“两次落泪，一次大哭”，无论是“紧张的泪水”，还是“成功激动的泪水”，都是这位六旬老人真实感情的流露，更是他长期压抑心情的释放。长年累月承受高强度的工作，遵循极其严苛的要求，这种巨大的心理压力，不是常人能承受的了的，他心中的酸甜苦辣，有几人能知道？又有几人能体会？

6. 火箭被撞

中国航天人用“长-2F”火箭把神舟一号飞船准确地送入预定轨道，并按计划回收返回舱之后，又集中精力准备神舟二号飞船的发射。

神舟二号飞船是第一艘正样无人飞船，飞船由轨道舱、返回舱和推进舱三个舱段组成。与神舟一号试验飞船相比，神舟二号飞船的系统结构有了新的扩展，技术性能有了新的提高，飞船技术状态与载人飞船基本一致。对于仅仅发射过一次试验无人飞船的中国航天人来说，“神舟二号”的发射显得尤为重要。

身为运载火箭总指挥的黄春平一直在忙碌地工作着，火箭的大事小事他都尽心尽力地去关注。在他的领导下，运载火箭发射的各项准备工作都进行得有条不紊，大家在等待着新年的到来。

神舟二号飞船发射进入最后准备阶段，计划于2001年1月5日实施发射。

然而，就在火箭准备转往发射区的前一天，一个几乎是灾难性的打击突然降临到“长-2F”火箭身上。这个意外的事件让所有航天人顿失新年来临的喜悦之情。12月31日下午3点刚过，安静的发射队“大本营”里，中国运载火箭技术研究院副院长、“长-2F”火箭总指挥黄春平房间里的电话骤然响起。黄春平有点奇怪，刚到上班时间，各方面的人员正在各就各位，这会儿有什么事如此着急呢？

等他带着疑惑拿起电话，听筒里传来女调度员薛京宁慌张急促、带着哭腔的声音：“黄总啊，不好了，垂直总装测试厂房出事了，咱们的火箭被撞了！”

黄春平心里不禁“哎呦”了一声，在这个准备发射的关键时刻，火箭怎么会给撞了？问题严重到什么程度？他顾不上别的事情，急忙叫上“长-2F”火箭总设计师刘竹生和年轻的副总指挥刘宇，一起直奔垂直总装测试厂房。

10多分钟后，黄春平一行到达垂直总装测试厂房。在门外等候的调度员小薛见到几位老总后，立刻汇报了当时的情况。

原来，酒泉卫星发射中心的操作人员正在做活动发射平台向发射塔转移的技术准备。工作人员想给活动发射平台的备份电源通上电，以便在主份电源出故障时快速切换。由于这位工作人员将主份电源当成了备份电源，一通上电，活动发射平台发生了意外行走。在平台工作人员的叫喊下，操作人员快速断电，活动发射平台才停了下来。

但此时，活动发射平台已经移动了400多毫米，而垂直总装测试厂房的工作平台与火箭之间只有约200毫米的间隙，造成火箭与工作平台发生了碰撞、挤压。

真是航天无小事。小小的纰漏，就造成了这么严重的后果，现场触目惊心，58米多高的火箭原本直立的箭身，由于受到固定工作平台挤压而靠在固定平台上，火箭尾部有防风拉杆固定螺栓，刚度大，能防止将一层、二层工作平台被火箭撞出轨道。火箭受伤很严重，受伤的火箭头部歪斜着顶在台面边缘，像伤员一样没精打采。火箭的壳体刚度比较小，被撞弯了，防风拉杆也错位了，被挤到一边去了……

黄春平和刘竹生、刘宇三步并作两步，一起攀爬到90多米高的总装测试厂房的顶层——第十一层，自上而下，一层一层地检查火箭具体的受伤情况。他们时而跪着，时而趴着，像大夫诊治伤员一样，仔细地观察着火箭的每一个部位，认真记录着每一个细节，力图找准火箭损伤的部位和受害的程度。

最后经检查确认，火箭总共有 11 处碰伤，其中有好几处伤情比较严重。

事已至此，黄春平没有去过多地责备那位已经万分后悔的操作手，而是一门心思地想着如何补救。

在场的人都盯着黄总指挥，他们的目光仿佛都在问另一个十分重要的问题，“受伤”的火箭还能发射吗？还能按计划在 1 月 5 日实现中国航天新世纪的“第一飞”吗？

黄春平向来以关键时刻敢于拍板表态著称于航天界。此刻，他心里犯起了嘀咕，只看到火箭的“皮外伤”怎么好拍板表态？火箭外壳只有十几毫米的厚度，是皮薄馅厚的大家伙。在非正常受力的情况下，它还能正常地把飞船送入太空吗？还有火箭的其他关键部位，如电气系统、动力系统等，有没有“内伤”呢？

刘竹生叹了口气，摇摇头对黄春平说：“可能不行了，也许要取消这次发射。”三人交换了意见，一致认为此事件非同小可，必须立即向发射场指挥部报告。

当天，在酒泉卫星发射中心技术阵地，由国防科工委副主任沈荣骏和航天老前辈任新民以发射阵地指挥部的名义，在垂直总装测试厂房 208 室召开紧急会议。在听取了事故发生原因及初步检查结果的汇报后，沈副主任强调要正视问题，不要怕承担责任，一定要彻底查清问题，切实按“五条”归零要求，认真细致地做好工作。会上时而沉闷，时而议论纷纷，莫衷一是，无法得出结论，自然也没有做出什么决定。

整个酒泉卫星发射中心人心惶惶，一时仿佛都没了主意。如果因为这次意外而影响了神舟二号飞船的发射，先不说对“长 -2F”火箭的研制者是何等巨大的打击，更主要的是如何向党中央和全国人民交代呀！

迎接新世纪的晚宴和所有娱乐活动都取消了。2000 年的最后一天，从灿烂明媚的一天，霎时间变成了黑云压城的日子。酒泉卫星发射中心的中国航天人将如何面对？他们又有什么办法让火箭发射工作走出意外的困境？

此时，黄春平认为光靠试验队的技术力量是不够的，他和刘竹生等人商量后，立即采取了行动，要求北京尽快调十几名技术专家和工人师傅赶到酒泉来。经联系，北京到兰州的飞机要元旦下午 2 点多才有，大约下午四五点才能到达兰州。黄春平立刻打听北京经西安到兰州的航班情况，知道元旦早上 8 点有北京飞西安的航班，而西安 11 点有飞兰州的航班，这样，如果走北京—西安—兰州线，起码可以早三四个小时到达兰州。黄春平当即决定北京的专家组和工人经西安赶到兰州。同时，他通知航天系统在兰州的 510 所准备好汽车，只等专家们一到，立即接他们沿古丝绸之路经河西走廊赶到酒泉。

就这样，一院的支援队伍，打破以往的行程方式，汽车、飞机全都动用起来。为了按时完成发射任务，航天人争分夺秒，不辞辛劳！

第二天，元月 2 日凌晨 4 点多，当一院的技术人员带着工具和设备到达基地时，当地的负责人既兴奋又惊奇：“你们是怎么来的？难道你们是坐火箭来的？”这就是关键时刻肯干苦干、无私奉献的航天人！没有这种顽强坚韧的精神，航天事业的辉煌又怎能如此成功不断、精彩连连呢？！

处事果断，雷厉风行，这就是黄春平的作风。

元月 1 日上午和晚上在基地第一招待所又召开了两次会议。

大家各抒已见，讨论异常激烈，有截然相反的两种观点。一派主张把火箭拉回北京进行全面测试、检查和维修，这样工作最稳妥。另一派则主张尽量在现场维修火箭，重新测试，这样更有利于火箭尽早发射。会场始终是各说各的看法，没有哪个能够站出来拿主意。

也难怪，毕竟事出意外，上级领导不发话，别人也不便提出什么主张。时间快晚上 9 点了，中国航天科技集团公司副总经理张庆伟点名要黄春平发言。

黄春平胸有成竹地说："从大处讲，把神舟二号飞船送入预定轨道，是中央下达的任务，是全国人民的期盼，我们必须慎之又慎，力求做到万无一失。从具体的情况来说，火箭被非正常碰撞，属意外事故，我们没有经验可以遵循。只看火箭的'皮外伤'是不能做任何保证的，因此，我的想法是：一是按归零的要求，做全面的检查。即定位要准确，机理要清楚，问题要复现，措施要有效，还要举一反三；二是船罩组合体要与火箭分解，拉回船罩组合体总装厂房，各查各的；三是火箭要对外伤进行修补，重新做全面检查和电气性能测试；四是给我 5 天时间，写出全面的检查分析报告，为正确决策提供依据。"

最后，黄春平强调说，这只是他的个人意见，仅供领导作决策时参考。

主持会议的指挥部指挥长、酒泉卫星发射中心主任刘明山逐个点名问刘竹生、徐克俊等，一个个问下来，大家都表示同意黄春平的意见。

于是，黄春平提出的检查方案便作为上级认可的会议决议定了下来。事后，“921”办公室主任谢茗苞对黄春平说：“黄总啊，你的发言可真是扭转乾坤哪！”

快刀斩乱麻，当机应立断。从这一天开始，火箭和地面等各检查组便分头对火箭、飞船、整流罩、逃逸塔、地面设施等进行全面的检查，其中一个最棘手的问题是：尾段的拉杆偏了，如何把它矫正？虽然飞船和整流罩吊走了，但火箭还有几十吨，该怎么顶正呢？各种办法都想尽了，最后还是由基地的工人师傅用卡车的千斤顶，一点一点的将火箭顶正。

黄春平、刘竹生带领研制火箭的科技人员，分别对火箭的关键部位进行了认真检查。电气系统总检查、动力系统气密性检查和逃逸系统的固体发动机检查等都全面展开。

火箭结构极其复杂，其中火箭的第二级内有一根很长的气管，是由外面引进舱内，如果它被撞坏，就算别的部分都是好的，现场也没办法修复。但检查到它时，发现包裹它的长排整流罩被活动平台挤压得变了形，根本看不见里面的状况，只能拆开长排整流罩才能看到。

当长排整流罩拆下后，大家看到平台正好撞在支撑这根管子的刚性卡框上，管子一点也没受损，黄春平不由自主地说道：“真是天助我也。”

为了确定火箭损伤受力的性质、载荷大小、损伤程度，必须要对火箭与平台的间隙反复测量和计算，才能做出精确的分析和判断。有时为了解决一个技术难题，要在各层工作平台之间跑上跑下，反复测量，直到找到满意的解决方案、提出具体的处置措施为止，并对火箭修复后的发射风险进行全面评估。

黄春平带领航天科技人员仅用了 4 天时间，就把一份长达 50 余页的《碰撞后火箭受损结果分析及处理措施》的报告，呈现在大家面前。这份报告内容包括严密的论证，对碰撞过程进行了详尽的分析，得出了极其慎重的结论。报告写道：箭体首先撞上 9 层平台，由于火箭此处刚度较小，火箭顶部开始变形；火箭级间段防热层撞上 5 层平台，级间段刚度较大，属于弹性碰撞……每一行、每一页，都凝聚着黄春平缜密严谨的思索，都看得到他心中沉甸甸的责任感。

报告给出的结论如下：

（1）火箭与工作平台的碰撞属于挤压过程，不是冲击过程；

（2）碰撞过程中产生的载荷小于火箭的使用载荷，因此火箭大部段及其连接结构未受损伤；

（3）局部受损部位均已得到妥善处理，并经检查验证满足飞行条件；

（4）为了提高可靠性，对火箭受到碰撞的部分进行了检查和必要的更换；

（5）火箭电气分系统经测试检查，各项分系统指标正常，满足飞行试验条件。

当再一次开会的时候，上上下下所有人的眼睛都盯着黄春平，看他怎么表态。只见此刻的黄春平长舒了一口气，再次展示了善于拍板决定的风采，明确表态说："没问题，火箭可以发射。"江绵恒副总指挥见了黄春平就竖起大拇指说："黄总，你胆子可真大，了不起！"

接着，事故调查委员会也组织召开故障审查专门会议，对《碰撞后火箭受损结果分析及处理措施》报告进行了评审，通过讨论，委员们一致认为，火箭可以进行发射。

黄春平、刘竹生、刘宇等在指挥控制大厅紧张地工作着
（前排右二为刘竹生，右三为黄春平）

人心齐，泰山移。经过众人的努力，奇迹出现了。修复后的火箭重展风采，耸立在发射塔架旁。2001 年 1 月 10 日深夜 22 时，威武耸立在发射架旁的“长 -2F”火箭，满载着中国航天人的凌云壮志和中国人民的殷切希望，腾空而起，准确地把神舟二号飞船送入预定轨道，圆满地实现了 2001 年的第一飞。

神舟二号飞船发射成功后，中国航天科技集团公司总经理王礼恒高度赞扬黄春平为首的火箭发射团队：一是思想境界高，虽然这次事故不是试验队的责任，但是试验队能把问题当做自己的事情来办；二是指挥调度有力；三是技术水平过硬。

11 日下午，酒泉卫星发射中心按惯例举行庆功大会，中心副主任张建启带着调侃的语气对黄春平说：“黄总啊，这下子我们至少不会去坐牢了，真得谢谢你们!”

黄春平报以豪迈的开怀大笑。

7. 现多余物

经历诸多磨难的神舟二号飞船顺利升空后，又经过一年多的准备，决定 2002 年 3 月 25 日用“长 -2F”火箭把神舟三号飞船送入太空。

“神舟三号”是一艘正样无人飞船，飞船技术状态与载人状态一致，所不同的只是在返回舱增加了前端密封舱门，供航天员进出轨道舱使用。

神舟三号飞船的返回舱容器是世界上已有的近地轨道飞船中最大的一个。返回舱是航天员的座舱，是飞船唯一可再入大气层返回着陆的舱段，舱内设置了可供 3 个航天员斜躺的座椅。

轨道舱位于飞船的前端，在其两侧装有可收放的大型太阳能电池阵、太阳敏感器和各种天线以及各种对接机构。轨道舱是航天员在轨道飞行期间的生活舱、试验舱和货舱。

推进舱位于飞船的后部，主要用于飞船的姿态控制、变轨和制动。推进舱安装有 4 台大推力的主发动机和平移发动机，推进舱的两侧还装有 20 多平方米的主太阳能电池阵。

这次发射试验，使运载火箭、飞船和测控发射系统进一步完善，提高了载人航天的安全性和可靠性。飞船上装有人体代谢模拟装置（模拟人）、模拟人生理信号设备以及形体假人，能够定量模拟航天员在太空中的重要生理活动参数和测量验证座舱内环境和生命保障系统。

中央领导非常关心神舟三号飞船的发射。中共中央总书记、中央军委主席江泽民，以及吴邦国、贾庆林等中央领导提前一天，于 3 月 24 日下午 4 点多来到酒泉卫星发射中心。

然而，好事多磨。3 月 23 日上午 11 点多，在对火箭进行综合测试时，发现控制系统的地面设备一只继电器有故障，需要将设备送到北京进行故障分析。

如果不在 3 月 24 日内查明原因，及时将故障归零，就会影响发射任务。

每临大事，黄春平就越发冷静，总是能够沉着地面对突发事故。他决定兵分两路，同时进行检查和研究对策。

一方面，他已查明当天和第二天都没有飞往北京的飞机，只能乘坐从乌鲁木齐开出的 T70 次火车，该火车 3 月 23 日晚上 8 点多经过酒泉。试验队在上午 11 点多发现问题，要在下午 3 点多办完手续，派朱炳京同志带着设备赶上 T70 次列车送到兰州。与此同时，黄春平打电话让北京派人把好的设备送到兰州做交接。从酒泉出发的人，24 日早晨就可以到兰州，拿到设备后下午返回酒泉，这样，好的设备就能被及时送到酒泉卫星发射中心，而坏的设备在当天下午 5 点半也能被送到中国运载火箭技术研究院 703 所做失效分析和归零工作。

在酒泉卫星发射中心，黄春平晚饭都没有吃，就坐在电话机旁等待北京故障设备的检查结果。

晚上 6 点多，中国航天科技集团公司质量专家组组长打来电话：“故障没写清楚，我们不负责。要查明继电器的故障，就必须打开继电器，谁负这个责任？”黄春平坚定地说：“不需要你负责，你给我打开，看看里面是什么东西，必须这样做，好在晚上 8 点的指挥部会上汇报，出了问题由我负责。”

打开后，发现里面有金属多余物卡在继电器的支架和衔铁之间，造成所有的触点都失效。

弄清楚情况后，黄春平就可在当晚召开的指挥部会上做汇报。会议要求弄清楚是什么金属多余物，哪里来的，并决定在第二天早上

5 点半再开指挥部会议，以便决定当天早上 7 点火箭是否加注推进剂，当天晚上 9 点是否发射。开完会，已是晚上 10 点多了，夜幕沉沉。

黄春平还是按他的老章法处理事故，只有平时对质量敢于一路否定，永不满足，到发射的关键时刻才敢于肯定。这是黄春平的信念。平时严格要求，到关键时刻心里就有底了，就敢表态了。

此时，黄春平心想，继电器出现多余物的问题是常见的，火箭上有 300 多个继电器，而且火箭在出厂时，已经发生过 2 次多余物的问题，已经归零处理了，但如果这样如实说了，问题就大了，即使这个继电器的问题解决了，也可能影响火箭发射。

经过深思熟虑，黄春平决定出厂时发现多余物问题的事情不能说，因此在给总指挥长、总装备部部长曹刚川等领导汇报时说："这没事，上天的设备试验充分而且是冗余的，没有问题。地面设备试验次数少，多余物未能及时发现，这些多余物归零处理就好了。"

黄春平心里有数，渐渐地睡着了。

3 月 25 日早晨 5 点多，黄春平被叫醒。他眼前摆着北京故障分析中心传来的四个方面的检查报告：继电器生产质量分析报告、仪器生产质量分析报告、继电器失效分析报告和专家的评审报告。黄春平将送来的报告认真地看了一遍，心里更有数了。原来这个多余物是生产过程中一不留神滴在上面的焊锡。

不管情况怎么样，发射肯定要如期进行。此时有人说："黄总过去表态都很干脆，这次怎么有点黏黏糊糊的？时间快到了，还没有下决心吗？"火箭那边准备加注推进剂了，最后，黄春平坚定地说："可以发射。"上午 7 点 15 分下达加注推进剂的命令，当晚发射"神舟三号"成了不可逆转的决定。

这是黄春平经过严格的检测分析和研究后，当机立断做出的决定。黄春平一再说："出现质量问题，在不同的时间，需要有不同的办法。"

3月25日下午2点，黄春平安排科技人员上岗，以确保稳妥安全地将神舟三号飞船送入太空。晚上10点15分钟，随着一声"点火"口令，"长-2F"火箭拔地而起，火箭尾部喷射出的橘红色烈焰照亮了酒泉的夜空。约10分钟后，火箭和飞船分离，"神舟三号"准确地进入预定轨道，发射成功了！

2002年4月1日，神舟三号飞船在太空绕地球飞行107圈后，其返回舱准确地降落在内蒙古中部的着陆场。

事后，黄春平他们在酒泉卫星发射中心受到了江泽民、吴邦国、贾庆林等中央领导的接见。大家都非常高兴，直夸奖说："长-2F"火箭真不愧是神箭啊！

神舟三号飞船及整流罩

神舟三号飞船返回舱

8. 赐名“神箭”

至此，“长 -2F”运载火箭已连续三次将“神舟”飞船成功地送入预定轨道。

“长 -2F”运载火箭全长近 60 米，起飞质量约 500 吨，起飞推力约 6000 千牛，是我国当时研制的火箭中最高、最重、系统最复杂的火箭。它的芯级直径为 3 米多，助推器直径为 2 米多，整流罩最大直径约 4 米。它的芯级四周有 4 个捆绑式助推器，并在“长 -2E”运载火箭的基础上进行了加长。

“长 -2F”火箭跟其他型号火箭的不同之处在于它具有发射载人飞船的能力。为确保其高安全性和高可靠性要求，“长 -2F”火箭在国内首次采用 55 项新技术，其中有 10 项关键技术达到了国际先进水平。

黄春平等在江泽民总书记为“神箭”题名的庆祝会上

（左为黄春平，中为许达哲，右为吴燕生）

“长 -2F”火箭从 1999 年 11 月 20 日第一次成功发射神舟一号试验飞船以来，至今已连续 13 次成功发射神舟号飞船和天宫号空间实验室，其中，5 次发射无人飞船，6 次发射载人飞船，先后将 14 人次共 11 名航天员送入浩瀚太空并安全返回地面，实现了中华民族千年飞天梦想，使我国成为世界第三个能够独立自主开展载人航天活动的国家。

黄春平（中）等手持“神箭”二字合影

在“长 -2F”火箭发射神舟三号飞船前，黄春平给江泽民总书记写了封信，恳请江总书记为“长 -2F”火箭题写“神箭”二字。而江总书记也对“长 -2F”火箭充满了信心，在发射神舟三号飞船前的晚上 8 时许，江总书记为“长 -2F”火箭题写了“神箭”二字。从此，“长 -2F”箭体上就有了苍劲有力的“神箭”二字。

9. 闪电行动

一步一个台阶，一步一个高度。

伴随着载人航天工程的推进，运载火箭的研制也呈现出“步步高”的劲头。

“长 -2F”火箭的第四次发射与前三次有很大区别，这次更加接近载人发射状态，还搭载了两个模拟人。因此，除了进行正常的专项考核之外，还对一些结构件的质量提出了更高的要求，对火箭强度有影响的零配件，只要有微小的不足，均不做修正，直接报废，再重新设计生产，以提高火箭的可靠性。

火箭飞行全过程不足600秒，但要求产品达到600小时的工作水平，以确保万无一失。2002年12月29日，计划进行神舟四号无人飞船发射，各系统与载人时的状态一模一样，算是载人飞行之前的最后一次“彩排”，意义重大。如果成功了，这次发射就是首次载人飞行之前最后一次发射无人飞船；如果发生任何闪失，载人发射的后期计划将会被打乱！

重任在肩，黄春平丝毫不敢马虎懈怠。

2002年年底，“长-2F”火箭和神舟四号飞船顺利进入酒泉卫星发射中心，并进行60天的测试流程检查。火箭、飞船各系统测试进展都很顺利，联合测试均已完成，发射日期在一天天临近。

为使神舟四号飞船成功发射，其准备工作真是做到了万无一失。飞船总设计师戚发轫对新华社记者说：“这一次，我们连航天员的换洗衣服都带上了。”

然而，尽管黄春平一再强调工作要慎之又慎，以最严、最慎、最细、最实的质量要求做好每件事，但他担心的事情还是发生了。

2002年11月16日上午进行火箭测试，所有设备都开机。在进行单元测试时，科研人员发现外安系统的连续波应答机备份产品发射部分无功率数输出。也就是说在火箭的几万只元器件中，还是出现了个别“发脾气、闹毛病”的家伙。如果不及时解决，联试就不能进行了。

按飞船发射计划，17日晚上7点连续波应答机要参加在发射场的对接测试，如果不能及时更换和分析出故障原因，就将影响整个发射任务。

火烧眉毛，十万火急！

这和“神舟三号”发射时继电器出问题一样，又是必须在两天内解决的问题。黄春平听完情况汇报，顾不上午休，就召集有关人员开会研究，并亲自和成都的设备生产厂联系，以确定产品的及时更换，可成都至兰州再转嘉峪关的航班不赶趟，要把产品送到酒泉卫星发射中心发射场，怎么也得在19日以后了。

一个个方案在黄春平的脑子里排着队过了一遍，但都一一被他否定了。焦虑中，他突然想起上午在发射场，听酒泉卫星发射中心张建启主任说：“黄总啊，以后我们不一定都从嘉峪关走了，我们这里北面在银川与额济纳旗之间有条蒙北高速已经通车了。”上午在说这条路，中午就发生了外安设备故障的问题。黄春平想，如果让成都那边把合格的产品空运到银川，同时再派车从基地到银川去接，这样不就赶上趟儿了吗？嘿，黄春平这么想着，当即也就拿定了主意。当有同事表示接受这个紧急任务时，他毫不犹豫地挥挥手：“你们各忙各的吧，还是我自己去！”

哪能让60多岁的黄总来回颠簸1800多公里去冒这个险呢？同志们纷纷阻拦他，领导也批评他说：“你这么重要的领导不能去，基地这边也离不开你。”但这事很重要，必须在第二天晚上7点前把设备换回来。黄春平决心已定，不把好的应答机亲自抱回来，把有故障的应答机送回成都进行故障归零，他留在基地也吃不好、睡不香呀。

张建启主任了解黄春平的性格，也不再劝阻，立刻派出对沿途比较熟悉的后勤部杨处长领路护驾。火箭试验队也选派驾驶经验丰富的李先明、朱炳京两位师傅轮换开车。这样，黄春平带上秘书杨启东，一行 5 人开了一辆越野性能良好的“沙漠王”，顶着晚霞，连夜匆匆上路，往银川赶。

既然是与时间赛跑，他们自然是驾驶着“沙漠王”一路狂奔，在夜幕降临前已抵达 150 公里以外的额济纳旗镇。他们简单地用过晚餐后，又在浓浓的夜色中行驶。戈壁滩的夜晚温度低至零下 20 多摄氏度，此时真是寒风刺骨、奇冷难熬。抵达下一站阿拉善盟的距离是 560 公里，且一路渺无人烟。

这一路，他们面对的不仅仅是奇冷，还有寂寞和危险。黄春平心急如焚，根本顾不了这些，心里想的就是要抓紧时间把应答机交换到手。但黄春平是个乐天派，他一路强打精神，迎着无边的荒原，用调侃、趣事和唐僧历经九九八十一难到西天取经的故事来营造乐观从容的气氛。深夜 10 点多，汽车进入一片山区。群山如同一峰又一峰巨大无比的黑骆驼蹲伏在崎岖山道的两侧，凌厉的山风发出困兽般的嚎叫，时不时还能听到碎石块震荡滚落的声音。

就在这紧张的时刻，汽车油表报警指示灯瞪大了血红的眼睛。这可不是闹着玩儿的，此时如果断油，“沙漠王”就得搁浅，那呼天不应、叫地不灵、孤立无助的凶险和不能及时赶到银川的后果，让黄春平一时缄默了……“莫慌，莫慌，我看这里离边防团的检查站也不远了，李师傅看你的了，尽量省油开，到边防检查站就好了。”基地的杨处长到底是走过一趟这条路的人，赶紧说了几句稳定军心的话。黄春平一方面命令大家从车窗向外眺望，看看是否有村庄和灯火，一方面安慰大家，可能远处有人家和灯光。

总算天无绝人之路，远方闪烁着两三盏孤灯，边防团快到了。在极度兴奋的黄春平的眼里，夜色中的营房和闪烁的灯光都仿佛是不真实的幻影，但深夜里不会出现海市蜃楼的幻景，所以在大家心里，不啻为因茫茫大海中的孤帆终于可以靠岸而感到由衷的高兴。

检查站的小战士在知道黄春平的身份和他们此行的惊险经历之后，不由得露出敬佩的目光，赶紧给油桶加温，以便加油。而黄春平他们稍事休整、补足燃料后，一点不敢大意，又马不停蹄地冲出戈壁，安全抵达了阿拉善盟，此时已是 17 日凌晨 1 点多了。在这里过夜后，黄春平一行早早起床上路，绕过正在修补的路段，赶到了银川。当他们驱车抵达银川机场时，离成都飞来的飞机降落只剩 18 分钟，黄春平决定一方面安排朱炳京去买饭菜抓紧吃饭，一方面吩咐杨启东秘书去机场出站口接机。

新旧应答机的交接是在午饭的餐桌上匆匆进行的。

吃过饭，加足汽油后，黄春平他们又紧锣密鼓地往回赶。在返回的路上，黄春平一边计算着路程和到达发射场的时间，一边打电话安排火箭试验队抓紧进行测试准备。17 日下午 3 点左右，他们又赶到边防团的检查站加油。那位小战士瞪大眼睛惊奇地问：“你们怎么这么快就从银川赶回来了？”黄春平开玩笑地说：“小伙子，我们和孙悟空差不多，翻个筋斗就回来了，哈哈哈。”小战士嘀咕道：“这老同志怎么不嫌累，还会开玩笑哩。”杨处长说：“你哪里知道，我们干的是十万火急的事啊，在你们这里怕是连正经晚饭都吃不上了。”果然，黄春平他们嘴里嚼着从火箭试验队带的干粮，就着已经结冰的矿泉水，又上了路。

天有不测风云。星星隐没了，戈壁起风了，大漠飘起了茫茫大雪，天地一片混沌。路在哪儿？沟在哪儿？柏油路看不清了，在茫茫雪夜中，“沙漠王”像大海中的一叶孤舟，在颠簸中奋力前行……

总算风有情，雪有意，老天也没有太为难他们。

17 日晚上 6 点 40 分，他们终于如期平安地回到了发射场。跨出车门，望着前来迎接的同事们，黄春平觉得一路的辛劳在瞬间一扫而光，他脸上洋溢着自信和自豪，乐呵呵地说：“我可尝到了唐僧到西天取经的苦头了。昼夜 27 个多小时连吃带睡，来回跑了 1800 多公里，为按时进行船、箭、地联试排除了障碍。”黄春平他们“换设备雪夜闯戈壁，保发射千里一日还”的闪电行动，成为酒泉卫星发射中心的一段佳话。

10. 敢于言不

天公无常不作美，屋漏偏逢连夜雨。12 月 15 日，正当神舟四号火箭发射的各项准备工作如火如荼进行时，一股来自西伯利亚的寒流不期而至。12 月 20 日，酒泉卫星发射中心连下两天大雪，发射场遭遇气象史上 30 年不遇的极端低温天气，冰雪覆盖下的发射场银装素裹，冰天雪地，直到 12 月 22 日冬至这天的夜里，大雪总算停了下来。

望着窗外的洁白世界，黄春平有些哭笑不得。都说“瑞雪兆丰年”，虽说这瑞雪缤纷固然好看，但黄春平心里非常明白，这种极端天气特别不适合火箭发射。此时酒泉的温度是零下 28.7 摄氏度，超出了运载火箭允许的最低发射温度——零下 20 摄氏度。远离城市的戈壁沙漠往年很少有雨雪，类似这么大的暴雪更是罕见。

又一个出乎预料的难题，摆在了黄春平和他的同事们面前。

12 月 23 日，船、箭、塔组合体已具备转运至发射阵地的条件。

12 月 24 日中午，令人欣慰的阳光穿破晦暗的天空，给大地带来了些许暖意，气温也升至零下 10 摄氏度。只见垂直测试厂房的大门徐徐上升，印有“中国航天”字样的乳白色“长 -2F”运载火箭伫立在活动发射平台上，在深蓝色厂房墙体的映衬下，显得格外挺拔。

随着指挥员一声令下，“长 -2F”运载火箭、神舟飞船和逃逸塔组合体连同活动发射平台，缓缓行进到发射区。封闭式发射塔架合拢后，工作平台上的空调设备不停地为火箭吹送暖风。

火箭有一个最低发射条件，不满足这个条件是不能点火发射的。“火箭上的推进剂贮箱是金属材料，散热很快，推进剂输送管路很容易冻裂。”黄春平和大伙儿一样，一边注意火箭的转运，一边把这个问题提了出来。

大家商量之后，决定用棉被把贮箱包起来。随后，大家立刻行动起来，七手八脚地拿来了 200 多床棉被，把火箭的关键部位全部包裹得严严实实，火箭成了个“棉毛毯”里的大宝宝。

航天人都知道，国际航天发射事故中约有 10% 是由于天气引起的。1986 年 1 月 28 日，美国挑战者号航天飞机由于 O 型密封圈在低温条件下失效，造成航天飞机在升空 72 秒后爆炸，7 名航天员全部遇难。这一次面对低温，中国航天人该如何规避这种情况的发生呢？

12 月 26 日，在预定发射日期的前 3 天，发射场寒风刺骨，滴水成冰。这天清晨的气温又降到零下 25 摄氏度左右。火箭能否在超低温环境下发射？成了大家关注的焦点。

为了保证火箭安全升空，从早晨 8 点到深夜 12 点，围绕低温问题，各级领导召开了大大小小 7 次会议，研究、制定火箭发射相关方案，确保发射成功。

火箭液体发动机一段 1 米多的输送管路温度不能低于 3 摄氏度，

如果低于这个温度，就会引发管路堵塞，同时，整流罩纵向解锁机构在低温情况下，由于材料不同，会因膨胀系数的差异引发运动干涉，很可能影响整流罩打开。

发射塔架的工作平台被冻成白花花的一片，人在上面行走不方便，操作手操作也很困难。

12 月 27 日，刘竹生拿着一份发射故障文件找到黄春平，文件上写着：去年有一次发射因为温度太低，贮箱尾舱的推进剂输送管冻裂，导致发射失败。刘竹生说：“火箭的贮箱都是一样的，现在塔架封闭，而且还一直在吹热风，环境温度可保持在零下 20 摄氏度左右，但发射前 45 分钟必须打开塔架，采取临时防冻措施包裹在火箭上的被子也必须拿掉，这时火箭完全裸露在外面，在这种情况下，能否按计划发射?”刘竹生和黄春平感觉事情比较严重，俩人一时都无法作出决定。

这天，再一次开会讨论。会上，黄春平主张必须按发射最低温度条件零下 20 摄氏度以上发射。他说：“神舟四号飞船的发射，事关整个航天计划的执行，只许成功，不许失败，我们必须慎之又慎。如果因为气温太低，我们等上几天，等天气好了再发射，也不会影响大局；如果冒险在零下 25 摄氏度的低温条件下发射，一旦失败，对我们的自信心打击肯定很大，在国内、国际上的影响也肯定很严重。那样，我们至少要推迟一年半以上才能发射神舟五号载人飞船，那就不可能在 2003 年实现飞天的梦想。如此一来，怎么向中央和全国人民交代？损失实在是太大了！”现场有人不同意黄春平的意见：“都这时候了，不但总装备部等有关方面的领导来了，中央领导 29 日也会到发射现场，来观看神舟四号飞船的发射实况，如果不按计划发射，如何向领导交代?”

至此，黄春平只好说重话了。只见他眼里含着泪水，情绪非常激动地说：“我是拉黄包车的，请相信我知道孰轻孰重。如果你们坚持要在这样的气温条件下发射，那就不要指望我这个首区指挥部副总指挥长到时候会签字，我是不会签字的。”为了航天事业，黄春平就是这样一个在关键时刻不畏艰难险阻、敢于言“不”的老专家。那几天，黄春平愁眉苦脸，没有一点笑容。中央军委副主席曹刚川见到黄春平时说：“老黄，听说您泪流满面，真是忧国忧民呀。”

在黄春平的坚持下，经指挥部研究，决定采纳黄春平的意见，推迟一天发射。根据气象预报，30 日天将转晴，预计气温会回升到零下 19 摄氏度左右，风也会减小。对航天发射来说，这就是冬天的好天气。

12 月 29 日早上，又一次召开全体参试人员大会。会上逐条讨论低温环境对火箭各部位的影响和应该采取的措施，并写进技术文件。其中，为了在发射时使火箭温度高些，推迟发射塔架的打开时间，从过去发射前 45 分钟打开，推迟到发射前 30 分钟打开。

23 时 40 分，进入发射前一小时准备程序。

12 月 30 日凌晨，突然刮起一阵东南风，温度有所回升。30 分钟准备，发射场气温回升到零下 18.5 摄氏度，满足低温发射的基本要求。

12 月 30 日 0 时 40 分，在指挥员发出“点火”指令的瞬间，只见载着神舟四号飞船的“长 -2F”火箭，发出巨大的轰鸣声，喷着耀眼的烈焰，如山呼，似海啸，像惊雷，拔地而起，直冲云霄！

望着屏幕上放飞的神箭，听到“船箭分离正常”的播报，黄春平如释重负，一颗高悬着的心终于踏实地落了下来。

神舟四号飞船发射成功后，“长 -2F”火箭总指挥黄春平和
总设计师刘竹生庆贺成功（左为黄春平，右为刘竹生）

这次发射成功，标志着中国航天向实现载人飞行又迈出了重要一步。

11. 器件院长

1992 年 9 月 21 日，中央正式批准载人航天工程可行性论证报告，中国载人航天工程正式立项，代号为“921 工程”。中国载人航天事业至此真正起步。

按当时黄春平的想法，中国搞载人航天是不具备条件的。因为当时我们国家的电子技术还比较落后，电子元器件平均失效率高。从这个角度来说，我们是不具备条件的。黄春平想，在这种情况下，怎么搞载人航天呢？

电子元器件是火箭的细胞，与航天员的生命安全紧密相关。一枚火箭上有 4 万多个元器件，加上飞船和地面设备，超过 10 万多个元器件，这样，发生问题的概率比较高。只要一个元器件失效，就可能威胁到航天员的安全。所以，需要特别重视电子元器件的问题。

而载人航天要求更高。原来所有的火箭，既没有很高的可靠性要求，也没有安全性要求。但对于载人航天，火箭可靠性要达到 0.97，安全性要达到 0.997，也就是说，发射 100 发火箭，只允许 3 发有问题，发射 1000 发火箭，只允许 3 发出现可能危及航天员安全的问题。

黄春平举了个例子，他在主持发射长征三号火箭过程中，有一个液体胆电容在控制系统做试验的时候发生问题，导致平台慢慢倒台，试验被停了下来。黄春平他们便认真查找故障原因：一方面对当天的供电系统进行了认真排查，记录都是正常的；另一方面，对系统设备进行排查，最终确定程序控制器有故障。但要对程序控制器上这么多元器件进行全面详细的排查，必须要有详细的方案，黄春平他们制订故障排除方案，就整整用了 3 天。

方案制订后，经专家评审通过，对这个程序控制器进行了认真排查，发现问题出在一个 0.75V 的反向电压电路设计上。通过查找资料发现，液体胆电容不允许存在 0.75V 的反电压。由此，黄春平肯定地作出问题出在电容上的判断。但平时就爱打破砂锅问到底的黄春平，心里还是有疑惑，原来的火箭也存在这个问题，为什么到这发就不行了呢？

带着这些问题，他把生产这批液体胆电容的工厂的同志找来，并由失效分析中心把程序控制器拆开，发现液体胆电容中的芯子有点偏，使阴极和阳极靠得比较近，在反压的作用下导致枝晶迁移，阴极、阳极瞬间接触就会导通，然后“嘭”的一下断开，电路又恢复正

神舟四号任务期间，中央电视台春节晚会节目组前来发射场拍摄“搭载中华故土”的节目

常。这就是发生故障的机理。为了查找这个问题，黄春平他们查找了三个月，才归零。对此，黄春平感慨地说：“这一辈子我都记得 0.75 反压这个数字。”

这件事让黄春平尝尽了酸甜苦辣，对他的触动很大。这也是黄春平在载人航天工作中为什么特别重视元器件质量的缘故。

在当时还不具备从事载人航天的条件下，中央下决心一定要开展载人航天工程，实现中国人的“千年飞天梦想”，并制定了“争八保九”的目标。

为了实现这个目标，作为总指挥的黄春平，准备从构成火箭最基本的单元——元器件着手。他首先成立了元器件专家组，并在全国范围内进行了两次大调研。调研的主要目的，是想了解有哪些单位可以承担载人航天电子元器件的供货任务。此外，他还组织召开了两次全国范围内的元器件订货大会。

在详细了解了各生产厂家的情况后，专家组提出需要用 2 亿多元人民币采购设备（包括生产设备、检测设备和试验设备），才能保证载人航天元器件质量和供货需求。

可是，国防科工委最后只批了 1200 多万元。为了国家的航天事业，事情还得做啊！于是，黄春平找物资部和计划部的 4 位领导，5 个人专题开会商量，准备从研制费中划拨 800 万元，补贴在元器件研制中有困难的厂家。但此事需要保密，不能公开，否则所有厂商都蜂拥而上，想要分一杯羹，钱就不够了。

同时，黄春平还组织全国电子元器件厂家到北京开订货会。订货会上，黄春平做了声情并茂、催人泪下的演讲，厂家代表都被他的演讲深深地打动了。最后，黄春平问电子元器件厂家代表："为了航天事业，为了几千年来我们老祖宗的梦想，如果不能一手交货一手交钱，你们能不能干?"在黄春平一番热情洋溢演讲的感召下，与会的元器件厂家纷纷表态，为了祖国的航天事业，为了中国人千年飞天梦想，他们愿意作出自己应有的贡献。由此，许多厂家都签了合同、拿了订单，把任务带了回去。

采购订单落实后，接下来至关重要的工作就是严把质量关。

载人航天工程，人命关天，只许成功，不能失败。"高质量、高可靠、高安全"是载人航天的生命线。火箭不像电视机、电冰箱，坏了拿去修理一下还能用，只要点火升空后，火箭根本就没有重头再来的机会。因此，在"长 -2F"运载火箭的研制中，必须全面贯彻"质量第一，安全至上"的思想，建立一整套严格的质量管理保障体系。抓元器件、原材料的源头；抓设计源头；抓生产工艺源头。对设计和生产过程的质量进行严格控制；对元器件实施“五统一”“七专加严”管理措施；对产品进行下厂验收；实施元器件和单机产品两个百分之百的筛选及部分系统级的筛选；对出现的质量问题，进行技术和管理上的“双归零”，以确保运载火箭达到“高质量、高可靠、高安全”的要求。

在研制某型号火箭时，没有国家元器件标准，中国航天提出来了“七专”要求。黄春平在“七专”的基础上，提出了“七专加严”要求，即更加严格。比如验收时，必须零失效，即在验收时发现有一个失效，这一批都不接收；而厂家提交前，可以进行筛选，但是要进行筛选记录，筛选掉的不合格率不能超过20%。

高标准、严要求，提升火箭整体质量。“长-2F”运载火箭的可靠性指标为0.97，安全性指标为0.997，用火箭总设计师刘竹生的话说：“‘长-2F’运载火箭质量控制标准达到了近乎严苛的程度。”

安全无小事。事关航天员的生命安全，大家都尽心竭力，绝不敢有一丝的含糊。黄春平更是身体力行，在火箭研发上特别重视电子元器件的质量问题。为了保证火箭上所有电子元器件的质量，黄春平几乎跑遍了全国68个元器件生产厂家，因此，大家给他起了一个美丽的绰号“元器件副院长”。

“长-2F”运载火箭发射神舟三号飞船，出现继电器问题。回到北京总部后，被誉为“元器件副院长”的黄春平不干了，他认为发射神舟三号和神舟四号飞船的火箭是同一批生产出来的，在工厂都组装完毕。“长-2F”火箭里有300多个继电器，于是，黄春平下令对与电子元器件有关的五大电气系统——外安系统、遥测系统、控制系统、故障检测处理系统和动力系统，进行全面复查。黄春平还规定，继电器的点并联不算，两个继电器的并联才算是并联，因为一个多余物卡在衔铁与支架之间，继电器的所有连接点都失效，所以，点并联不算在内，两个继电器并联的才算并联。查完的结果是：火箭上有 11 处单继电器点并联。除按要求采取了双个继电器的并联外，神舟四号飞船发射时，火箭上还有 5 个单继电器点并联，但有的需二度故障时才会导致火箭失败；有的在发射前可以被发现，可以及时停止发射。经过这样严格的排查和纠正，神舟四号飞船发射成功。

在神舟五号载人飞船发射时，黄春平对元器件的要求更加严格，因为神舟五号飞船要实现中国人的飞天梦，黄春平又下令对五大电器系统关键部位的继电器重新加严，生产了近 100 支继电器，予以替换。

黄春平对全国元器件研制单位为实现中华民族飞天梦而做出的贡献十分感激。没有他们的忘我劳动和奉献精神，中国载人航天事业的发展不可能如此顺利。为此，他带领院机关同志，在神舟一号和神舟五号飞船发射成功后，两次去全国元器件生产单位进行慰问答谢，并以主编身份，出版了《大协作——中国载人航天工程运载火箭电子元器件发展纪实》著作，以表达内心的感激之情。

圆梦苍穹

第十六章
神箭冲天　华夏终圆飞天梦
（2003—2004）

神舟五号载人飞船发射成功、实现千年飞天梦后，他们老叫我是“神五”总指挥，我说不对，载人航天工程1992年9月21日开始实施，1994年年初我就当了运载火箭系统总指挥，从制定方案阶段开始，整个载人运载火箭研制过程我都参与了。从神舟一号到神舟五号飞船发射，我都是总指挥！

——黄春平

1. “非典”肆虐

2002年12月底，广东民间出现了一种致命怪病，有很多病人得了这种病发烧不止，最后因呼吸衰竭死亡。后来世界卫生组织将这种怪病命名为“SARS”（严重急性呼吸综合症），惯称“非典型肺炎”，简称“非典”。

3月6日，北京接报第一例输入性“非典”病例。

3月15日后，世界许多地方出现了有关“SARS”的报道，印度尼西亚、菲律宾、新加坡、泰国、越南、美国、加拿大等国家陆续出现了多起“非典”病例。

4月17日，中央政治局召开会议，充分认识“非典”的严重程度和潜在威胁，要全力以赴应对，并在组织上采取有力措施。

北京“非典”疫情公布后，黄春平才知道北京的“非典”流行趋势有多可怕。那时，全国上下草木皆兵，风声鹤唳；药店里的口罩、板蓝根全都脱销；人们只要一见到从疫区来的人都视为洪水猛兽，不敢接近，并且都要隔离观察。

黄春平意识到事情的严重性，因为当时正在抓紧总装“长-2F”

火箭，准备发射神舟五号飞船。如果因为“SARS”导致火箭总装调试暂停，那么神舟五号飞船发射也要被推迟。

4月20日，黄春平果断下达命令，要求北京城内所有参加“长-2F”火箭总装测试的4个厂所的人员，全部到南苑总装厂集中，并严格规定，所有工作人员都住在长征宾馆，不许回家，进行封闭式管理，所有人员的活动区域仅限制在宾馆和总装厂房之间。

3天后，即4月23日，在北京市区五棵松附近的两个厂和两个研究所都被通知停产，不能上班。黄春平和参试人员心里都暗自庆幸转场的明智之举和决策正确，否则，参试人员都被控制住而动弹不得，也就不可能如期（10月15日）实现飞天梦了。

总装厂实行封闭管理，大家工作、吃饭、睡觉都在一起。同时规定，每个人都要检查身体，体温不超过38摄氏度才能进厂。为了保证参与总装的所有人员的身体健康，增强他们的免疫力，黄春平专门托人从海南岛买来增强人体免疫力的“胰腺五肽”针剂，给每人注射两针，以提高大家的免疫力和抵抗力。

黄春平回想起此事，感慨万分，他深深地吸了一口气，激动地说：“那时候还是挺幸运的，至少我们处理还是很及时的，就差三天啊！如果当时不引起重视，情况就完全不一样了。所以，指挥调度、时间概念要把握得好，要预测判断得准，不能犹豫。”

2. 精益求精

用神箭“长-2F”把神舟五号载人飞船送入太空，是里程碑式的发射。中国航天人把这一任务的实施，视为工作的重中之重。

神舟五号载人飞船是“神舟”系列飞船中的第五艘，是中国首次发射的载人航天器。

神舟五号飞船与神舟四号飞船一样，由推进舱、轨道舱、返回舱和附加段组成，两者不同的是，神舟五号飞船头部是圆柱体，神舟四号飞船头部是半球体；神舟五号飞船返回舱内只有航天员，其空间平面约为 2.2 米 ×2.5 米，不足 6 平方米，可容纳 3 名航天员，此外，飞船还留有将来与空间实验室对接的接口，而神舟四号飞船里却装满了实验仪器和物品。虽然我国载人航天起步较晚，但起点较高。神舟飞船是我国空间技术工作者依靠自己的力量打造的载人飞船，与国外第三代飞船相比，更具有鲜明的中国特色。

第一，三舱组合，起点很高。国外的载人飞船如苏联的“东方号”飞船是单人单舱飞船，美国的“水星号”飞船是单人双舱飞船。我国神舟飞船则直接采用三舱段组合，飞船内空间较大，可同时容纳 3 名航天员，航天员不仅可以非常舒服地在舱内工作，还可以离开座椅，通过舱门进人轨道舱内，进行各种科学试验活动。我国神舟飞船是目前在近地轨道上运行的个头最大、自动化程度最高的飞船。

第二， 一船多用，多方受益。国外飞船或者使用一次性电池，电能消耗完后就失去了供电能力，飞船随之失去动力，飞船返回舱返回地面，轨道舱则变成太空垃圾，美国的“水星号”飞船就是如此。我国神舟飞船的轨道舱具有留轨能力。由于神舟飞船轨道舱上有太阳能帆板，不必依靠推进舱上的电能，因此，神舟飞船的轨道舱能在无人值守的情况下，继续在轨道上执行空间试验任务，完成对天体和地面的观测任务，就像一颗卫星一样。这种设计大大延长了飞船执行空间科学实验和空间应用的工作寿命，有效地提高了飞船的综合效益。这种设计是神舟飞船设计者的一大创举，也符合我国国情。

第三，不载动物，直接上人。苏、美在飞船正式载人太空飞行之前，都进行了数次飞船载狗、猴子或猩猩试验，考验飞船的生命保障系统。为什么在我国进行无人飞船试验时，不像其他国家那样，让动物先上太空？有关专家举了三个理由：首先，动物的生理系统和人有区别，测量的数据未必可靠，一旦发生意外，不知道是什么原因造成的；其次，猴子上了飞船，不会安安分分地坐在座位上，即使把它绑在那里，也容易乱动，如果出了问题，可能搞不清到底是设备的问题，还是猴子的问题；最后，最重要的是由于国外已有载人航天的经验，表明人在太空中进行短时间的飞行是可行的，我国用不着从头再来，完全可以借鉴国外取得的经验。加上科学技术的发展，使我们完全可以通过仪器模拟，掌握真人在太空中飞行的各种变化数据。因此，神舟飞船在正式载人飞行前，不进行载动物试验，而用模拟人进行太空飞行试验，利用模拟人身上携带的科学装置，感受并提供舱内温度、湿度、空气成分、人体温度、心跳速度、血液循环、呼吸等各种数据。

第四，边试验，边科研。我国从第一艘神舟无人试验飞船开始，就进行了大量的科学实验，这种把突破载人航天技术试验和空间科学实验同步的做法，也是神舟飞船所独有的。边试验、边科研的做法，创造了中国载人航天自己的发展模式。

“长 -2F”运载火箭总指挥黄春平在神舟五号飞船发射前，曾代表全体火箭发射试验队队员庄严承诺：牢记使命，竭尽全力，专心致志，按照“最严、最细、最慎、最实”的工作标准，以饱满的热情、科学的态度、扎实的作风、可靠的质量和一丝不苟的精神，分秒不差地确保神箭腾飞，圆满完成中国首位航天员安全上太空的神圣使命。

为此，他们唯有努力奋斗，全力以赴。

从 1999 年 11 月 20 日发射神舟一号飞船到 2002 年 12 月 30 日发射神舟四号飞船，每次发射都可以说是在为神舟五号载人飞船成功进入太空轨道，做进一步的准备。黄春平说，神舟三号、神舟四号飞船装有模拟航天员，对飞船内的环境控制与生命保障系统进行全面考核，从而获得大量科学分析数据，进一步验证了飞船内载人的安全性和可靠性，为我国实现真正的载人飞行奠定了坚实的基础。这种在宇宙飞船上以"'模拟'这种无生命载荷取代动物检验飞船状态的办法，不仅是中国科学家的首创，更是科学技术进步的体现"。"长 -2F"火箭自 1999 年 11 月 20 日首发成功，迄今从未失误过，实现了百分之百的成功纪录。

更重要的是，"长 -2F"火箭新增的故障检测处理系统，依据火箭可能发生的共 310 种故障，归纳了 19 种失效模式，从火箭发射前 15 分钟开始到发射后 200 秒都处在工作状态，只要火箭一出现问题，故障检测处理系统就能自动检测、自动诊断，并自动发出信息，这是中国航天人在航天史上夺得的一个"第一"。同时，控制系统采取冗余设计，做到关键部件有三套备份，若坏了一路，另外的冗余可以替补上去，这也是中国航天人的第一次。

"长 -2F"运载火箭新增的逃逸系统，将首次为航天员的安全提供可靠保障。有三种模式保证航天员在发生意外时安全逃生，包括低空逃逸、高空逃逸和船箭应急分离。从火箭发射前 15 分钟开始到起飞后 120 秒左右，一旦火箭发生危险，逃逸系统接到逃逸信号后，就会将飞船返回舱和轨道舱拖拽到到安全区域；当火箭起飞 120 秒左右

2003 年 10 月神舟五号飞船发射前，黄春平在整流罩前留影

时，火箭已抛掉逃逸塔，如果此时火箭发生危险，逃逸动力由安装在整流罩上的高空逃逸发动机提供，返回舱的分离动力由安装在整流罩上的高空分离发动机提供；当火箭起飞 200 秒左右时，火箭已抛掉整流罩，如果此时火箭发生危险，由故障检测处理系统通知火箭控制系统，发出发动机关机指令和箭船分离指令，然后启动飞船自身的动力装置，逃离危险区。

2003 年 6 月 10 日下午，“长 -2F”火箭总装测试动员大会在中国运载火箭技术研究院总装厂生产现场召开。中国人民解放军总装备部部长曹刚川、政委李继耐，中国航天科技集团公司总经理张庆伟，

黄春平（左）与同事们在发射指挥中心交谈

中国运载火箭技术研究院院长吴燕生、党委书记梁小虹等领导和“长-2F”火箭系统总指挥黄春平、总设计师刘竹生等到场参加了大会。近200名参加总装测试的工作人员和来自酒泉卫星发射中心的有关人员，面对“牢记使命，不负重托，精心操作，锻铸神箭”“胸怀祖国，务求必胜”“载人航天创辉煌”等巨幅横标，心潮澎湃……

“长-2F”火箭总指挥黄春平在动员会上发表了鼓舞人心的演讲：“中华民族千年的飞天梦即将变成现实，我们一定要按高标准的要求做好总装测试工作，用高质量、高可靠、高安全的火箭，圆满地完成将神舟五号飞船送入太空的光荣使命。”

动员大会后，火箭开始转入总装测试，大家马不停蹄地为神舟五号飞船的如期发射做好充分准备。

8月23日，载有“长-2F”火箭和试验队员的专列经过33个小时的长途奔波，缓缓驶进酒泉卫星发射中心火车站，中国载人航天飞行，在此实现了船箭试验队的胜利会师。“一路辛苦了!”等候在站台的酒泉卫星发射中心主任张建启和袁家军、戚发轫等神舟五号飞船试验队的领导伸出双手，与黄春平、刘竹生的手紧紧地握在一起。

但黄春平的心里仍然笼罩着一天前巴西火箭爆炸事故所引发的阴霾。8 月 22 日 13 时，巴西 VLS-1 运载火箭在发射平台上爆炸，现场 21 人遇难。此外，2003 年 2 月 1 日，美国哥伦比亚号航天飞机失事，7 名航天员遇难；5 月 4 日，俄罗斯“联盟号”飞船返回舱返回时偏离预定着陆点几百公里，与地面失去联系。这些事件，让为实现中国首次载人航天飞行而集结在弱水河畔的各路英雄心中平添了莫名的惆怅和忧伤。

当然，能否成功，黄春平心中有数。从 1999 年 11 月 20 日发射神舟一号飞船以来，4 次无人飞船发射，“长 -2F”火箭保持了全部成功的记录，而且这一回用于发射神舟五号飞船的火箭，又有了制造过程的 18 条、总装测试过程的 14 条加严措施，并准备在靶场再采取 15 条加严措施，确保载人飞船的发射成功。

中国迈向太空的脚步不能停歇，别人的失利不能导致自己踯躅不前。中国作出计划，决定在 2003 年 10 月使用“长 -2F”火箭发射神舟五号飞船，实现首次载人飞行。

3. 好事多磨

2003 年 8 月 23 日，“长 -2F”火箭按计划运到了发射场。在黄春平的领导组织下，箭上仪器都已安装完毕，一项项检查都顺利过关，一切工作进展得十分顺利。按道理，各项准备工作做得如此之细，应该来说是万无一失的，然而，还是发生了让人意想不到的事情。

2003 年 9 月 3 日下午，火箭系统开始加电测试。黄春平、刘竹生等人坐在测试台后面，一丝不苟地盯着屏幕上的测试数据。紧接着测试现场传来消息，火箭一级四台发动机出现大幅度摆动。

黄春平的心里“咯噔”一下，他猛然站起来，飞快地跑到垂直测试厂房现场了解情况。他想，此次参加神舟五号飞船发射的参试队员都是经验丰富的工作能手，而从火箭零件采购到火箭研制、试验，每个环节的工作，大家都做得十分精细。在这个关键时刻，怎么会出现这种情况呢?

当大家赶到现场时，一个二岗的火箭总装厂的女检验员觉得没有尽到责任，为此痛心疾首，哭得涕泪俱下。此时，黄春平这样沉稳的人竟也着急上火，为找一份文件在楼道里摔了一跤。

经初步检查发现，原来是一岗操作手无意中把测试插头插错，导致发动机大幅度不正常摆动。黄春平接着仔细检查出现这种失误的缘由。他知道，为了保证各个环节不出错，院里明文规定“岗位实施双岗制”，即任何操作均需要一、二岗人员在场才可操作，而且规定要进行表格化检查，有关人员都要签字。这是一种行之有效的管理方式。但这次，在一岗操作手将插头插入插座时，二岗人员不在场，工作没有做到有效监督，也没有认真细致地实施逐个插头检查、填表并签字，使双岗制和表格化检查流于形式。

此时，距载人发射的预定日期只有一个来月。关键时刻发生这种事情，大家心情都很沉重，也很着急，不知道发动机支架是否被碰坏。作为火箭的心脏，发动机是关键设备，如果出现问题，在发射场无法进行更换，火箭必须拉回北京处理。

事情发生后，黄春平当晚紧急召开试验队干部会议。会上，黄春平深刻地检讨了双岗制表格化检查流于形式，作为试验队队长，自己

黄春平、刘竹生等在火箭测试厂房讨论（左一为黄春平，左三为刘竹生）

也有责任。

黄春平马上让院强度试验研究所查询发动机地面大幅度摆动的试验数据，查询的结果是，做了两次这种试验，而且也测量了应力，他们认为这种幅度的摆动是没有问题的。但西安发动机制造厂的领导认为："这次要发射的是载人飞船，要实现中华民族的飞天梦，需要慎之又慎。"要求重新做试验。

而黄春平认为：已有两次同样的发动机做过试验，发动机支架强度没有问题，如果要拉到北京重新做试验，第一，大家压力那么大，时间也被耽误了；第二，在路上还可能发生事故。所以黄春平不同意。为此，发动机厂领导给中国航天科技集团公司总经理张庆伟打电话，张庆伟听到一半，就把电话递给黄春平，黄春平接过电话，毫不客气、非常尖锐地说了三句话："第一，你是可以一点责任不负，可你是否知道我们这边的当事人都吃不下饭，睡不着觉，你可知道压力有多大；第二，你还可以有一个慎之又慎的好名声；第三，你把用于地面试验的旧发动机拉到北京，还可以向总装备部要点钱。”黄春平接着说，“你们到底有没有学固体力学的？如果你们没有，我请专家来，开个研讨会。”双方争执不下，黄春平无奈，还是同意他们把旧发动机拉到北京做试验。可想而知，在这10余天漫长的等待中，黄春平他们忍受了多大的煎熬，心情是多么纠结而焦虑。

在一院和六院的周密安排下，在一院做完了测试试验。其结果验证了发动机大幅度摆动后没有问题。真是虚惊一场！黄春平和刘竹生这两位老总悬着的心彻底放下了。黄春平的脸上又重新漾开了自信的微笑，这下该是胜券在握了。

发生这么大事故后，这个二岗的总装检验员认为自己失职，三天不吃不喝，一直哭个不停。黄春平十分痛心，含着眼泪，当着总装厂20多个人的面，跟这位女工说：“你放心，事情既然发生了，这样哭，这样折磨自己也于事无补。我们相信事情总会解决的，我认为没什么大问题。我们要的是总结经验教训。你该吃饭时吃饭，该睡觉时睡觉。我们在处理，不会有问题的。”经黄春平开导，那位女工终于肯吃饭了，重新振作起来，投入工作。

这几次发射，大家看到的都是成功的消息，但其中多少艰难曲折，只有亲身经历过的人才知道。

4. 梦圆苍穹

金秋时节，金黄色的胡杨树叶挂满枝头，给酒泉卫星发射中心带来梦幻般的感觉。

2003年10月15日，这一天，对黄春平来说是无比激动、无比骄傲和刻骨铭心的一天。这一天，黄春平亲自指挥“长-2F”载人火箭队伍，将中国首位航天员送入了太空，实现了中华民族的千年飞天梦想，中国成为继苏联、美国之后，世界上第三个独立自主地掌握载人航天技术的国家！

首次载人飞船发射，比以往任何一次航天发射的可靠性、安全性要求更严，科技含量更高，影响也更大。因为是首次载人飞行，中国航天人肩负的责任重如泰山，失败不起，没有退路，只有成功。

运载火箭的发射是不可失败的事业，每次发射，黄春平都顶着巨大的压力，但作为总指挥，他又必须以自己的信心和从容来稳定大家的情绪。

从事航天事业56年来，黄春平主持或参与了48次航天发射试验任务，经历的绝大部分是成功的喜悦，当然也有失败的痛苦。千锤百炼已使黄春平成为坚强的航天战士，再大的发射任务也能以平和的心态镇定以对。黄春平深深地知道，作为载人火箭总指挥，每临大战，决不能乱了方寸，否则，队伍的情绪也会受影响。然而，发射前的这种平和心态，靠的是平时工作到位，靠的是平时“如临深渊，如履薄冰”的质量意识，靠的是高度的使命感和责任感。载人航天首飞任务重于泰山，要不辱使命，就要做好每一项工作。为确保载人火箭的质量、可靠性和安全性，黄春平从元器件入手，严把源头关，统一组织订货、筛选、监制、验收和失效分析，并由此赢得了“元器件副院长”的美誉。关于质量，黄春平有一个理念，平时在第一时间就要把每一项工作做深、做细、做实，要永不满足，一路否定，才能在发射的关键时刻敢于肯定。要对所有的工作做到心中有数，没有毛病，没有隐患，才能在发射的关键时刻，做到“两个相信”，相信自己的产品，相信自己的队伍。

和往常一样，黄春平每一次发射前都会找一些“娱乐节目”来放松大家的心情。14 日晚上 8 时，黄春平找到几个没有发射岗位工作的年轻人打扑克，玩“拱猪”缓解压力。扑克甩得“啪啪”响，有时为了一点点输赢，黄春平还会跟人争得面红耳赤。在牌场，黄春平又被人取了个绰号叫“大猫”，意思是牌算得很精。

神舟五号飞船发射计划在 15 日上午 9 时进行。15 日凌晨 1 时，距“神箭”升空还有 8 小时，一线的工作人员都已经正式上岗，各就各位，进入发射前负 8 小时的发射程序。

15 日凌晨 4 时 30 分，胡锦涛总书记来到航天员公寓问天阁，接见了即将出征的三名首飞航天员侯选人杨利伟、翟志刚、聂海胜。

三人之中，杨利伟将作为我国第一位探索太空的勇士出征。

10 月 15 日 5 时 20 分，发射基地为中国首位航天员杨利伟举行了出征仪式。此时此刻，主持铸造天梯“神箭”的黄春平心中百感交集，充满了兴奋、期待与自豪。

在发射前的最后一次指挥部会议上，载人航天工程副总指挥江绵恒说：“过去每次发射准备会上，黄总都会拍胸脯说没问题，会成功的，这样我们就放心了，怎么今天黄总还没有表态呢？”

此时此刻，面对领导的期待，黄春平又一次站起来说：“这次发射没有不成功的理由。”话音一落，指挥大厅掌声一片。

6 时 15 分，天蒙蒙亮，杨利伟整装待发，镇定自若地进入飞船，从容地进行航天服气密性检查等准备工作，向指挥员报告：“准备就绪。”

发射场地四周人头攒动，站满了观看的群众，他们像过节一样兴高采烈，神采飞扬，难以抑制对发射成功的期待心情。

2003 年 10 月，神舟五号飞船发射前，黄春平在载人航天工程副总指挥江绵恒面前拍胸脯（右为黄春平，左为江绵恒）

2003 年神舟五号飞船发射前，黄春平与杨利伟合影（右为黄春平，左为杨利伟）

这其中既有白发苍苍的老人，也有激情澎湃的年轻人，还有朝气蓬勃的少年儿童。上至国家主席，下到黎民百姓，大家都在翘首期盼，希望亲眼看到那振奋人心的历史性时刻，亲眼见证中国首次载人航天的成功！

火箭发射场区指挥长张建启、副指挥长黄春平等在红底金字的15份《中国首次载人航天飞行任务书》上郑重地签下了自己的名字，庄严承诺，火箭可以发射。

15日8时，“神箭”即将升空。当杨利伟向现场众人挥手时，黄春平心潮涌动，泪花涌现，真真切切地为我们国家有这样优秀的航天员感到无比的自豪！

8时许，胡锦涛主席等中央领导来到测发大厅，微笑着与载人航天工程各系统负责人一一握手。当他走到黄春平面前时，黄春平向胡主席作出了保证，一定会安全顺利地把中国首位航天员送入太空。胡主席握着黄春平的手说：“那我就放心了。”

8时45分，清晰的倒记时口令传来，测发大厅里人们关注的目标只有一个，那就是大屏幕中杨利伟的一举一动。杨利伟此刻仍像发射前那样面带微笑，给人们一个深情、坚毅的眼神。

发射命令

实施发射。

发射场区指挥部指挥长

2003 年 10 月 15 日

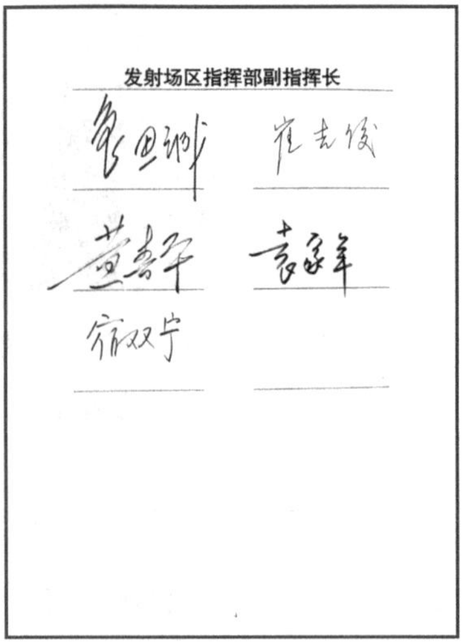
发射场区指挥部副指挥长

2003年10月15日，“神舟五号”发射场区张建启指挥长和黄春平等副指挥长庄重地签署了“实施发射”的命令

9 时 0 分 0 秒，当口令下达后，“神箭”点火，她带着盛开的菊花般的尾焰腾空而起，载着中国第一位航天员杨利伟直上云霄！中国航天人终于等到也终于走到了这一天这一刻，几代航天人的期盼和载人火箭队伍 11 年的艰辛，全部凝聚在此刻。

轰鸣声回荡在戈壁滩上空，测发大厅顿时响起一片掌声，但黄春平依然紧张地盯着面前的荧光屏，紧张地注视着上面的两条曲线，飞行速度 / 时间曲线和飞行高度 / 时间曲线。

火箭起飞 12 秒，测发大厅传来零号指挥员“火箭程序转弯，一切正常”的报告声。

120 秒，逃逸塔分离；

136 秒，助推器分离；

159 秒，二级火箭顺利点火，一、二级分离；

200 秒，整流罩分离。

2003 年 10 月 15 日，神舟五号载人飞船腾空瞬间

一缕阳光射入返回舱，照在我国第一位航天员杨利伟身穿的航天服上，“神舟五号报告，整流罩分离”，这是航天员杨利伟的声音，这也是中国航天员首次从太空发回的声音。

587 秒，船、箭分离，飞船准确入轨。火箭圆满地完成了预定发射任务。

一个又一个关键节点顺利通过。

雷达跟踪正常；

飞行正常；

遥测跟踪正常。

黄春平在测发大厅紧盯着大屏幕，甚至不敢眨一下眼睛，激动而紧张。随着火箭的升高，黄春平的心似乎也跟着火箭一起飞上了太空。听到一个接着一个的“正常”，黄春平感觉这是他所听到的世界上最美的音符，比任何音乐都美妙动听。

一系列成功的报告接连发出时，测发大厅里发出雷鸣般的掌声，尤其是当传来“船、箭分离”报告时，整个大厅沸腾起来，人们激动得欢呼跳跃……

可黄春平依然严肃、镇定地坐在那里。600 秒，当飞船准确入轨时，黄春平这才如卸千斤重担，热泪盈眶地站了起来，与前来祝贺的人们握手拥抱，与指挥长张建启久久地拥抱在一起。“神箭”出色地完成了使命。

千年飞天梦，今朝终成真。成功的喜悦和欢乐，伴随着艰辛和痛苦，伴随着忠诚和奉献！

期间，9 架直升机、2 架运载伞兵的运输机、2 架大型运输机待命……，火箭逃逸塔没有用上。海上降落方案也没有用上……，因为成功发射是用不上这些的，看到发射进程如此顺利，黄春平甚感欣慰。入轨后，从地面清晰地听到杨利伟的报告：“太阳帆板展开。”这是决定飞船能否正常在轨运行的关键动作，此时终于得到航天员的证实，证明首次载人飞船发射圆满成功。

9 时 42 分，中国载人航天工程总指挥李继耐宣布：“神舟五号载人飞船发射成功！”指挥大厅里响起一片热烈的掌声。

几许欣喜，几许欣慰，涌上心头，黄春平感慨万千，一派心绪难言，往日的一幕幕仿佛就在眼前，曾经的殚精竭虑，曾经的忧心忡忡，曾经的忐忑不安，曾经的痛彻心扉，都历历在目，挥之不去。

……

9 时 15 分，黄春平快步迈上一辆越野车，直奔 7.5 公里外的指挥大厅。

9 时 24 分，当黄春平和刘竹生一同进入指挥大厅时，中央领导和载人航天工程指挥部的领导纷纷与他们握手，并祝贺说：“你们的‘神箭’真神呀！”

在现场，胡锦涛总书记做了重要讲话，对载人航天的成就给予了高度评价：“举国上下期盼已久的‘神舟五号’飞船的发射已经取得成功，我国自行研制的载人飞船载着我们自己培养的航天员顺利进入太空，这标志着我国首次载人航天飞行初战告捷，也标志着中国人民在攀登世界科技高峰的征程上，又迈出了具有重大历史意义的一步……我国载人航天事业取得了举世瞩目的成就，谱写了中华民族自强不息的壮丽诗篇，这不仅是参与载人航天事业的全体同志的荣耀，更是我们伟大祖国的荣耀！同志们，你们为祖国、为人民、为民族建立的卓越功勋，党和人民永远不会忘记！”

航天员杨利伟在神舟五号飞船返回舱内

高度的评价，真诚的赞誉。听着总书记的话语，黄春平的心里有微微熏醇之感，这感觉是那么的温暖而甘甜……

正是一支“特别能吃苦、特别能战斗、特别能攻关、特别能奉献”的航天队伍，通过11年坚持不懈、锲而不舍的奋斗，终于实现了中华民族千年以来的飞天梦想。中国航天人用最严、最细、最慎、最实的工作标准，将中国首位航天员安全顺利地送入了太空，兑现了一个承诺，谱写了一段历史，这是黄春平一生最大的自豪！

15日10时，黄春平接受了胡锦涛总书记的亲切接见，并合影留念。

15日11时30分，黄春平踏上了返京的专机。

15日14时，黄春平到达北京西郊机场，他还未来得及赴院领导为他准备的庆功午宴，就应邀上了CCTV-4，向全国人民汇报祖国这一光辉成就的壮举。

15日19时和16日11时，黄春平又先后两次应邀在CCTV-4和CCTV-1接受直播采访。

成功的欢笑、喜悦的泪水，随着新一页的翻开，都已化为黄春平记忆中的回味。而新一页的展开，带给黄春平的不仅仅是期待，更是吹响了黄春平等航天科技工作者在新征程上奋进的号角，在中国载人航天的路程中，在建立空间实验室、空间站、深空探索中，中国航天人将为续写新的航天壮美篇章而奋斗终生！

16 日凌晨 5 时 30 分，神舟五号飞船绕地球飞行 14 圈、在轨运行 20 多个小时后，返回舱准备返回地球……

16 日 6 时 23 分，我国第一艘载人飞船“神舟五号”在太空飞行 21 小时 23 分钟后，飞船返回舱返回地面，行程 60 万公里的“太空勇士”杨利伟走出舱门，向祖国挥手致意！

杨利伟走出舱门，向祖国挥手致意

黄春平与首飞航天员杨利伟在庆功酒会上

黄春平在 CCTV-4 录制节目

一瞬间，北京航天飞行控制中心沸腾了！祖国各地沸腾了！中国从此成为第三个将人类送入太空的国家。

“神舟五号”的发射成功，实现了中华民族千年飞天的梦想，是中华民族智慧和精神的高度凝聚，是中国航天事业在新世纪的一座新的里程碑，标志着我国载人航天事业迈出了关键一步。

飞天之举，千年心愿，圆梦苍穹！

5. 祖国荣耀

神舟五号载人飞船发射成功，立即震惊了世界。

联合国秘书长安南在10月15日发表声明，祝贺“神舟五号”发射成功，祝贺中国“安全成功”地完成首次载人太空飞行。

美国国家航空航天局局长肖恩·奥基夫发表声明说：“这次发射是人类探索史上的一项重要成就。继苏联和美国后，中国是第三个成功将人类送入太空的国家。中国人民拥有漫长和卓越的探索历史。美国国家航空航天局祝愿中国载人航天计划能继续安全向前推进。”

美国国务院发言人鲍彻10月15日对中国首次成功进行载人航天发射表示祝贺。

“欢迎到太空来！”“一路平安，愿你成功！”正在国际空间站的美俄航天员真诚问候杨利伟；华裔美国航天员卢杰用汉语向首次进入太空的中国航天员杨利伟致意。

俄罗斯国家杜马主席谢列兹尼奥夫10月15日说，中国成功发射神舟五号载人飞船是具有世界意义的重大事件。

欧洲空间局局长让－雅克·多尔丹发表声明，代表欧洲空间局向中国表示热烈祝贺，并对中欧航天合作表示乐观。

中国神舟五号载人飞船的成功发射，引起英国各界的广泛关注。当地媒体称，中国载人航天器的成功发射实现了中国人的“飞天梦”，证明中国已跻身世界科学技术发展前列。

法国媒体对“神舟五号”发射成功予以极大关注，主要电视台相继在新闻节目中转播“神舟五号”发射升空的画面，有的电视台邀请专家到转播现场座谈。

日本两大通讯社时事社和共同社均以预发消息、快讯和详讯等多种形式，及时对中国“神舟五号”的相关情况进行报道。日本内阁官房长官福田康夫 10 月 15 日在东京举行记者招待会说道：“我们对（中国载人飞船发射）成功表示发自内心深处的祝贺。”

神舟五号载人飞船发射成功，在东南亚国家也引起了积极反响，各方都在积极评价这一重大科技成果。

世界各地的宇航界专家、政要和媒体普遍认为，神舟五号载人飞船的成功发射，标志着中国进入了太空新时代。国际观察有关人士纷纷评论说，神舟五号载人飞船的成功发射，不仅使中国成为全球第三个载人航天国家，而且更象征着世界航天的新格局正在形成。

世界各地华人华侨和中国留学生奔走相告，祝贺祖国取得这一举世瞩目的科学成就，海外华文媒体也纷纷发表热情洋溢的评论。美国纽约《侨报》10 月 15 日特别推出“神舟五号升空”的专题报道，八版小专辑立即成为华人社区的抢手货。

神舟五号飞船发射成功，在香港、澳门特别行政区引起强烈反响，“非常兴奋”“很自豪”是受访者使用频率最高的词汇。香港媒体指出：“神舟五号”的成功升空，对中国经济建设、国家安全、科技发展和社会进步各个方面的重大意义，对增强中国人民的自尊心、自信心及对中华民族伟大复兴的重要意义，怎么估量都不为过。台湾地区传媒掀起一股神舟五号飞船的报道热潮，各大媒体包括《联合新闻网》《中时电子报》《东森新闻报》、TVBS 等，也立即在头版头条以专辑专版、配彩图等形式进行详尽报道。TVBS 套红特大标题：“神舟”升空，全球瞩目。

在祖国大陆，神舟五号载人飞船发射成功后，温家宝总理、曾庆红副主席等中央领导同志到北京指挥控制中心向载人航天工程指挥、技术人员致贺，并由温家宝总理宣读贺电。

同时，《人民日报》也发表题为《伟大祖国的荣耀——祝贺我国首次载人航天飞行圆满成功》社论。社论说：“喜讯传来，举国欢腾，举世瞩目……我们向为我国航天事业作出突出贡献的广大科技工作者，向所有参加航天工程研制、建设和试验的同志们表示热烈的祝贺！向遨游太空的我国航天员表示诚挚的慰问！向几十年来为我国航天事业拼搏的所有科技人员和干部职工表示崇高的敬意。”

我国航天事业的开创者钱学森盛赞这一伟大壮举，并向新一代航天人致敬，表达殷切的希望：“21 世纪的中国航天事业要为中华民族的振兴、为国家的强盛、为党的十六大提出的全面建设小康社会的战略

黄春平在神舟五号飞船返回舱前与国家航天局原局长刘纪原等合影
（右五为黄春平，右四为刘纪原）

目标作出更大的贡献。”在举国欢腾的时刻，国家航天局网站记者采访了国防科工委副主任、国家航天局局长、载人航天工程副总指挥栾恩杰。他难抑心中激情，就我国航天事业取得的巨大成就和重要意义、“探月工程”及其目标、航天活动的下一步发展等重要问题回答了记者的提问，并指出：“中国已是航天大国，但离航天强国还有距离。”

科技部部长徐冠华院士强调：“载人飞船的成功发射，将作为与‘两弹一星’具有同等重大意义的辉煌成就，成为我国科技发展史上的一个光辉里程碑，必将载入中国民族史册和世界科技史册。”

震惊世界、感动中国的航天工程的最新成就是集体创造的，是集体的光荣。接收祝贺和致意的是几十年来为我国航天事业拼搏的所有科技人员和干部职工。而黄春平，作为中国载人航天工程运载火箭系统总指挥和发射场区指挥部副总指挥，正是这个伟大集体的一分子，是完成这一非凡壮举、创造堪称“伟大祖国的荣耀”之奇迹的有功之臣。

在这个被称之为“伟大祖国的荣耀”的事业中，黄春平几十年来所投入的，不仅仅是自己那仿佛用不完的心血和精力、智慧和学问，还有深深的感情。

6. 深刻体会

黄春平开玩笑地说：“神舟五号载人飞船发射成功、实现千年飞天梦后，他们老叫我是‘神五’总指挥，我说不对，载人航天工程 1992 年 9 月 21 日开始实施，1994 年年初我就当了运载火箭系统总指挥，从制定方案阶段开始，整个载人运载火箭研制过程我都参与了。从神舟一号到神舟五号飞船发射，我都是总指挥，也都是发射场区指挥部

黄春平（左）等获得载人航天功臣荣誉称号

的副总指挥长!”

神舟飞船几次发射，每次都有惊心动魄的大事发生。神舟五号载人飞船发射成功后，多年过去了，黄春平还经常回忆起每一次发射的过程，感觉仿佛就发生在昨天，往日所走过的坎坷路程，所经历的酸甜苦辣，都历历在目，久久不能释怀。他对神舟一号至神舟五号飞船发射，有几点深刻体会。

（1）平时工作一定要认真细致，一丝不苟

不管做什么事情，准备工作一定要做足。把平常的工作做深、做细，对质量问题，要永不满足，要从鸡蛋里挑骨头，要深入实际，越深、越细越好。要一路的否定，以最严、最慎、最细、最实的态度来对待每项工作。只有这样，才能在最关键的时候敢于肯定。对航天来说，就是在发射的关键时刻敢于肯定。

（2）平时一定要深入科研第一线

要全面细致地了解火箭研制的每一个细节；要深入了解火箭各分

系统的结构组成、工作原理和可能出现的问题；要做好充分的准备，对出厂、转运、组装、调试、发射每一个细节可能出现情况及问题的应对措施，要有充分的考虑，做好充分的应对准备。只有这样，才能够在出现问题时做出科学的判断。

黄春平还说："在发射的关键时刻，一定要做到两个'相信'，第一，要相信自己的发射队伍，除非他们是坏人，没有人不愿意把工作做好，没有人愿意把工作搞坏。第二，要相信自己的产品，因为一路走过来，可以证明我们的产品质量是好的。"

（3）现场指挥要勇于担当

在"神舟三号"发射前一天，中央领导都到发射现场了，虽然发现有一个地面用的继电器因有多余物失效了，但有并联的继电器是好的，黄春平认为在这种情况下，需要依靠平时对自己产品的了解，更要勇于担当。如果不敢担当，不敢负责，这发已经竖立在发射台上的火箭有近300个继电器，怎么处理？黄春平开完会后，就拿定主意，一定要发射。同时让生产继电器的工厂领导做出表态。

现场指挥需要随机应变，勇于担当。同样一个问题，在不同的条件下，处理的方法是不一样的。在当时那样的紧急关头，一定要有准确判断，还得敢于承担一定的风险。

（4）出现问题需临危不乱

载人火箭比其他火箭多了两个系统，一个是故障检测处理系统，另一个是逃逸系统。在逃逸系统里面有4种发动机，需要通过做零高度飞行试验来考核。当时做零高度飞行试验时，曾发生信号受到干扰的事情，需进行"归零"。国防科工委和总装备部、发射中心的人都焦急地追问"归零"情况，黄春平镇定地说："你们别追，着急也没用，

黄春平接受著名主持人杨澜采访

黄春平接受央视著名主持人倪萍采访

反而会有负面影响。后方一定会认真‘归零’，一有结果，就会马上告诉我的，我也会马上告诉你们。”晚上，他在发射中心照样打扑克，玩儿得不亦乐乎，像什么事都没发生似的。黄春平认为，做领导的在工作中要张弛有度，该紧的时候紧，不该紧的时候不要盯太紧。这就是领导的艺术。

“神舟二号”发射前，出现火箭被撞事件。在这危机时刻，当时总指挥若不能做到临危不乱，慌了阵脚，那么现场的其他人肯定更会不知所措，就不能处乱不惊地一步一步进行排查，做出准确的判断，带来的后果也肯定不堪设想。所以，这时候需要现场指挥员沉着应对，当机立断，处乱不惊。

7. 千里答谢

黄春平深深地知道，神舟五号载人飞船的成功发射与回收，离不开党中央、国务院、中央军委的高度重视和大力扶持，离不开中国载人航天人齐心协力的辛勤付出，也离不开全国各行各业人民的大力支持，更离不开为载人航天火箭等系统提供电子元器件的生产厂商的鼎力相助。

“长 -2F”火箭总指挥黄春平曾打过一个比喻：“电子元器件是火箭的细胞，没有健康的细胞，就没有健康的肌体；只有聚合了千万个健康的细胞，整个型号产品的‘身体’才会健壮。”这个比喻形象地说明了电子元器件与航天型号产品的关系。

电子元器件虽小，但作用却很大。电子元器件与航天型号产品有着亲密的“血缘”关系，几乎每个航天型号产品都要选用成千上万个元器件。在“长 -2F”火箭上有 5 万多只电子元器件，神舟五号飞船上的元器件多达 8 万多只。元器件虽小，但其质量直接影响着航天型号产品的质量。在成千上万个元器件中，哪怕有一个失效，在型号的飞行试验中，就有可能造成灾难性的后果。

在国家载人航天工程立项之初，国产电子元器件的平均失效率远高于美国国家航空航天局的指标，从这个角度来说，我们是不具备开展载人航天条件的。

为了实现载人航天的目标，黄春平组织全国专家组成元器件专家组，在全国进行两次大调研，还召开了 2 次全国范围内的元器件订货大会。当时国家下拨的经费不足，不能做到一手交货一手交钱，并且又逢电子部撤销，将各电子元器件厂家下放到地方，要求厂家自己找米下锅，而且航天一院还要执行“七专加严”的质量管理手段。是全国各地 100 多家元器件生产厂家，为了中国的载人航天事业，顶住各种压力，克服重重困难，攻克了一个又一个技术难关，在短短 3 年内，研制出了符合载人火箭技术要求的高质量元器件。有这些高质量元器件作为坚实基础，为实现“长 -2F”火箭的可靠性和安全性要求，作出了重要贡献。

吃水不忘挖井人。神舟一号至神舟五号飞船成功发射后，作为火箭总指挥的黄春平，从心里非常感激这些为中国载人航天作出重大贡献的元器件厂家。在“神舟五号”发射成功、实现载人飞天梦后，黄春平没有去答谢其他协作单位，而是两次组织有关人员到北京、沈阳、哈尔滨、济南、西安、成都、贵阳、杭州等地，对为火箭研制提供电子元器件的厂家进行专程答谢，给他们送“长-2F”火箭模型、送锦旗、送奖状，表达真挚的感谢之情。

每到一个地方，黄春平都邀请当地省市领导和新闻媒体一起参加答谢会，让当地政府和新闻媒体知晓、报道为航天事业作出重大贡献的单位。这样，当这些元器件厂家有困难时，办事也会更便利些，也算是对元器件厂家的回报。所以，元器件厂家对黄春平也特别感激，黄春平因此获得了“元器件副院长”的赞誉。有些商家说：“黄总，你这种做法是对我们最大的支持，你就是给我们几十万，也比不上这个来得实用。”

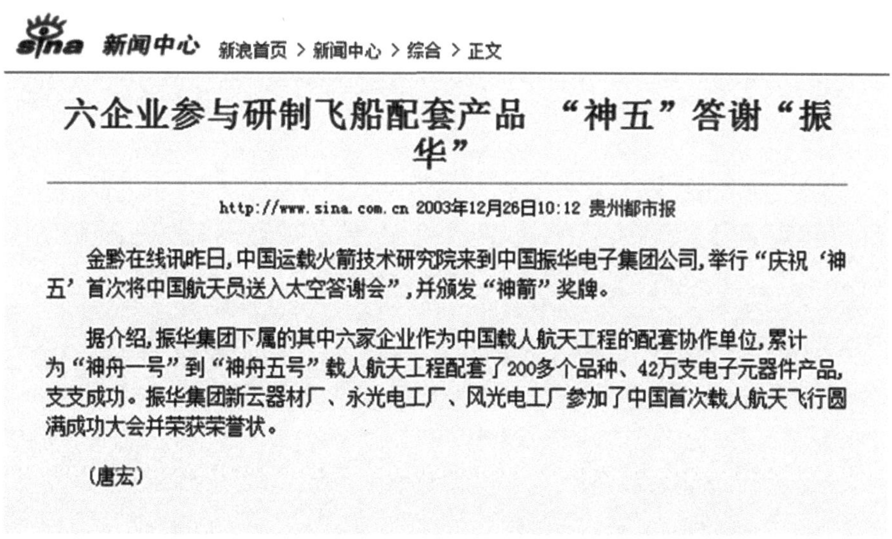
sina 新闻中心 新浪首页 > 新闻中心 > 综合 > 正文

六企业参与研制飞船配套产品　“神五”答谢“振华”

http://www.sina.com.cn 2003年12月26日10:12 贵州都市报

金黔在线讯昨日，中国运载火箭技术研究院来到中国振华电子集团公司，举行“庆祝‘神五’首次将中国航天员送入太空答谢会”，并颁发“神箭”奖牌。

据介绍，振华集团下属的其中六家企业作为中国载人航天工程的配套协作单位，累计为“神舟一号”到“神舟五号”载人航天工程配套了200多个品种、42万支电子元器件产品，支支成功。振华集团新云器材厂、永光电工厂、风光电工厂参加了中国首次载人航天飞行圆满成功大会并荣获荣誉状。

（唐宏）

黄春平在贵州答谢时，当地媒体对神舟五号飞船的报道黄春平高度重视电子元器件，其结果省了两发火箭的备份经费约1.4亿元。美国、苏联等其他国家的载人航天工程在实现第一次载人飞行前，都要执行7次以上无人飞行试验，而我国仅进行了4次无人飞行试验。这样算来，又为国家省下了3发以上火箭，约5.5亿元的经费。

在这样紧密的大力协同中，大家有了长期的合作和相互支持，黄春平跟元器件厂家的关系特别好，与生产商建立起了深厚的友谊。黄春平开玩笑说："如果我一年没有饭吃，我可以到他们单位要饭去，他们都会认我的。"

正如聂荣臻元帅所说："功劳是大家的，责任是自己的。"在黄春平心里，永远存着这一人生信条。

圆梦苍穹

第十七章
不忘初心　功成身退仍未闲
（2003—2018）

我的一生，就是党培养的结果，我一心想报效祖国，没有共产党就没有我的今天。直到现在，每当遇到什么困苦，想到自己以前那些苦日子，都觉得不算什么事了。

——黄春平

1．参政议政

自 1949 年新中国成立以来，我国实行以中国共产党领导的多党合作和政治协商制度。中国人民政治协商会议（简称人民政协）成立于 1949 年 9 月 21 日。

黄春平意气风发地步入人民大会堂

人民政协全国委员会由中国共产党、各民主党派、无党派民主人士、人民团体、各少数民族和各界代表、台湾同胞、港澳同胞和归国侨胞的代表以及特邀人士组成。每届任期 5 年。政协委员以协商推荐的方式产生。每届政协委员名额和人选，经上届全国委员会主席会议审议同意后，由常务委员会协商决定。作为委员人选本身，必须经过政治关、廉洁关、形象关的重重考验，综

2003 年 3 月 12 日，全国政协十届一次会议科技界军工组代表合影留念
（后排左六为黄春平）

合考察其政治表现、工作情况、形象口碑和担任政协委员期间的履职情况等。

经各级组织推荐、中国运载火箭技术研究院广大职工认同，以及全国政协常务委员会审定，黄春平于 2003 年 3 月当上了十届全国政协委员，参加科技界二十七组（军工组）参政议政、民主监督的各项活动。

被推选为全国政协委员，黄春平备感责任之重大、任务之艰巨、使命之神圣。他深知当选全国政协委员饱含着大家对自己的信任和支持，凝聚着院领导和同仁对自己的期待和重托。黄春平非常珍惜这次机会，他暗下决心，一定要把握好作为全国政协委员的机会，为航天事业发展、为科学技术进步，为百姓生活幸福做更多力所能及的事情。

为此，除了每年参加全国政协会议外，黄春平先后还去吉林省、湖南省和福建省集体视察，深入实际，体察民情，为参政议政、实施民主监督提供第一手资料。他先后以政协委员的委员来信和委员提案两种手段，提出了多项参政议政和民主监督的意见和建议。除了在每年两会期间提出意见、做联组发言外，黄春平以关怀人民疾苦为己任，当好全国政协委员，履行好政协委员的职责，他先后提出了设立中国航天日、创立全国自下而上的可查询的科技成果平台等四个提案，此外，他还两次以委员来信形式，切实履行好委员职责。

其中，黄春平向中国人民政治协商会议提交了《在全国建立自下而上的科技成果查询平台》提案，避免全国低水平的重复创新，浪费人力、物力和财力。此提案获得了采纳，并在会后不久建立了“科技成果查询数据库”，供科技工作者查询使用。

此外，黄春平提出的设立“中国航天日”的提案，也得到了采纳，经过充分调查研究和论证，2016 年 3 月 8 日，国务院作出同意设立“中国航天日”的批复：同意自 2016 年起，将每年 4 月 24 日设立为“中国航天日”。

设立“中国航天日”，旨在宣传中国和平利用外层空间的一贯宗旨，大力弘扬航天精神，科学普及航天知识，激发全民族探索创新热情，唱响“探索浩瀚宇宙，发展航天事业，建设航天强国”的主旋律，凝聚实现中国梦、航天梦的强大力量。

黄春平还经常深入基层进行调查研究，向大会提交反映社情民意的重要信息。他提出意见和建议，帮助领导机关分析判断形势，特别是关系到老百姓切身利益的事情，黄春平更是感同身受，急群众之所急，千方百计地为老百姓排忧解难，伸张正义。

有一次，黄春平了解到一位骨瘦如柴的福建农民在四川广元一个县级市招商引资，投入500多万元建交通站，占地20亩，政府答应建成后补贴10万元。建成后的交通站，有汽车维修店、客车站、小卖部、食堂、宿舍、加油站等设施。但交通站建成后，交通部门、市场管理部门和公交部门不管不问。长途公共汽车不进站，还在路边乱停车招揽顾客，致使交通站空转，颗粒无收。这名投资人想去找县领导寻求解决办法，可县领导以各种理由推脱，政府答应的补贴10万元也不给，交通站每天还要付给看站人员工资。某年春节期间，看站人员还被黑势力殴打，手臂被连砍数刀。黄春平看了招商合同和被砍数刀的看站人员血淋淋的相片后，心如刀绞，十分气愤。当即，他以全国政协委员的名义，给温家宝总理写了一封信。这封信经国务院信访办转给了四川省政府处理。为此，四川省政府还给黄春平写了回信。黄春平在给四川省政府的回信中写到，如果四川省不处理好此事，我将以全国政协委员的名义，自己花路费，前去了解实情，以解决老百姓的痛苦。

还有一次，中国运载火箭技术研究院在旧房改造中，事先未给北京市政府规划局提交报告，就将旧房拆了，之后市规划局对此始终未批复，于是该地块搁置两年多未能动土，杂草丛生，群众意见非常大。黄春平以全国政协委员的名义，给北京市政府写了一封信，中心内容是：房子已经拆了，迟迟未见建设进展。建议有关部门明确表态，不能这样长期搁置。没过多久，北京市给黄春平复信，很快解决了此事，在此建了房子。

在黄春平担任全国政协委员期间，此类事情他做过很多，不胜枚举。黄春平以一个有正义感、有责任心、正直、合格的全国政协委员的身份，为国家科技发展提出了多项合理化建议和倡议，为老百姓排忧解难，伸张正义，做了许多切实有效的工作，深受领导的认可和老百姓的拥戴。

按中央规定，67 岁以上的政协委员，原则上就要退下来，委员队伍需要年轻化。黄春平在年纪超出规定时，就卸任了全国政协委员的职务。在任期间，他恪尽职守地履行了全国政协委员的职责，为国家和人民作出了重要贡献，在其个人生涯中又增添了浓墨重彩的一笔。

2. 功成身退

自 2003 年神舟五号飞船发射成功后，黄春平卸任了航天各型号的总指挥职务。此时，航天一院又成立了研发中心，研究世界航天的前沿技术。黄春平除担任载人火箭系统顾问组组长外，还被任命为研究院总研究师，主要工作是对航天新技术进行研究和探讨，并为年轻人把好技术和质量关。

2015 年春节前后，中央下发了一份文件，要求老领导在 70 岁之

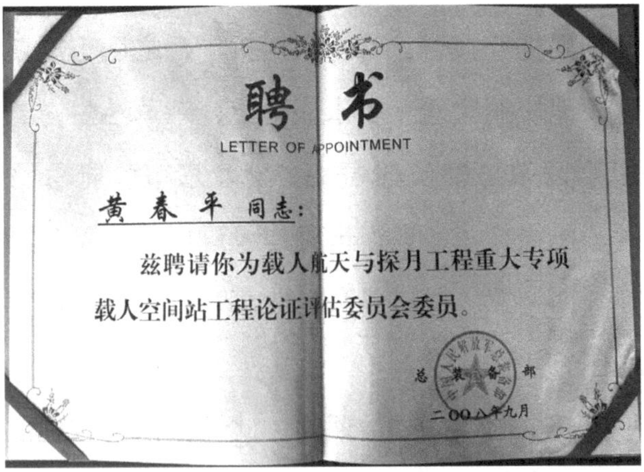

2008 年，黄春平被聘为载人航天与探月工程重大专项
载人空间站工程论证评估委员会委员

后都得办理退休手续，这时的黄春平已经77岁了。2015年3月，中国运载火箭技术研究院领导找黄春平谈话："中央文件有规定70岁之后得办理退休手续，您也已经为研究院培养了两代总指挥，对退休有什么想法和意见?"黄春平很爽快地说："我都已经77岁了，多服役了近15年，接班人也培养出来了，我还有什么意见呢?"

虽然已退居二线，黄春平的办公室至今依然保留着。

退休了，除了工资有较大变化，工作任务等方面和往常没有什么区别，只是黄春平现在可以不要每天到单位上班，遇有事情去。比如某型号出厂评审，出现质量问题需要归零评审，航天新技术需要立项评审，都需要他去把关。

退休后，黄春平可以做一些之前想做却没有时间去做的事情，弥补之前由于工作繁忙，对爱人、对家里的"亏欠"，可以共享天伦，安享晚年。

3．社会活动

退休之后，平时习惯了忙碌的黄春平并没有闲着，他想趁身体比较硬朗之时，尽量多做些力所能及的事情。中国载人航天成功实现了中华民族千年飞天梦，黄春平作为直接参与者，在社会上有一定的知名度。社会上的一些企业经常请他去做关于"中国航天""人类与航天"等方面的报告。从实现千年飞天梦后，黄春平到全国各地大、中、小学和港、澳地区，先后做了近100场报告。虽然社会活动比较频繁和辛苦，可黄春平还是孜孜不倦、乐此不疲。用黄春平的话说："全国人民支持航天事业，我们就用航天精神和成就激励全国人民，尤其是青少年。做航天报告是应该的，这也是一种回报社会的公益活动。"

2018 年 1 月，黄春平接受本书作者采访

2018 年春节刚过，由于气温较低，黄春平患了重感冒，可他不顾身体不适，还是应约只身来到福州，接受了长达 5 个多小时的采访，绘声绘色地详细讲述了他精彩动人的故事。第二天，黄春平又不辞辛劳地坐了 5 个多小时的动车去江西赣州，冒着严寒做了一场长达 1.5 小时的报告。休息一天后，黄春平又去了湖南长沙。那几天，他身体难受，情绪也比较低落，可还是硬撑着完成了所有的社会活动。当被问到为什么现在还要这么辛苦奔波时，他说："受人之托，忠人之事。既然答应人家的事情，就要尽力将它做好。"细微之处见人心，这就是一位老专家的责任心和社会担当。

4. 心系桑梓

福州是黄春平生于斯长于斯的故乡，从小学到高中，他一直在福州闽侯接受教育，这里留下了黄春平童年的记忆和美好的回忆。从福州走出的黄春平，热爱自己的家乡，关心家乡的发展，能为家乡人民做点儿事，是他由来已久的夙愿。

作为科学家的黄春平，非常关注福建高科技企业高新技术的研究和推广，热衷于企业的科技创新发展。他曾多次应邀参加福州市“518（福州海峡两岸经贸交易会）”和福建省“618（中国海峡项目成果交易会）”项目对接，曾于第三届“618”组织“航天项目”展馆，力图将航天高新技术与福建省内企业对接，为企业的转型升级提供技术支撑。在2012年6月18日举办的第四届“618”海交会上，黄春平荣获“618”突出贡献奖。让我们一起来细数一下黄春平为福建人民的福祉所做的贡献吧。

作为中国著名火箭专家，黄春平希望能在省会福州建设一座以航天为主题的“太空科技文化产业园”。经过深思熟虑和反复论证，黄春平认为这个项目在福州落成，具有很强的可行性和必要性，其意义也非常深远。

为体现航天特色，并结合中国传统文化产业发展，黄春平拟想将“太空科技文化产业园”建设成为集教育、旅游、休闲、娱乐于一体的、以航天为特色的主题科技文化产业园，使其成为福建省及其周边省份旅游度假胜地和福建国防教育、科普教育基地。项目名称初步拟定为“航天科技文化产业园 & 中国宇航科普教育基地”。

我国航天事业经过60多年的迅速发展，取得了举世瞩目的巨大成就。这些航天领域的重大成就，足以让每一个中国人热血沸腾、引以为豪。60多年来，中国长征系列运载火箭的每一次发射、神舟飞船的每一次升空，在中国航天人身上无不体现出爱国、忠诚、担当等宝贵的传统精神。中国航天孕育出了“热爱祖国、无私奉献、自力更生、艰苦奋斗、大力协同、勇于登攀”的“两弹一星”精神和“特别能吃

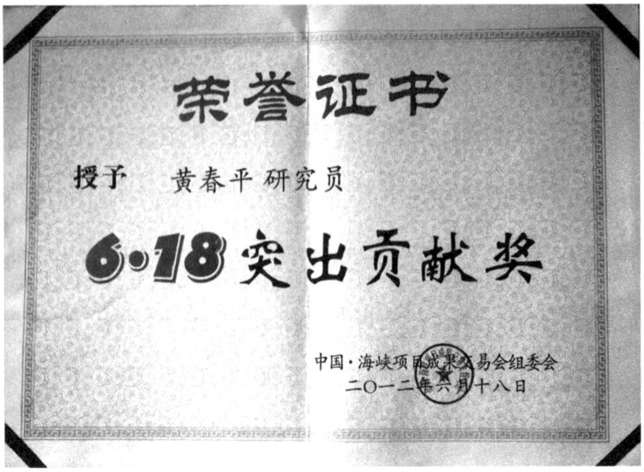

2012 年 6 月 18 日，黄春平荣获“618”突出贡献奖

苦、特别能战斗、特别能攻关、特别能奉献”的载人航天精神。

建设“航天科技文化产业园”，主要是传承和弘扬“两弹一星”精神和载人航天精神，切实对青少年进行航天科普教育和航天精神教育，引导人们特别是广大青少年树立正确的理想、信念和人生观、价值观，激发青少年对科学技术、对航天科技、对国防事业的热爱，勉励他们在不久的未来，积极投身于祖国的国防事业和航天事业，成为对祖国、对社会有用的人才。

福州作为改革开放的前沿，经济发展水平已经走到全国前列。不过，长期以来科技建设投入不足，科技人才明显缺失，导致福州的科技水平和文化水平较其他发达城市存在一定的差距。目前，福州还没有具备一定水平和规模的高科技产业园区，特别是以航天为主题的产业园区还是一片空白。

“航天科技文化产业园”项目，以公益服务为主导方向，秉承“服务社会，发展经济；航天特色，区域名片；科技娱乐，深度体验；寓教于乐，激励梦想；绿色旅游，生态养生；统筹规划，分步实施”的宗旨，将进行有计划、有步骤的建设。

项目拟建于福建省福州市永泰县塘前乡芋坑村，规划面积3000多平方米，仪器项目拟投资1000万元以上，其主要内容如下。

（1）航天科技文化广场

（2）航天馆

（3）航天未来馆

（4）载人航天发射场

（5）航天员培训中心

（6）嫦娥宫

（7）火星基地

（8）宇宙航行

（9）5D航天影院

（10）航天论坛会址

（11）青少年活动中心

（12）航天生态产业园

（13）航天宾馆

（14）航天体验馆

（15）航天动漫基地

（16）航天生活保障区

（17）一级通用飞机场等

项目建设内容和其功能划分，主要体现在三个方面：一是以公众关注的航天科技发展热点为主要科普展示内容，把未来航天科技的发展应用及人类的太空探索活动穿插于航天主题产业园之中；二是展示航天员在航天飞行中遭遇的超重、失重交替，需要在噪声、振动等环境下完成各种操作和试验，甚至一点点的失误会带来灾难性后果等航天科普知识；三是展示航天员选拔、培训、环境适应、专业技术等17大类百余项训练科目及设施设备，告诉人们航天事业距离普通人来说不是非常遥远，也不是十分神秘。

航天主题产业园以航天员的训练科目为主线，通过专业设备设施、独特的游戏互动和新颖的动态体验等方式，将神秘的航天科技成果转化成普通人可直接体验、尝试参与的项目，让航天不再遥远，让梦想更易实现。

为了使这个项目的启动和建设工作落到实处，黄春平不辞辛劳，每个月至少要从北京飞福州一趟。他充分地认识到，这座以航天为主题的产业园区如能建成，意义重大，对青少年进行航天科普教育和航天精神教育，对提高福州整体的科技发展水平，对凝聚华人华侨投身祖国统一大业，对促进青少年热爱祖国、热爱科学、热爱航天事业，都具有非常重要的现实意义和深远的历史意义！

5. 助力企业

黄春平对家乡的经济发展特别关注，他认为福建的发展不仅能给福建人民带来切身利益，而且对台湾回归、对祖国统一也有重大影响。因此，他十分关心家乡企业的转型升级和创新发展。用黄春平自己的话说："我有这份能力，现在退休了，终于能为家乡的发展做点事了，这是一种莫大的幸福。"

2016年一个偶然的机会，黄春平听取了易缇秀总经理杨海东先生对其公司产品的介绍，并进行了亲身体验。他认为易缇秀产品的三大保健功能——远红外功能、负离子功能、抗菌功能，是有科学依据的，是对《健康中国 2030 规划纲要》的积极响应。

黄春平曾多次与亲朋好友分享自己使用易缇秀产品的体会。他说：“上了年纪后，我因前列腺肥大，晚上要多次起夜，严重影响睡眠。2016 年年初，开始使用易缇秀产品，起夜次数明显减少，健康状况大为改善。”黄春平希望通过自己的现身说法，让更多的航天专家以及广大的普通民众都有机会使用易缇秀产品。

2016 年盛夏时节，易缇秀在新加坡举办“全球化战略论坛”暨“百年善济，十年炼心，秀出坡岛大爱”战略伙伴荣耀之旅活动，五洲四海的易缇秀精英齐聚于此，为夏日平添了几分精彩。黄春平作为嘉宾应邀参加了慈善公益活动，同时也考察了易缇秀品牌在新加坡的发展情况。通过新加坡之行，看到了很多新加坡政要与社会名流在使用易缇秀，对创建易缇秀品牌有很大帮助。

黄春平非常支持和关心易缇秀企业的发展和壮大。2018 年 11 月 24 日，在易缇秀健康生活体验馆福州店隆重开业的剪彩仪式上，黄春平作为特邀嘉宾，发表了热情洋溢的演讲，他说：“人的健康不是吃药吃出来的，而是管理出来的，通过穿戴养生、饮食调理、作息规律、适当运动、戒烟限酒等综合管理，可以提高健康指数，减缓衰老。”他还说：“我有一个愿望，希望易缇秀的养生产品和康养中心，能使健康的人不会变成亚健康，亚健康的人恢复健康，祝愿易缇秀早日实现这个目标。”

2018 年 12 月 1 日，经过长达三年的各项考察与亲身体验，黄春平担任了由福州籍杨海东先生创办的新加坡易缇秀私人控股有限公司穿戴养生品牌——易缇秀品牌的首席科学顾问。

黄春平还十分关心太空育种产业。他曾两次协助闽候县和福建省其他地方的福橘、橄榄、茉莉花、松树籽、杉树籽、铁皮石斛等10多种农作物种子搭载神舟飞船，进行太空育种。为解决“三农”问题，发展农业，黄春平在福建成立了“福建省航天育种研发中心”，还专

2018年11月24日，黄春平为易缇秀生活体验馆福州店开业剪彩（左三为黄春平，左四为易缇秀总经理杨海东）

2018年，黄春平接受易缇秀养生科技首席科学顾问聘书（左为易缇秀总经理杨海东，中为黄春平，右为新加坡大慈善家卓顺发）

门在西湖宾馆向有时任副省长陈荣凯、主管农业副秘书长、科技厅厅长、农业厅厅长、林业厅厅长、省农科院院长和农林大学校长参加的会议上，汇报了航天育种的有关方案。

黄春平对高新技术的推广也颇为关注。他被聘为“福建祥鑫股份有限公司”高级顾问，曾协助福建多润斯建材有限公司的涂料产品搭载神舟十一号飞船，还曾经为推广废旧轮胎回收技术、气动能发动机技术、芳纶蜂窝夹层材料技术、低温锂电池技术、高纯度氢气和三氧化二铝技术等做了大量工作，力图把这些比较好的项目与民营资本对接，给企业带来较好的经济效益，同时也为消费者推荐了优质、让人耳目一新的产品，产生了较好的社会效益。

6. 回乡创业

在多数人的印象里，80 多岁正是儿孙绕膝、颐养天年的时候，然而，耄耋之年的黄春平却怎么也闲不住，他还倾心于利用我国卫星资源，进行卫星遥感和北斗卫星应用的拓展和谋划。

2019 年 10 月 18 日，由黄春平创办的航天信息技术企业——中星航天信息技术有限公司在福州揭牌。作为中星航天信息技术有限公司董事长的黄春平接受记者采访时表示，福建地处中国东南沿海，是海上丝绸之路的重要起点，也是海外侨胞和港澳台同胞的主要祖籍地，历史辉煌，区位独特。“卫星遥感对地观测具备信息量大、观测范围广、精度高、数据更新速度快等独特而明显的优势，必将成为 21 世纪海上丝绸之路核心区建设和规划的重要工具。未来，‘中星航天’也将在 21 世纪海上丝绸之路建设中发挥重大作用。”

中星航天信息技术有限公司将以卫星遥感技术为依托，全面融合

黄春平（前排左五）在辅翼村家门口与乡亲们合影

大数据、人工智能、云计算等新一代信息技术，依托航天资源，全面发挥航天军民融合的技术优势，在智慧城市、智慧应急、智慧海洋领域逐步取得深入应用。目前已与“中国四维”“航天导航”“天仪研究院”等国内一流卫星应用单位建立了良好的合作关系，为共同打造中国地理信息产业生态打下了坚实的基础，助推数字福建和数字中国建设。公司还与中国宇航学会合作开发航天研学教育活动，通过航天实物展示和研学课程的结合，培养青少年对航天科技的兴趣和认识。当天逾百名业界嘉宾及海外侨胞前来见证“中星航天”揭牌开业。

中国卫星全球服务联盟秘书长吴晓梅指出，卫星遥感应用作为太空科技在空间信息产业的重要应用方向，未来有广阔的市场机遇。航天遥感产业是一个梦幻产业，人类所有的进步和跨越式经济发展离不开梦幻产业。希望“中星航天”能成为中国商业遥感应用的一面旗帜。

第十八章
传承精神　著书立说育后人

目前，我国火箭运载能力还不够大，与发达国家相比还存在较大差距。中国航天还有很长的路要走，还需要后来人不懈努力。我有生之年还有两个“梦想”，一是要继续为建设航天强国而奋斗；二是要为家乡做点力所能及的事情。

——黄春平

1. 著书立说

百忙之中，黄春平还抽空时常组织有关人员将航天系统工程技术、理念和管理实践，以及将自己所掌握的深厚的专业知识、丰富的工作经验和科学的管理方法整理成文字，写成著作，供年轻的航天科技工作者借鉴，供热爱航天事业的在校学生阅读，供航天爱好者学习。黄春平既致力于航天系统工程实践与技术创新，又重视经验总结和将研制经验上升到理论高度。他常年笔耕不辍，投入大量的时间和精力撰写科技报告，著书立说，先后推出了多部有特色、有创见的航天科技专著。

在撰写论文、组织讨论、提交建议方面，黄春平不遗余力地促进我国空间基础设施建立和国家经济发展的同时，又在思考一个更为深远也十分迫切解决的问题，那就是中国航天建设需要一大批既掌握现代科技知识、又懂得工程设计的设计师，国家需要建设和发展自己的航天工程学科。

在长期的航天系统工程实践中，黄春平充分地认识到，要成为优秀的航天专家，仅有专业技术知识是不够的，还应具备对工程项目本身特点、规律性、系统性、全局性等方面的认识。只有这样，才能在面对航天系统问题时进行权衡、优选、决策，达到最优，做到又快又好地完成航天工程任务。

在世界高技术迅猛发展的情况下，人才的培养和竞争将是一个战略性的关键问题。黄春平认识到，应该将大家从事航天事业的经验和知识加以总结，提升到理论高度，为培养人才提供参考。这就是黄春平著书立说的出发点和落脚点。

让我们怀着好奇与期待的心情，去品读黄春平老专家的科学著作吧！

（1）《运载火箭系统工程管理》

本书较全面系统地总结了中国运载火箭系统工程管理的理论与经验，包括系统工程的基本概念、运载火箭系统、运载火箭系统工程的研制程序、各研制阶段管理、管理的组织体系、计划与经济管理、队伍管理、装备与物资管理、质量与科技信息管理和运载火箭系统工程管理基本经验等九章内容。

本书属工程管理专著，不仅适用于从事运载火箭系统工程管理与培养航天工程管理的科技人员阅读，也可供大型工程管理人员及培养工程管理人员的高等院校师生参考。1994 年 11 月由宇航出版社出版发行。

（2）《航天技术经济学》

航天技术是一个技术富矿。

2007 年 9 月 17 日，美国国家航空航天局局长迈克尔·格里芬在

华盛顿发表旨在纪念航空航天局成立50周年的演讲时说，“太空经济”时代已经到来。曾任中国航天科技集团公司总经理的马兴瑞认为，航天经济有巨大的放大效果。航天科技又被称为“技术金矿”，它对技术的拉动和经济增长的带动，远远高于我们的想象。

美国的“阿波罗”计划1961年开始实施，到1972年结束时，“阿波罗”花掉了美国人240亿美元。但谁都没有想到，240亿美元随后就孵化成了一只会下金蛋的母鸡，“阿波罗”带来了高达几千亿美元的民用市场。

美国航天专家巴基曾表示：“太空技术已经成为我们生活中非常重要的一部分，但人们很难意识到这点。”美国国家航空航天局局长格里芬也认为：“我们没有创造新的工作机会，但是我们创造了整个新市场和经济增长的动力。”

黄春平意识到世界即将进入“航天世纪”，航天技术对国民经济有巨大的推动作用，“太空经济”即将到来，但我国当时还没有一部著作阐述航天技术经济学，而其他领域都有技术经济学专著。1996年，黄春平带领大家对航天技术经济的概念、范畴、内容、作用等方面加以论述，撰写了《航天技术经济学》，以供大家了解航天产业的巨大作用。1996年12月由宇航出版社出版发行。

(3)《载人航天工程运载火箭系统——管理实践》

2003年10月15日，“长-2F”火箭将神舟五号飞船准确送入预定轨道，首飞航天员杨利伟遨游太空，中华民族圆了千年飞天梦，中国由此成为世界上第三个掌握载人航天技术的国家，极大地提升了我国的综合国力和民族凝聚力。

本书阐述了中国运载火箭的发展历程、发展趋势，分析论证了载人航天工程运载火箭系统管理的理论与指标体系；密切结合载人航天工程运载火箭系统研制，对预先研究管理和型号研制管理过程中的计划、经费、生产、大型地面试验、质量、可靠性与安全性、软件工程化、基建和技措、技术、物资、风险、人力资源等具体管理分支，以及发展中的管理理论和复杂系统工程的管理特点都进行了详尽的论述，并通过回顾以往的实践，进行理性的思考、深入浅出的分析论证，从而揭示载人航天工程运载火箭系统研制的管理方法与措施，提出新的认识及探索。

本书内容翔实、资料丰富，具有较强的理论性与科学性、规律性和逻辑性、现实性和前瞻性、实用性和可操作性，对中国航天型号研制管理战线上的同志们，以及国防科技工业大型工程管理工作者都具有很好的参考价值和借鉴意义。2005 年由中国宇航出版社出版发行。

（4）《大协作——中国载人航天工程运载火箭电子元器件发展纪实》

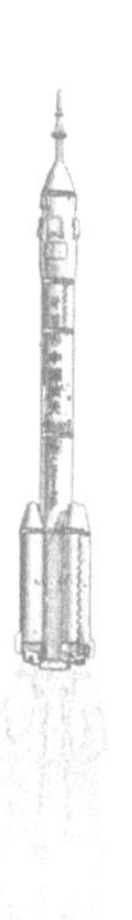

“长 -2F”火箭总指挥黄春平曾打过一个比喻：“元器件是火箭的细胞。”这个比喻形象地说明了电子元器件与航天型号产品的关系，没有健康的细胞，就没有健康的肌体；只有聚合了千万个健康的细胞，整个型号的“身体”才会健壮。

电子元器件与航天型号有着亲密的“血缘”关系，几乎每个航天型号都要选用成千上万个元器件。“长-2F”火箭上的元器件多达5万多只。元器件虽小，但其质量直接影响着航天型号产品的质量。在成千上万个元器件中，哪怕有一个失效，在航天型号的飞行试验中都可能造成灾难性的后果。

黄春平充分认识到这一点，并付诸行动。在火箭研制中，他特别重视电子元器件的质量问题，曾两次组织全国性大调研和两次全国元器件订货会，并亲自到几十家元器件厂家考察，因此，大家给他起了一个美丽的绰号“元器件副院长”。

本书记载了在党中央、国务院、中央军委的正确领导下，在总装备部、国防科工委、信息产业部等有关部委和地方政府的直接指导下，全国电子元器件科研和生产单位，为了中国的载人航天事业，大力协同、集智攻关、配套生产的精神风貌；反映了中国航天人“锻铸航天神箭、筑造太空长城”的艰辛历程；赞颂了中国航天人无私奉献的精神和我国电子工业及航天高科技产业发展的辉煌成就。

本书是中国载人航天工程运载火箭电子元器件发展纪实，共分三个部分81篇文章，即管理与应用篇8篇文章、研制纪实篇49篇文章、攻关与质量保证篇24篇文章。2007年11月由中国宇航出版社出版发行。

（5）《载人航天运载火箭系统研制管理》

本书在系统总结我国运载火箭50年发展史的基础上，对载人航天运载火箭的研制管理过程进行了总结提炼。全书阐述了中国运载火箭的发展历程、发展趋势，论述了载人航天运载火箭系统研制、质量、可靠性与安全性、软件工程化、基建和技措、技术、物资、风险、人力资源等具体管理分支，以及发展中的管理理论和复杂系统工程的管理特点，通过回顾以往的实践，进行理性思考，展开深入浅出的分析论证，从而揭示了载人航天运载火箭系统研制的管理方法与措施，提出了新的认识及探索。

本书从四方面15章构架全书内容：第一方面由第1～2章组成，总体勾勒运载火箭管理是从经验管理到系统工程管理的演进过程及理论体系建立过程；第二方面由第3～6章组成，介绍了“921”某主题单项管理的过程和内容；第三方面由第7～13章组成，介绍“921”某主题综合管理的几大分支，体现了以大局为重，服务于目标，寻求最佳的组合，追求投资最小、效益最大的管理理念；第四方面由第14～15章组成，承前启后，继往开来。

本书从规范研究和实证研究两方面，为载人航天运载火箭系统管理提供了有效支持，在理论、方法和实践上丰富和扩展了航天项目管理，对总结我国载人航天工程的管理经验，提高航天型号规范化管理水平，都具有积极的推动作用和重要的历史意义。

本书内容翔实，资料丰富，可供从事航天系统工程研究的人员和实践工作者、大型工程的管理人员和管理科学与工程、系统工程、项目管理等专业的高等院校师生参考和借鉴。本书获得北京市文创二等奖。2007年10月由科学出版社出版发行。

（6）《通天神箭——解读载人运载火箭》

2003年10月，我国实现了中华民族千年飞天梦之后，又实现了多人多天飞行和航天员出舱活动，中国人在世界航天发展史册上铭刻

下了辉煌印记，在人类和平利用太空的伟大征程中树立了不朽丰碑。载人航天工程作为我国航天发展史上规模大、系统构成复杂、可靠性安全性高、全社会广为关注的国家级高科技工程，取得了伟大的成就，增强了中华民族的自信心和自豪感，激发了全社会对载人航天科技知识的极大兴趣。中国载人航天工程是如何运行的，运用了哪些科学技术，取得了哪些科技成果，未来的发展前景如何等，这些问题一直受到公众的热切关注。

作为中国载人航天工程的管理机构，“921”办公室从工程伊始就认识到，将载人航天工程取得的伟大成就和载人航天知识全面、系统、准确地介绍给社会大众，对吸引和鼓励更多的青少年热爱航天科学、投身航天事业，具有重要意义。

从2006年开始，本书编委会组织载人航天科研生产一线科学家和工程师编写《中国载人航天科普丛书》。《丛书》共分7卷：一、总体卷《梦圆天路——纵览中国载人航天工程》；二、航天员卷《飞天英雄——追踪航天员飞天足迹》；三、空间应用卷《探秘太空——浅析空间资源开发与利用》；四、载人飞船卷《巡天神舟——揭秘载人航天器》；五、运载火箭卷《通天神箭——解读载人运载火箭》；六、发射场卷《戈壁天港——走进载人航天发射场》；七、测控通信与着陆场卷《碧空天链——探究测控通信与搜索救援》。

其中，黄春平主编了运载火箭卷《通天神箭——解读载人运载火箭》，由中国宇航出版社2011年6月出版发行。全书以运载火箭系统为主，向读者详细阐述了载人运载火箭的发展历程、中外著名航天科学家对火箭发展的贡献、载人运载火箭总体设计技术和各分系统的工作原理、基本知识以及载人运载火箭未来的发展方向，主要内容包括火箭的渊源、火箭与载人火箭、中国载人火箭的诞生、载人火箭的载荷与强度、载人火箭的箭体结构、载人火箭的飞行轨道、载人火箭的飞行控制、载人火箭的制导控制、载人火箭的姿态控制、载人火箭的动力、载人火箭的故障检测、逃逸飞行器、载人火箭的遥测外测及安控、载人火箭的地面测试发射控制、载人火箭发射前主要设备和工作、载人火箭活动发射平台、载人火箭发展展望。

全书图文并茂，深入浅出，通俗易懂，将读者带进载人运载火箭研制的真实世界中，唤起读者对载人运载火箭技术的求知欲望。

（7）其他论著

除上述6种专著外，黄春平发表过多少论文，做过多少报告，连他自己都记不清了。经过一段时间的查阅，我们找到了他当年发表的一些论文或报告，计有10多篇。

序号	年份	论文、报告名称	排名	主要著作者	发表媒体、出版单位	有关情况说明
1	1984	试论预先研究工作的管理		黄春平	导弹与运载火箭	
2	1995	航天工程计划调度管理		黄春平 张文汉	中国运载火箭技术研究院	黄春平主编
3	1995	航天计划调度工作手册		黄春平 陈士清	中国运载火箭技术研究院	黄春平主编
4	1999	CZ-2F火箭质量管理文集		黄春平 李显峰	中国运载火箭技术研究院	黄春平主编

序号	年份	论文、报告名称	排名	主要著作者	发表媒体、出版单位	有关情况说明
5	2000	CZ-2F 运载火箭靶场使用文集（一、二）		黄春平 刘竹生	中国运载火箭技术研究院	黄春平主编
6	2003	载人运载火箭元器件质量控制技术综述	1	黄春平	载人航天	
7	2004	殚精竭虑，铸造中国的飞天神箭	1	黄春平	导弹与航天运载技术	
8	1996	认清形势，狠抓落实	1	黄春平	内部论文集	
9	2000	** 质量工作目标和要点	1	黄春平	内部报告	
10	2000	** 研制工作总结	1	黄春平	内部报告	

黄春平写这些专著、论文、报告，用了近 20 年时间，这还不算前期积累资料的时间。当时他还不会用电脑，几十万字的书稿，全是以“爬格子”的方式，在稿纸上一个字一个字地写出来的。

回顾那段写书的过程，他说：“回过头来想想，当时是何等辛苦，可是在写作时并没有感觉是负担，也没有觉得很辛苦，只是想把书写成、写好。辛勤写书，乐在其中。”

普希金曾说过“人的影响短暂而微弱，书的影响则广泛而深远”。书是前人的经验，书是思想的产儿。黄春平用心血将自己长期积累的经验和知识凝聚成著作，将对提升我国航天技术发展水平和保证航天产品质量具有重要的指导意义。

2. 院士遴选

院士是某些国家所设立的科学技术方面的最高学术称号。在中国，院士通常是指中国科学院院士和中国工程院院士。中国科学院院士和中国工程院院士代表着中国最优秀的科学精英和学术权威群体。

院士评选需要提名，提名资格一般为：获得国家科技进步二等奖或自然科学发明二等奖以上。经有关各行政学位或学术团体院士遴选委员会推荐到科学院或工程院进行院士投票，经过大概三轮评选，通过之后才能成为院士。

在航天一院，院士辈出。从最早的老院长钱学森，到“航天四老”任新民、屠守锷、黄纬禄、梁守槃，再到后来的孙家栋、谢光选、王永志……都曾经在航天一院工作过。无论从数量上，还是从成就上讲，北京南苑真可谓专家聚集、精英荟萃。

作为中国航天系统工程管理专家，黄春平先后三次获得中国航天科技集团公司第一研究院作为中国工程院院士候选人的提名。

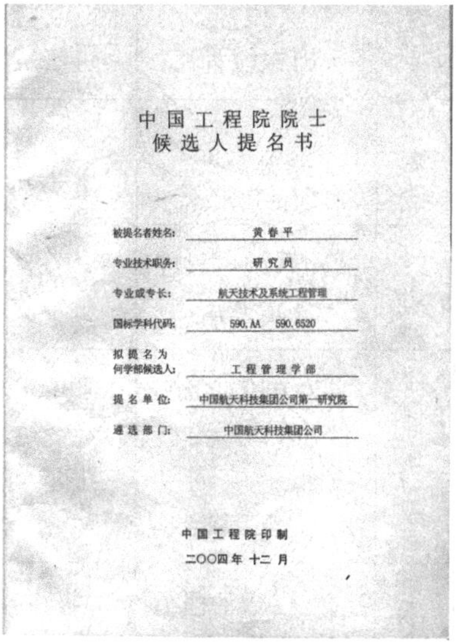

中国工程院院士
候选人提名书

被提名者姓名：黄春平
专业技术职务：研究员
专业或专长：航天技术及系统工程管理
国标学科代码：590.AA　590.6520
拟提名为何学部候选人：工程管理学部
提名单位：中国航天科技集团公司第一研究院
遴选部门：中国航天科技集团公司

中国工程院印制
二〇〇四年十二月

由于工作兢兢业业，成就突出，黄春平先后获得了不少奖项。其中，在《中国工程院院士候选人提名书》中反映他的主要工程科技成就和贡献的有代表性的成果目录如下。

序号	成果（项目）名称	获奖情况					主要合作者
		奖别（国家、省部）名称	等级	排名	年份	证书号码	
1	中国载人航天工程（火箭系统）	国家科技进步奖	特等	3	2004	2003-J-245-0-01-R4-03	刘竹生
2	多层复合结构耐高速撞击磁带硬回收装置	国家技术发明奖	二等	3	1984	01092	王金禹
3	CZ-2F 运载火箭研制	国防科学技术奖	一等	2	2000	2000GFJ1027	王德臣
4	某装置	部级科技进步奖	一等	3	1980	8DB1001	王金禹
5	弹上天线福特性研究及计算机辅助设计	部级科技进步奖	一等	7	1979		
6	某型号方案设计	部级科技进步奖	二等	4	1985	85B2028	陈利法
7	半硬回收	部级科技进步奖	二等	4	1985	85B2027	朱少华
8	武器系统可靠性评定方法	部级科技进步奖	二等	3	1987	85B210	徐福荣
9	××号甲抗烧蚀侵蚀双重端头的设计、××号甲总体方案	部级科技进步奖	二等	4	1987	85B212	卞学宗
10	载人飞船工程组织实施方案	部级科技进步奖	二等	4	1995	95B2001	王德臣

在2004年12月的《中国工程院院士候选人提名书》中，提名单位的意见是这样写的：

黄春平是我国航天技术和航天系统工程管理专家。他研究解决了再入飞行器高速撞击数据回收技术、抗×加固技术和可靠性评估技术，并开创了第二代××技术新局面。

主持重大工程研制，贡献突出。成功研制我国首型载人火箭，连续五次发射飞船成功；圆满完成国家高技术“863”某主题发展蓝图制定和技术攻关；参加或主持13种型号研制和33次发射。在航天史上主持创下七个首次。

倡导改革创新，成绩显著。系统总结航天工程管理经验，并编纂专著；谋划院产业结构和组织结构调整，推进运行机制和管理模式改革；倡导以人为本，质量第一，安全至上；首次实施载人航天可靠性工程、软件工程化和元器件“五统一”管理等一整套质量管理办法。

他一直从事航天技术和管理工作，有深厚的专业技术知识和丰富的系统工程管理经验，技术有成果，管理有创新，业绩突出。学风严谨，作风正派，注重育人，勇于担重任，善于团结协作和发挥团队作用，有很强的管理能力和高度的科学献身精神，为巩固国防发展航天事业作出了突出贡献。曾获国家自然科学二等发明奖、国家科技进步特等奖等部级以上12项科技进步奖；部级航天奖、载人航天功臣；求是科技基金会杰出科技成就集体奖；全国“五一”劳动奖章等，是省部级有突出贡献专家，全国政协委员。

经研究同意提名为中国工程院院士候选人。

提名单位：中国航天科技集团公司第一研究院

2004年12月23日

1999 年 12 月，黄春平（前排左四）等在全总颁发五一劳动奖状、奖章大会上合影

从 2003 年至 2007 年，黄春平先后三次提出中国工程院院士的申请，并且获得了中国航天科技集团公司第一研究院候选人提名。其中有两次通过部院士遴选委员会筛选，上报到中国工程院。

第一次是 2003 年 12 月。神舟五号飞船成功发射并回收，实现了中国人的千年飞天梦想。黄春平作为“长 -2F”火箭总指挥，连续 5 次发射飞船成功，贡献很大，功不可没。在几位院士的推荐下，黄春平获得了院士候选人的提名。论工程科技成就，黄春平可以从工程技术角度申请机械与运载工程学部院士，综合考虑其他因素，最后是以管理学部院士进行申请。

不能像其他学部，只需要本学部院士投票，申报管理学部院士，除了要经本专业学部投票通过，还得经管理学部审核通过。可以说，当选管理学部的院士更难一些。在这次遴选中，黄春平首先通过了机械与运载工程学部的投票，而在管理学部的遴选时，差两票未能通过。

第二次是 2005 年。黄春平再次申报院士，当时中国航天科工集团公司和中国航天科技集团公司两家单位合组部级院士遴选委员会。遴选结果，中国航天科工集团公司和中国航天科技集团公司各一名通过管理学部遴选，黄春平是其中之一。到了机械与运载工程学部遴选时，黄春平差一两票未能通过。

第三次是 2007 年。黄春平还是没能通过遴选。

再后来，随着年龄的增长，以及提倡院士年轻化，黄春平没有再次参评。没有评上院士，黄春平的心态是平和的，他说：“能评为院士固然可喜可贺，但没有评上也不觉惋惜。也许是幸运之神没有眷顾，也许是自己所做的贡献离院士的要求还有一定差距。不过，这都无关紧要，同样是做工作，同样是报效祖国，跟是不是院士没有太大关系，只要心态平和，无论在什么岗位，都可以为国家和人民作出应有的贡献。”

虽然没有评上院士，退休后的黄春平从来没有闲下来，他还是跟往常一样，以同样的热情投身于他深深热爱着并为之奋斗了一辈子的航天事业。黄春平说：“我有生之年还有两个‘梦想’，一是要继续为建设航天强国而奋斗；二是要为家乡做点力所能及的事情。”时至今日，他还在为了国家的航天事业，为了父老乡亲的福祉四处奔忙着。

3. 反哺母校

“羊有跪乳之恩，鸦有反哺之义。”对于火箭总指挥黄春平来说更是如此。比黄春平小 14 岁的弟弟黄春光在谈起哥哥时说，他是个很懂报恩的人，一方面是新中国让他有书念、有了今天的幸福生活，他也用自己的一生所为报答党和国家，所生一子一女也取名“敬中”“敬华”；另一方面，对于家乡亲人和曾经帮助过他的人，他从来没有忘记，每次回乡都挨家挨户地探访亲人。此外，他还经常回闽侯二中看望恩师，并为母校辅翼村中心小学捐资助学。

黄春平对他的母校辅翼村中心小学始终有一份割舍不断的情愫。2003 年，黄春平被评为“感动福建十大人物”之一，所得奖金扣税后有 8000 元，他当即委托福建《海峡都市报》，把其中的 4000 元交给辅翼村中心小学，让学校用这笔钱帮助 5 个品学兼优的孩子安心地上完小学；另外 4000 元捐给莆田仙游县 5 个穷困小学生。

在此之前，黄春平还捐了 5 万元给辅翼村中心小学盖新的教学楼。看到学校操场被占，需要搬迁，他又找到企业家林明海，募捐给学校 10 万元建起了操场。不久，他又为辅翼村中心小学筹措到 2 万元，建起了电教室，让孩子们用上了计算机，接触到现代化的科技成果。

黄春平在辅翼村中心小学“长 -2F”火箭模型前给学生们讲述“神箭”故事

2004 年 1 月，黄春平怀着把中国第一位航天员送上太空、实现中华民族千年飞天梦想的神圣和喜悦心情回到辅翼村，给全校师生做了一次航天专题报告，详实介绍了发射神舟五号飞船的相关情况。学生们听完报告后，拥上了主席台，争相请黄春平签名。

辅翼村中心小学 70 周年校庆时，
黄春平看望 82 岁高龄的老校长黄起余

黄春平不停笔地为孩子们签名，并鼓励他们从小就要有为中国航天事业奋斗的远大目标，为祖国争光！

同年12月18日，辅翼村中心小学70周年校庆，学校特邀黄春平回校参加庆典活动。望着矗立在学校的“长-2F”火箭模型，黄春平感慨万千，心潮起伏，久久不能平静……

黄春平没有辜负老师的栽培和父母的期望，为学校争得了荣誉。60余年前，黄春平以辅翼村中心小学为荣；60余年后的今天，辅翼村中心小学以黄春平为荣，黄春平成为了辅翼村人的骄傲。

黄春平对哺育他6年之久的母校——闽侯二中的感情尤为深厚。1953年，黄春平以优异的成绩考入闽侯二中。学校离辅翼村足有5公里，黄春平没有鞋穿，就天天赤着脚来回跑，跑回家做饭、照顾妹妹弟弟，再跑去上学。其间，由于家里实在太穷，黄春平多次险些辍学，但闽侯二中的几位老师多次到他家苦劝他回校，并在经济上尽力帮助他。中学6年，黄春平领了6年的助学金，这家帮一把，那家帮一把，他好不容易读完中学，21岁时高分考入北京工业学院。

在闽侯县尚干镇五虎山龙山支脉的北麓半山腰（今闽侯第二中学内），有座北朝南的两个并排书院，它们就是淘江书院和陶南书院，二

闽侯二中内的淘江书院与陶南书院

者交相辉映。淘江书院，始建于明英宗正统十二年（公元1447年），为本乡秀才、举人诸生进修之所，有老学究指导。淘江书院右侧是陶南书院，由清末光绪年间太子太傅陈宝琛倡建并题写院名“陶南书院”。两座古老的书院有厚重的人文历史。据史料记载，到了民国二十三年，国府主席林森带头捐资1000银元，以这两座书院为基础，创办福建省立乡村师范，鼓励家乡办学。

曾经让黄春平魂牵梦绕、留下难以抹去中学时代记忆的淘江书院，在1991年建设闽侯第二中学教学楼时，被铲为平地，仅留下山上阁楼，阁楼也因年久失修，虫蚁蛀腐，变成了残垣断壁。2009年，黄春平再次回到母校闽侯二中，看到眼前的情景，心痛不已，决心想办法重修书院。

追忆往昔峥嵘岁月，反哺母校教育之情。2010年，闽侯百六峰诗社成立200周年筹备会时，黄春平等提倡重建淘江书院。在闽侯县政府及青口、尚干、详谦三个镇政府和企业家林功佑等筹资下，历时两

重建淘江书院碑记

黄春平在“黄春平阅览室”
为学子们开讲座

黄春平为位于淘江书院文昌阁的“黄春平阅览室”揭牌

年、造价近200万元的淘江书院以崭新的面貌重新展示在世人面前。如今，一进校园，远远就可以看见几座古建筑傍山而建，极其壮观，右边建于半山腰上的“城楼”，是“陶南书院”，左边由山脚往山上延伸的两座建筑，是重建的“淘江书院”。陶南书院目前是闽侯二中的校史馆，淘江书院是闽侯百六峰诗社的社址。

2018年9月19日，老学长黄春平再次来到闽侯二中，为学校新设立的“黄春平阅览室”揭牌，并给学子们带来了一场精彩的讲座，分享了他的人生经验，鼓励学子们努力上进，做国家崛起和复兴的栋梁。

“我从闽侯二中毕业近60年了，在这里曾经度过了整整六年时光，二中培养了我坚毅的品格，希望大家在此求学过程中，也能形成坚毅果敢的品格，将来成为对国家有用的人才。”当天上午一开讲，黄春平就向学子们提出了自己的期许。讲座中，黄春平鼓励同学们面对困难，要无惧挑战，从中找到自己前进的动力。“宝剑锋从磨砺出，梅花香自苦寒来。只有严格要求自己，那么将来无论投身何种行业，都一定能成功。”面对同学们，黄春平殷切嘱咐。

4. 育人不倦

青少年是祖国的未来，民族的希望，少年智则中国智，少年强则中国强。在任何一个时代，青少年都是社会上最富有朝气、最富有创造性、最富有生命力的群体。作为中国航天著名火箭专家的黄春平，深刻地认识到这一点，他始终认为，中国航天的未来必定依靠年轻的一代去传承、去发展，因此，他十分重视对青少年的教育和培养。

无论是在工作期间还是在退休之后，只要一有闲暇，黄春平总是喜欢深入各大中小学校，跟年轻一代交流、讲授世界航天发展史和中

黄春平在给小学生们讲述火箭原理

黄春平在给小学生们讲述中国航天的光辉历程

国航天发展历程，一起畅想航天科技的未来。

2006年，在江苏省第21届科普宣传周上，时任全国政协委员、中国载人航天工程运载火箭系统总指挥黄春平研究员做了“人类与航天”的科普报告。他介绍了科学家正在研制用于发射空间站的新一代大型运载火箭，它将使中国长征系列运载火箭的低轨道运载能力从9吨提高到25吨，是技术上的一次巨大进步，中国新型运载火箭已研制出初样，命名为“长征五号”。

2006年，黄春平为某刊物题词，留下“珍惜光阴勤奋学习，面对困难坚忍不拔，不断探索永不止步，方能攀登科学高峰”的科学家寄语，话语间充满了对青少年的殷切希望和嘱托，希望年轻一代能好好学习，不怕困难，不断探索，勇攀高峰。

2010年12月5日，黄春平在浙江嘉兴平湖市乍浦九龙山小学，给全校师生报告了我国航天科技的发展历史和前景规划，讲述了艰苦奋斗搞航天科研的奋斗历程，要求全体师生树立“热爱祖国、无私奉献，自力更生、艰苦奋斗，大力协同、勇于登攀”的“两弹一星”精神，鼓励同学们好好学习，奋发向上，将来必定大有作为。

黄春平在全国做了90余场报告，每次都激起了广大学生学科学、爱科学的极大热情，许多同学纷纷向黄春平提出了心中蕴藏已久的问题，黄春平均给予耐心的回答，还给同学们签名留念。

2016年9月22日，78岁高龄的黄春平走进浙江理工大学，与正在军训的数千名大学新生面对面地分享“人类历史与航天发展”故事，用通俗易懂的语言，传授航天领域的高科技知识。

人类为什么要发展航天？我国航天事业已经发展到什么程度？今后航天还要发展什么？近两个小时的讲座，黄春平以饱满的热情，感慨万分地讲述了中国航天发展史，从1970年我国成功发射第一颗自主研发的人造地球卫星，到随后几十年中，凭借自主创新，逐步发展成为名列世界前茅的航天大国，创造了一代辉煌。

怀着报效祖国的满腔热情，黄春平激动地说：“在有生之年，希望自己能继续为中国的航天事业发挥余热，贡献力量。”他告诉台下的新生们，一个国家如果没有航天事业的发展，就很难在世界上立足。他鼓励年轻人为我国航天事业出谋献力，为实现中华民族伟大复兴梦提供强大支撑。

在交流互动中，黄春平以自己年少时的困苦艰辛经历，激励现场的每一位同学。他说，正是艰苦的条件磨练了他的意志，使他在从事航天事业50多年的时间里，不畏艰难，敢于挑战。最后，黄春平寄语全体新生，要把逆境当作财富，在困难中找到自己前进的动力。新生们听后备受鼓舞，纷纷赞叹："黄春平老师奉献祖国航天事业的精神，让人感动，值得我们学习。"

5. 心愿期许

展望未来，已入耄耋之年的黄春平对中国的航天事业还有许多心愿和期许。

虽然已离开了一线的航天工作岗位，但黄春平一直密切关注着自己钟爱一生的中国航天事业。黄春平认为，航天对于国家的长远发展，有诸多裨益："人不能短视，国家也不能短视。有些项目，虽不能马上见到效益，但从长远来看，将会给国家或人类带来巨大利益，这样的项目我国应该发展。比如，载人航天、空间站建设、深空探测等项目。"搞航天应看重远期效益，而不是眼前利益。中国要强盛，除了发展经济之外，更重要的是增强科学技术实力。

发展航天，对提高我国整体科学技术水平的作用，是无法用经济指标衡量的。载人航天的成功，为我国下一步建立空间站打下了良好的基础。在空间站上，人类可以研究很多地球上研究不了的或很难研究的技术问题。下一步，我国还将实现载人登月等目标。未来，人们

黄春平退休后重返酒泉卫星发射中心，在发射神舟十号飞船的运载火箭前留影

有可能到月球上去旅游，也可能长期生活在月球上。

黄春平说：“我还有个梦想，希望早日看到太空垃圾的正当处理。”他在 2006 年 7 月 17 日第三十六届世界空间科学大会上倡议和平利用太空，其中太空垃圾的处理是一个议题。作为航天人，向太空发射航天器是一种职责，然而黄春平不想看到无用的、“死的”航天器成为垃圾后，无人理睬。“太空垃圾让我们的太空探索也成了一把双刃剑，处理不当，反而会不利于我们的太空探索。”黄春平不知不觉间，将对太空的探测转入了另一个维度，在他看来，处理太空垃圾也是深空探测的一个内在命题。

根据黄春平的构想，“太空科技文化产业园”主要体现航天特色，并结合中国传统文化产业的发展，将“太空科技文化产业园”建设成为集科普、教育、旅游、休闲、娱乐于一体的综合体，以航天为特色的主题科技文化产业园，使其成为福建省及其周边省份人民的旅游度假胜地、“福建省国防教育基地”和“福建省科普教育基地”。

由于种种原因，“太空科技文化产业园”从 2015 年开始筹划，到目前还没有完全落实，黄春平心有不甘，他坚信只要几个方面形成合力，这个心愿一定能够实现。80 高龄的他，还一直在为此事奔波。

黄春平在家乡闽侯县辅翼村上无片瓦、下无寸土，在他的心里还藏着一个强烈愿望，就是希望能在家乡闽侯县辅翼村筹建一个“航天展室”，在此展现世界航天发展史、中国航天发展史，展现自己的成长经历和奋斗历程，让家乡人民特别是青少年了解航天、热爱航天，将航天精神在辅翼村发扬光大，激励青少年将来为祖国的航天事业贡献力量。

路漫漫其修远兮，吾将上下而求索。黄春平知道，在这条实现远大目标的征途中，其过程不会一路坦途，但他更清楚中国航天人骨子里的百折不挠与坚忍不拔。

黄春平用辉煌的业绩、突出的贡献和实际行动，展现了他刚毅顽强、奋斗拼搏、筑梦航天的伟大品格，时至耄耋之年仍始终如一。他深信，凭着中国航天人的聪明与坚毅，在未来航天强国的席位中，必将有华夏民族的身影，中国航天事业必将迎来更加辉煌的明天。

第十九章
温馨人生　挚爱亲情享天伦

时间的车轮永不停息地滚滚向前，许多人，许多事，都已经烟消云散，毫无踪迹。唯有亲情，在沧桑的岁月中没有丝毫褪色，反而更加光彩夺目。

——黄春平

儒家讲天伦，“父子有亲，君臣有义，夫妇有别，长幼有序，朋友有信”。言下之意，无论是父子、君臣、夫妻、兄弟、朋友，若能够按照儒家的道德标准和睦相处，便可以感受其中的快乐。

黄春平为人敦厚，言行之中不自觉地以儒家的标准要求自己，孝敬长辈，关爱亲人，爱护妻儿，所以在老年时享有融洽而温馨的“天伦之乐”。

1. 妻贤子孝

古人有云：“娶妻当娶贤，嫁人当嫁能”。这其中，“贤”代表贤惠、贤能，更注重的是一个人的品行。在黄春平的感情生活中，最得意的事情之一就是娶到了不仅漂亮、而且十分贤惠的妻子张永桂。黄春平的能干也是有目共睹的，所以他俩正是“娶妻当娶贤，嫁人当嫁能”的典范。

在日常生活中，张永桂一直秉承着中华民族勤俭节约的传统美德。在他们的家庭生活中，主要是男主外、女主内。作为家里的女主人，张永桂每天把家里的各个角落收拾得干干净净、井井有条。不管黄春平在外面的工作多么忙碌、多么辛苦，每次一回到家，见到心爱

黄春平与张永桂在武夷山合影

的妻子和整洁明亮的家，他所有的疲惫和苦恼顿时烟消云散。

黄春平家里的厨房和卫生间，不管什么时间，都会有两三个水桶，用来盛洗菜或洗衣用过的水，张永桂会将这些水再次利用，她会用这些水来冲马桶或用来浇花。虽然现在有钱了，生活过得殷实了，可是他们从来不乱花钱，就连买衣服也要到较廉价的商店购买或购买降价处理品。有一次，老两口和儿女们一同去西单商场逛街，中午时分，儿子黄敬中为了不让妈妈再回家做饭，四个人就在附近的一家餐馆吃了一餐饭，花了 200 多元，回到家后，张永桂一直跟老伴嘟囔“太贵了，太贵了”。张永桂对黄春平的了解，浓缩为一句评语：能吃苦，而且任劳任怨。张永桂昵称老伴为“老农”，原本农民家庭出身的他，也就欣然笑纳了。黄春平可算是一个心灵手巧的“老农”，家里的书柜、壁橱等，都是他在博取众长的基础上加以创新自己设计的。

“取次花丛懒回顾，半缘修道半缘君”。人生最大的幸福不是拥

2003 年 10 月 12 日，黄春平夫妇与女儿在“长 -2F”火箭前合影

有多少财富，而是一日辛劳之后，爱人端上的热茶；人生最舒服的地方，不是五星级酒店，而是有一个心爱的人在的家。从 1968 年至今，黄春平和张永桂已经共同走过了 52 个春秋，他们从弱冠年华一起走到耄耋之年，他们一起携手经历了多少风风雨雨，相濡以沫，同甘共苦，如今，他们相依为命，一起步入情如金坚、爱情历久弥新的“金婚”之年。52 年的光阴，人生的半载，走过 52 年的夫妻是多么的让人羡慕。1969 年，他们有了儿子黄敬中；1972 年，有了女儿黄敬华。黄春平很感恩国家给予他这个贫穷的孩子读书和改变命运的机会。为了寄托他对祖国那份真挚的情感，所以给孩子们取名“敬中”“敬华”，意为让他们从小热爱祖国，敬爱中华。尽管黄春平不太管家事，但在

夫妻俩的言传身教影响下，儿子和女儿都成为了很优秀的孩子。

黄春平从7岁开始就学会了烧菜，几十年下来厨艺算是颇为精良。一儿一女与老爸的关系特别“铁”，有时想吃老爸烧的菜了，就“毫不客气”地把老爸叫回家上灶。端上老爸的拿手好菜红烧排骨、糖醋鱼、醋溜土豆丝，香气飘飘中，一家人围桌而坐，边吃边聊，其乐融融。

不知是有意还是巧合，儿子考上的大学就是父亲的母校北京理工大学，大四那年还成为了北京理工大学学生会主席。黄敬中学的是遥感技术，也是黄春平所学专业的一个分支。

儿子大学快毕业时，正赶上1989年动乱。有一次，黄春平去儿子学校参加评审，评审结束后，老师问黄春平：“想不想看你儿子啊？”于是，黄春平到儿子住的三号宿舍楼，结果不见他的人影，问同学他去哪里了，同学说他去开会了。当天晚上7点“新闻联播”，黄春平在电视里看到儿子，原来，儿子作为学生代表，在给国务院发言人袁木提问题。

大学毕业后，黄敬中曾拟分配到国家人事部工作，但黄春平认为，从学校大门出来，直接进入机关大门不太好，还是到基层从事科技工作为好，最后没有让儿子到国家人事部工作。改革开放初期，大量外资企业纷纷涌入中国，黄敬中顺应时代潮流，去了一家知名外资企业，后来还去了计算机巨头“IBM”和美国的“甲骨文公司”工作，现在河北省石家庄市从事互联网家居养老项目。

黄春平的儿媳妇是北京理工大学计算机技术专业毕业。1996年，儿子黄敬中全家投资移民到澳大利亚墨尔本，现在孙女15岁了。儿媳妇陪着孙女在那边读书，平日做些引进澳大利亚红酒生意。由于她是硕士毕业，英语水平高，所以有时也帮助当地的华人解决移民问题。

女儿黄敬华非常聪明，又很能吃苦。也许是有这点相似之处，黄春平特别疼爱女儿。1992年，黄敬华高中毕业，当时中俄建立了战略合作伙伴关系，航天一院一部组织高中生去俄罗斯留学。黄敬华与时俱进，提出了去俄罗斯留学的申请，并通过了严格的考试和面试，到新西伯利亚大学国立理工学院学习，后来改到商学院多学习了一年，含预科班总共学习了6年。黄春平觉得女儿很有志气，对她的选择非常支持。

黄春平说："那个时候，到俄罗斯留学的，家庭一般都不富裕，有钱的都到美国、欧洲去了。"俄罗斯常年气温都偏低，一年中有八个月气温在0摄氏度以下，因此羽绒服在当地特别畅销。黄敬华是个十分懂事的孩子，她知道自家不富裕，就和其他中国留学生一起，在前往莫斯科的火车上卖国内生产的羽绒服。每一次出国，两个大箱子塞得满满的，都是羽绒服，这样还不够，身上再套上一两件，就为了不超重。黄春平说："有一次，还是被查出来超重了，检查员看到这些稚气未脱的女孩，为了分担一点家庭的经济压力，也是迫不得已，怜悯之心油然而生，在进行简单的盘问后，就放行了。"黄敬华6年的留学旅途，几乎就是这样度过的。

在儿女的婚事上，黄春平的态度可以说是很民主，但也很"专制霸道"。

说民主，是他主张多尊重儿女自己的意见，不要横加干涉。儿子的对象他只看了照片就定了下来，没有提任何意见，可谓干脆。对此，儿子也很感激父亲的支持。

女儿的男友个头稍矮一点，张永桂开始不太满意，甚至以断绝关系相威胁，想让女儿放弃。黄春平年轻的时候是吃过“准丈母娘”不同意的苦头的，他了解年轻人恋爱的浓烈和不能如愿的痛苦，便拦住妻子说：“女儿在俄罗斯读了6年书，男朋友等了她6年，你做母亲的不要指手划脚、横加干涉。”张永桂虽然还有些牢骚，但终究听了丈夫的话，答应了女儿的婚事。这一桩婚事，又让女儿对父亲心存感激。

但黄春平也是“专制霸道”的，他坚决不许儿女们讲排场、摆阔气，大操大办婚礼。儿子结婚那年，黄春平已是中国运载火箭技术研究院副院长，要搞婚庆车队“大游行”根本不成问题。儿子结婚时，正带队在美国考察的黄春平，却坚决不允许儿子结婚时搞车队。他特意强调，除了照像可以不受限制，其他排场不能搞，只请亲人，不请客，也不接受送礼。按照黄春平的要求，结婚的那天，儿子只租了两辆红色的出租车，负责接送两家家长、近亲，在一起吃了一桌新婚宴。

女儿结婚也照此办理，把双方家长、哥哥嫂嫂接到一起，在研究院旁边的小酒店里办了一顿家宴，就算是新婚仪式了。仪式不讲排场，崇尚简单但却温情，就好像当初黄春平与张永桂结婚一样。已经功成名就的黄春平始终保持着一颗赤子之心，这也是他的言传身教，让黄家子女用平常心过小日子。

目前，女儿黄敬华随丈夫一起移居温哥华，相夫教子，小日子过得温馨美满。

由于南北半球的季节差异，远在南半球澳大利亚的儿媳妇带着女儿在那读书，只有在放暑假的12月至1月才有时间回国。而远在加拿大的女儿也只有等孩子在七八月放暑假时才有时间带着孩子回国。这样，儿子和女儿的两个小家就像太阳和月亮一样，一个白天出现，一个晚上出来，团聚的时间很少。黄春平与儿女们也是这样，一家人很

2019 年春节，黄春平的全家福（前排右起：孙女黄鼎珺、黄春平、夫人张永桂、外孙时梦杰；后排右起：儿媳冯梅、儿子黄敬中、女婿时庆利、女儿黄敬华）

难得有时间团聚。书中的这张全家福是在作者提议和黄春平二老的一再要求下，2019 年春节前，儿子和女儿两家抽出时间回北京做了短暂的团聚所拍摄的。团聚后的第二天，儿子一家就登上了前往澳大利亚的飞机。

儿女们的工作很辛苦，但在百忙之中，他们都会隔三差五地打电话向父母嘘寒问暖。他们心里满满地装着父母，每时每刻都在留意父母的冷暖，在父母需要帮助的时候都能及时出现。

这就是黄春平，这就是他心目中的爱情和亲情。他们朴实无华，却很真实、实在。

2. 手足情深

时间的车轮永不停息地滚滚向前，许多人，许多事，都已经烟消云散，毫无踪迹。唯有亲情，在沧桑的岁月中没有丝毫褪色，反而更加光彩夺目。

黄春平一家四兄妹，大妹妹林瑞月、小妹妹林瑞珠，还有弟弟黄春光。

父亲1954年去世时，黄春平16岁，大妹12岁，小妹只有6岁，而弟弟才2岁。在20世纪五六十年代的困难时期，母亲依靠自己无法度日，不得不带着小妹和弟弟改嫁了，而大妹林瑞月刚出生，就被人抱走了，寄养在隔壁村一户林姓人家。收养她的那户人家对大妹挺好，但是大妹不愿意嫁给那家的男孩，就对她的养母说，愿意改姓林，当她的亲女儿。在寄养家庭的复杂情形里，大妹也算是挺了过来，黄春平心疼她，所以对她格外亲厚。

解放初期，社会环境相对稳定，国家对教育也格外重视。那时候黄春平家虽然穷，但在政府的扶持和帮助下，黄春平和大妹林瑞月都

2008年元旦，黄春平（前中）在老家与兄弟姐妹合影

兄妹情深，黄春平和大妹林瑞月在一起

2000 年国庆节，黄春平夫妇与小妹林瑞珠在天安门前合影

上了学。黄春平考上了大学，大妹也读完了初中。当时，林瑞月有机会上高中甚至上大学，但是为了在一个纺织厂接继父的班，而放弃了学业，到工厂上班，现在看来有些遗憾。后来，林瑞月在拒绝了养父母家的婚约后，和在福州市供销社工作的郑启尧先生结了婚，生了一男一女两个孩子，现在老两口都住在福州市区，生活过得美满幸福。

现在黄春平年纪大了，还经常回福州看望大妹。大妹知道哥哥

黄春平夫人及弟弟妹妹等祝贺黄春平 80 岁寿辰（左起：弟弟黄春光、黄春平、夫人张永桂、大妹林瑞月、大妹夫郑启尧、小妹林瑞珠）

喜欢吃福州菜，特别是福州元宵、鱼丸、年糕，所以每次哥哥到家里来，她都会专程到福州最著名的鱼丸店排队购买福州鱼丸给哥哥解馋。黄春平还经常和大妹、大妹夫一家人打打麻将，一起散散步，这成为他老年生活里常规的温情与惬意。

黄春平对小妹弟弟也十分关心。1954 年父亲去世，母亲外出给人家做保姆，黄春平一边照料小妹弟弟生活，一边上学，自然感情深厚。黄春平曾向妹妹弟弟承诺，他们如能上学，费用全部由他承担。

后来爆发了“文革”，小妹林瑞珠只上了 5 年小学，现在在家务农，是典型的家庭妇女，勤劳朴实。

弟弟黄春光也受到“文革”影响，读到初一就辍学了。弟弟一直在辅翼村务农，是一位难得的多面手，不管是砌墙的瓦工，还是精细的抹灰工，他样样都会。在农村的手艺人，靠出卖劳动力谋生，弟弟家的日子总是过得不大宽裕。县里领导知道他们家的情况后，就建议黄春光以哥哥的名义写一份报告，请黄春平帮忙签个字，让县里帮黄春光安排一份工作。黄春光知道自己亲哥哥的本事，就按县领导说的写了一份报告。在一次黄春平准备回京临行前，想让哥哥在已写好的要县领导给他安排工作的报告上签字，可黄春平就是没签。

有位省委领导曾问他："黄总，您家里还有什么人？有什么需要帮助的事情就说呀。"黄春平知道自己家人的情况，何尝不想得到省领导照顾啊，可黄春平只是说："我家里一切都好，谢谢领导关怀。"2002年元宵佳节，黄春平以贵宾身份应邀参加金山烟火文艺晚会，福州市委一位领导都不认识他，这说明黄春平即使功成名就也十分低调，从不利用自己的关系为亲友谋私利，从不找父母官为自己办私事，这是

黄春平与弟弟黄春光一家人在一起（前排左起：黄春光孙子黄宇轩、黄春光外孙女林婷，后排左起：黄春光妻子黄雪云、黄春光、黄春平、黄春光儿媳施琼、黄春光儿子黄琛）

多么难得的品格。

黄春平从不通过自己的影响力为亲人谋私利，但并不代表他就是一个“薄情寡义”之人。他在侄儿黄琛等晚辈的教育和培养方面却十分上心。他常常教导黄琛要好好学本领，成为对国家和社会有用之才，并为黄琛上学提供资助。黄春平的言传身教和谆谆教导，让黄琛终生受益。黄琛也对伯父一直心存敬畏之心，晚辈们为自己有这样一位伯父而感到无比骄傲。

这就是黄春平和妹妹弟弟之间的朴实关系，手足情深，亲密互助，低调温暖，点点滴滴都能经得起岁月的考验。有些故事如烟花般，常在黄春平的心中绚烂。这亲情，是黄春平一生取之不尽、用之不竭的温暖。

3. 多彩生活

退休，对黄春平来说并不意味着失去自我价值，而是开启了新的里程。他通过各种各样的方式，快乐享受晚年人生，仍然生活得多姿多彩。

77 岁才退休的黄春平，却是退而不休。除了习惯性地经常在外奔波，参加各种社会活动外，他的业余爱好也不少。

黄春平一直保持着青少年时期的爱好，打篮球和步行；晚年的他，又增添了一些新的爱好，比如打保龄球、打扑克。作为发射神舟一号至神舟五号飞船的运载火箭系统总指挥，黄春平在牌桌上却和普通员工一样，玩儿得十分投入，常常会因为对家的一次失误而怨声载道，也会因为某次赢牌而欣喜若狂。从他那种专注的神情中，哪里看得出这是一位著名的航天专家，俨然是一位可爱的孩童。

黄春平从小就有赤着脚走路的习惯，直到现在，虽然不再光着脚走路，但他只要没有特殊情况，仍然每天坚持步行一万步以上，许多朋友圈好友的“微信运动”里总是被他抢占封面，其步数遥遥领先。步行对黄春平来说，不仅是养生的功课，也是修炼心性的途径。

如今，82 岁高龄的黄春平面色红润，精神矍铄，身体硬朗，爱说爱笑，谈话中不时发出爽朗的笑声。也许是上天弥补他早年所受的磨难，黄春平的晚年平静而又幸福，尽享天伦之乐，这也是事业之外的另一种圆满。

黄春平大事年表

1938 年

5 月 24 日，出生于福建省福州市闽侯县祥谦镇辅翼村。

1951 年　13 岁

1 月，入闽侯县辅翼村中心小学学习。

1953 年　15 岁

9 月，入闽侯县第二中学初中部学习。

1956 年　18 岁

9 月，入闽侯县第二中学高中部学习。

1959 年　21 岁

7 月，高中毕业于闽侯县第二中学。

9 月，考入北京工业学院（现北京理工大学）工程力学系。

1964 年　26 岁

7 月，从北京工业学院毕业。

9 月，分配到国防部第五研究院第一分院导弹与火箭总体设计部任技术员。

10 月，参加了中国人民解放军军训。

11 月，在河北张家口怀安县满洲坡公社的景家湾大队参加“四清”运动，任第八生产队工作组组长。

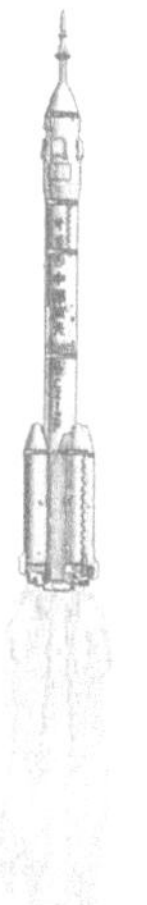

1966年 28岁

7月，国防部第五研究院改制为“第七机械工业部”，脱下了军装。

12月，到甘肃酒泉导弹试验基地参加某型号导弹发射试验。

1968年 30岁

6月6日，与张永桂结婚。

1971年 33岁

任七机部一院某设计研究室工程组组长，后担任室副主任、室主任、工程师、高级工程师。

1978年 40岁

11月，被聘为研究员。

1979年 41岁

所主持的“弹上天线福特性研究及计算机辅助设计”项目荣获部级科技进步奖一等奖。

1980年 42岁

所主持的某装置项目荣获部级科技进步奖一等奖。

1982年 44岁

1月，任七机部一院某研究所副所长。

6月，任某型号副总设计师。

1983年 45岁

11月，任另一型号副总设计师。

1984年 46岁

所主持的某装置荣获国家技术发明奖二等奖。

1985年　47岁

1月，任某型号再入飞行器技术负责人（相当于型号副总设计师），所主持的“某型号再入飞行器方案设计”项目荣获部级科技进步奖二等奖；所主持的“半硬回收技术”荣获部级科技进步奖二等奖。

1986年　48岁

任国务院国际技术经济研究所客座研究院教授。

1987年　49岁

2月，任一院、九院某型号再入飞行器联合总体组组长。

2月，任国家“863计划”某直属主题首席科学家。

所主持的“武器系统可靠性评定方法”项目荣获部级科技进步奖二等奖。

所主持的“某总体方案”项目荣获部级科技进步奖二等奖。

任航天工业部科技委真空低温组成员。

10月，任哈尔滨工业大学、北京理工大学兼职教授。

1988年　50岁

10月，任航天工业部一院综合计划部，后任科研生产部部长。

任航天工业部科研管理研究委员会副理事长。

任国防科工委全国战略导弹标准化技术委员会委员。

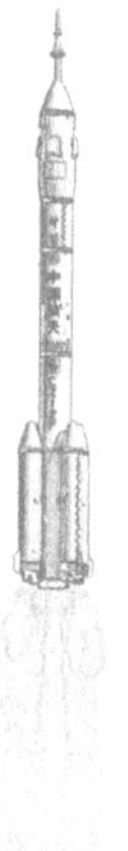

1990年　52岁

所主持的“某型号试验再入飞行器系统抗×加固技术”项目荣获部级科技进步奖一等奖。

1991年　53岁

所主持的“某型号再入飞行器系统抗×加固技术”项目荣获国家科

技进步奖三等奖。

10月，获国防科工委 × 效应试验突出贡献奖。

11 月，获部级“航天奖”。

1992 年　54 岁

任北京宇航学会航天技术经济委员会主任。

1993 年　55 岁

6 月，任一院院长助理。

9 月，任长征三号运载火箭技术负责人，后任总指挥。

1994 年　56 岁

5 月，任“长 -2F”载人运载火箭项目总指挥。

5 月，任“长 -2E”运载火箭项目总指挥。

10 月，第二次获得部级“航天奖”。

11 月，在宇航出版社出版发行专著《运载火箭系统工程管理》。

1995 年　57 岁

1 月，任一院副院长。

所主持的“载人飞船工程组织实施方案”项目荣获部级科技进步奖二等奖。

1996 年　58 岁

12 月，在宇航出版社出版发行专著《航天技术经济学》。

1999 年　61 岁

10 月，获航天长征特等奖。

12 月，获“求是基金会”杰出科学成就集体奖。

2000年　62岁

1月，任中国航天科技集团公司一院科技委副主任。

主持的“长-2F”载人运载火箭研制荣获国防科学技术奖一等奖。

2002年　64岁

任中国管理科学研究院企业家委员会研究员。

5~11月，任北京理工大学博士生导师，闽江学院、福州大学、福建师范大学兼职教授。

2003年　65岁

3月，任第十届全国政协委员。

7月，任中国航天时代电子公司特聘专家。

11月，荣获国防科工委授予的载人航天功臣称号。

12月，任南京大学兼职教授。

12月，获“全国五一劳动奖章”。

2004年　66岁

3月，任“长-2F”载人运载火箭专家组组长。

主持的“中国载人航天工程（火箭系统）”项目荣获国家科技进步奖特等奖。

9月，任哈尔滨工业大学（威海）兼职教授。

2005年　67岁

10月，在中国宇航出版社出版发行专著《载人航天工程运载火箭系统——管理实践》。

10月，任福建师范大学理事会成员。

2007年　69岁

10月，在科学出版社出版发行专著《载人航天运载火箭系统研制管理》。

11月，在中国宇航出版社出版发行专著《大协作——中国载人航天工程运载火箭电子元器件发展纪实》。

2011年　73岁

6月，在中国宇航出版社出版发行专著《通天神箭——解读载人运载火箭》。

2015年　77岁

3月，光荣退休。

2019年　81岁

10月，由黄春平创办的航天信息技术企业——中星航天信息技术有限公司在福建福州揭牌。

赞誉黄春平的诗句和书法

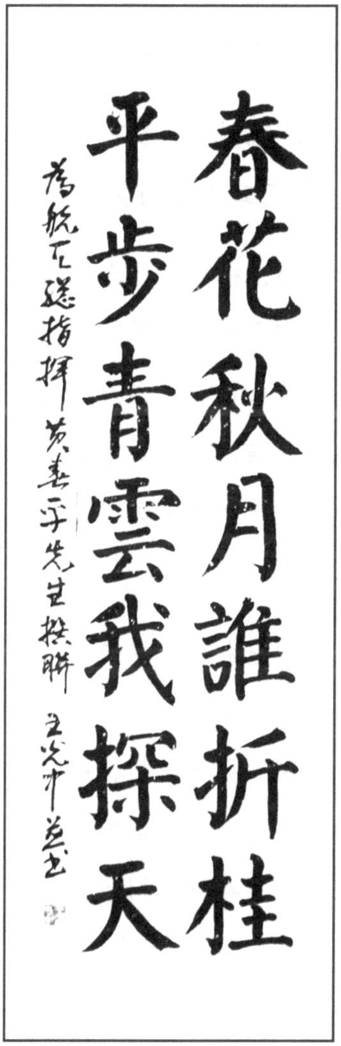

·折 枝·

“春、平”一唱

王光中 撰并书

春花秋月谁折桂

平步青云我探天

王光中，字释然，号乌石山人，别署双畅堂主。福州大学毕业，曾长期在福建省属高校从事教育工作。现为中国楹联学会会员、福建省楹联学会常务理事、福建省梁章钜楹联文化艺术研究院副院长、福建省金秋画院院委、福州市楹联学会常务副会长兼秘书长、福建省书法家协会会员、福州文化艺术交流协会理事。

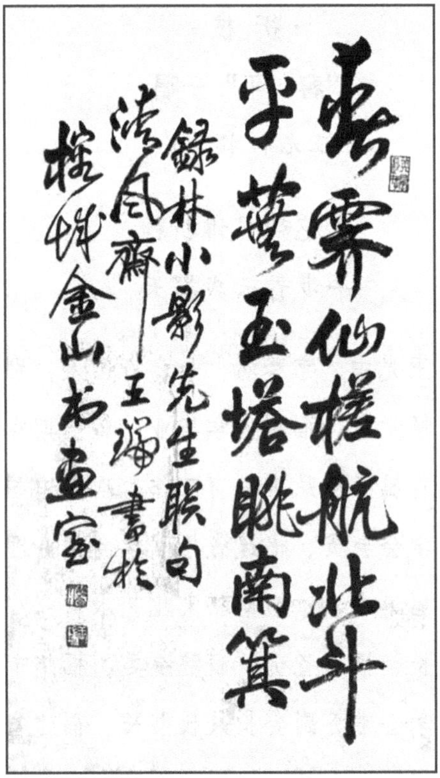

·折 枝·

“春、平”一唱

林小影先生联句，王端先生书法

春霁仙槎航北斗
平芜玉塔眺南箕

林小影，福建省林森研究会会长、福建白水书院副院长、福州市阳光诗社社长、福州三山诗社副社长、福州市楹联学会副会长、福州市比干文化研究会常务副会长。

王瑞，笔名艺苑樵夫，斋号清风斋，现为中国国学研究会研究员、国家一级美术师、中国书法家协会会员、中国国画院福建分院院士、福建省诗词学会常务理事、闽侯县第六届政协委员。

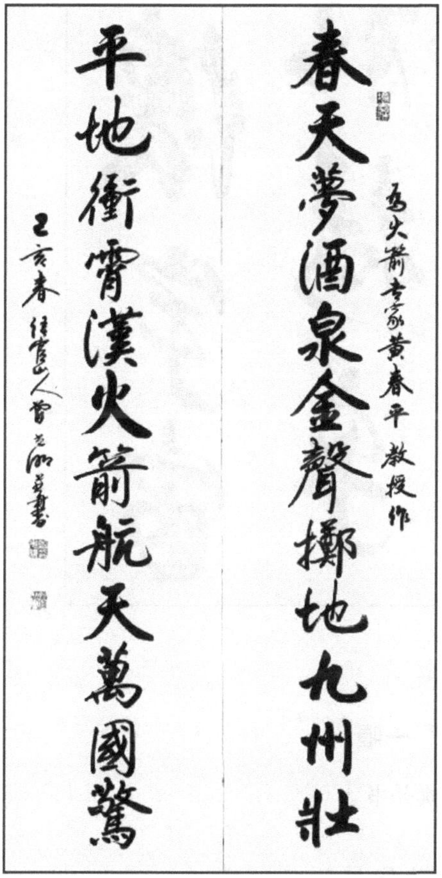

·冠名联·

“春、平”一唱

曾光明 撰并书

春天梦酒泉金声掷地九州壮
平地冲霄汉火箭航天万国惊

曾光明，中国楹联学会理事、福建省楹联学会副会长、福州市楹联学会会长、福建省书法家协会会员、榕城十老书法沙龙成员。

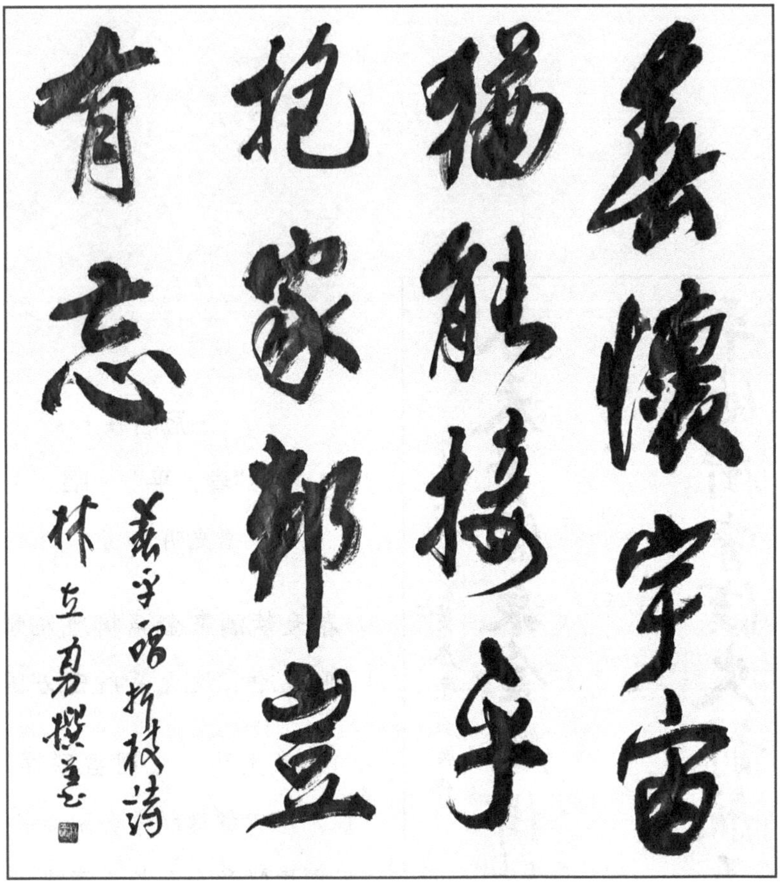

·折 枝·

“春、平”一唱

林立勇 撰并书

春怀宇宙犹能接

平抱家邦岂有忘

林立勇，福建省海峡民生书画院院委、福建省海峡民生诗词创作研究社副秘书长、福州市楹联学会会员、福州三山诗社社员、闽侯电视台“讲有味”节目嘉宾主持。

·折 枝·

“春、平”一唱

林奇敏 撰并书

春水氤氲鱼竞跃

平畴烂漫鸟争鸣

林奇敏，福建省诗词学会会员、福建省海峡民生诗词创作研究社名誉会长、宁德市诗词学会会员、蕉城区鹤鸣诗社常务理事。

报刊有关报道

（1）杨澜访谈录

“神舟”飞船是怎样上天的

——中国载人航天火箭系统总指挥黄春平访谈录

10月15日，神舟五号一飞冲天，全国人民欢欣鼓舞。在中国宇航员飞天前夕，杨澜采访了中国载人航天火箭系统总指挥黄春平。现将访谈摘要发表，以飨读者。

——编者

0.97的指标
和100%的成功率

杨澜：黄先生，非常感谢你接受我们的访问。中国第一次载人航天飞行吸引了全国乃至整个世界的目光，但人们特别关心运载火箭是采用什么样的型号？这样的运载火箭，它的可靠性和安全性到底怎么样？

黄春平：我相信载人航天为的就是能上天，实际上我们专门研制了一个载人火箭。过去，我们的火箭都是不带安全救生系统的，也不具备故障检测，就是火箭发生问题的时候，它不能自己诊断。为了载人航天，我们专门研制了一种载人航天火箭。这个火箭的最大的特点，就是可靠性、安

全性要求非常高，我们提出0.97的安全性指标，通俗来讲，那就是100发里面只能够有3发有点问题。

杨澜：美国"挑战者"号爆炸，可能就是火箭爆炸？

黄春平："挑战者"号爆炸是由于火箭上升以后，火箭的一个助推固体发动机漏火漏气引起燃烧而酿成恶果。

杨澜：近年来，"长征二号F"运载火箭从来没有失败过，成功率达到100%，你觉得这是否是一个侥幸的数字？

黄春平：也不能说侥幸。从目前来说，当然肯定是100%，而且我们研制周期很短。我们从1992年开始研制，到了1999年11月20号第一次试验，这么短时间研制成功，应该说是非常顺利的。我们进行了4次飞行试验，研制量还是比较少。

杨澜：这也是外界比较关心的一个问题。就是说美俄在正式载人飞行之前都进行过十几次的试验，而中国只进行了4次试验就准备真正实行载人飞行了。您说，这是不是有点儿玄哪？

黄春平：说玄也不玄。如果从科学数理统计概率的角度来看的话，这4次试验，有可能火箭里面还存在着一些成功的东西，也可能存在一些不成功的因素，你很难完全考核到。就像考核一个人似的，你这个能力要多次考核才行。

杨澜：多次考核才能发现问题？

黄春平：根据我们国家现有水平、经济能力，以及我们自己的工作，我认为进行4次飞行实验就这样做也是可以的。

3000人、68家厂和10万只元器件

杨澜：这个火箭好象一共有几十万个零件，是么？

黄春平：是这样。如果螺钉、螺帽、垫片这些也都算零件，这就很难统计了。我们现在只统计了元器件，火箭总共用了5万多只元器件；如果再加上飞船，总共就用了10万多只元器件。

杨澜：在第一线参与制造的工人，有多少人呢？

黄春平：全国有68个厂家参与我们的制造，他们的产品在我们火箭上装用，至于具体人数很难统计。

杨澜：最后的组装部分有多少人？

黄春平：我们元器件加工组装部分的人，至少有3000人。

杨澜：也就是说3000人中没有一个人可以犯一个错误。

黄春平：不能有任何马虎。你犯一个错误，他犯一个错误，每一个人犯一个错误，有可能这某一个错误就导致最后的失败。

杨澜：但这是一个科学的事，不能以人的主观愿望为出发点吧？

黄春平：这个愿望也很重要。再有一点，我们有一套质量管理的方法。1996年"长征B"火箭曾经发射失败，从那以后我们采取了一系列质量管理措施。

杨澜：仅仅是质量管理措施就能够解决这个问题吗？

黄春平：能解决。这个质量管理不是空的，而是实在、具体的，工艺上怎么做，设计上怎么做，管理上怎么做等等，都有管理措施。从那以后，我们的火箭已经连续发射过29次，也就是4年，4年我们四连冠，从没有失败过。

救心丸和难熬的587秒

杨澜：听说发射时看着火箭没有动，你那时候心脏病都快犯了。

黄春平：我们发射的时候都带了救心丸的。我经常说我们搞火箭的人，从事的是大喜大悲的事业，对于心脏没有好处。

杨澜：压力都在你们身上。

黄春平：其实这中间也就587秒左右，就是10分钟不到。因为在现场，火箭开始点火的那一刻，几分钟都感到非常长，压力特别大，心里七上八

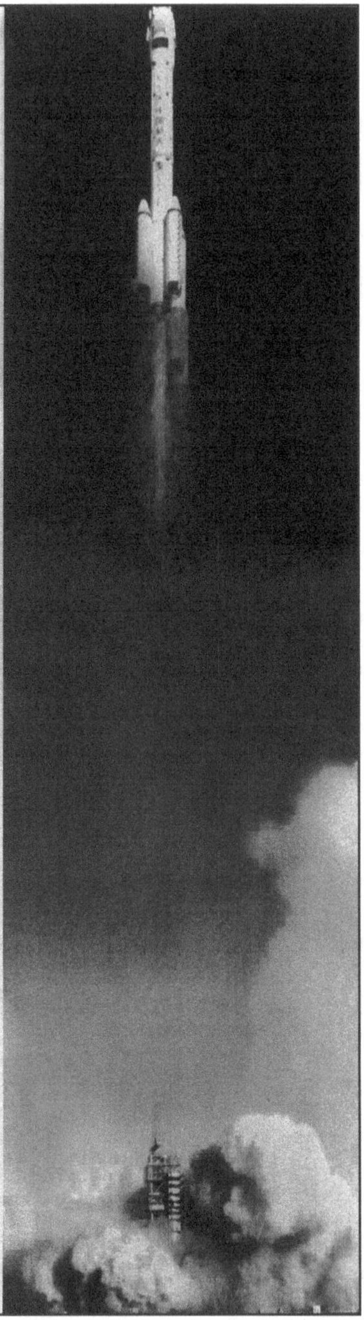

下——尽管我们上上下下都很有决心。

杨澜： 这10分钟难熬啊！

黄春平： 这10分钟难熬。我们点火时最怕的就是起不来，所以火箭离开发射台的时候是我们第一次鼓掌。然后，就是看着火箭的分离，每个分离是否都分离了？分离成功了再鼓掌。最后的鼓掌是在我们箭船分离的时候，这样，我们的发射就算是成功了。

杨澜：你是第一个紧张的？

黄春平：是最早紧张的，也是负担最重的。从国外来说，在火箭发射的三行段中，故障统计结果显示，在上升段事故发生几率最高，事故发生概率达到60～70%。

杨澜： 就是最初点火这一段？

黄春平： 就这一段，是事故概率高发段，其次区域是返回段。

杨澜： 所以，当你听到指挥台在倒数十、九、八、七的时候，我想你的生理上可能都会有一些反应，比如说，你的听觉和你的视觉是不是都会产生一些变化？

黄春平： 我感觉还好一点。但是我们"长二F"的总师就有反应，他感到口干，一杯水随身带着，每一次发射之前猛吃含碘片，说嗓子喉咙非常难受。

杨澜： 你最大的压力是什么？

黄春平： 最大的压力就是整天想着不能失败。

三次流泪和成功的喜悦

杨澜： 1999年"神舟1号"发射成功的时候，据说你当时流了3次眼泪，是吧？

黄春平： 是哭了，因为这是我们中国的第一个载人运载火箭，过去没研制过，抗压的要求又这么高。所以在研制的过程中我们吃了很多苦头。

杨澜： 你分别在哪3个场合哭了呢？

黄春平： 第一次就是我们当时有一个型号发射成功，领导号召向他们学习，在学习会上，我讲着讲着就不行了。第二次是我们在酒泉发射中心的动员会上，跟大家讲这件事的重要意义的时候，也是讲着讲着就哭了。第三次就是发射成功，一点火，船箭一分离，人家过来祝贺拥抱，那时候真的是大哭，不是小哭。

杨澜： 你不想控制自己吗？

黄春平： 我都将近60岁的人了，我干嘛那样哭啊！那不是流眼泪，那是大声哭。然后我们要从发射的指控地到领导那里去，当时吴邦国同志在。我们在赶过去乘车的3、4分钟里还在哭，连总设计师也一起哭了。两个人在那儿说，如果这一次发射不成功的话，我们就是阶下囚，就是罪人啊。那是真正的哭，到了吴邦国同志那儿眼泪还在流。

杨澜： 这种心理压力，的确不是常人能够承受得了的。

黄春平： 现在你们可能很难理解这样的一个过程。

15年到20年内绝对能赶上去

杨澜： 我们1970年就发射了卫星，为什么到了1992年才正式提出载人飞行这样一个设想呢？中间相隔了整整22年。

黄春平： 对，22年。这个怎么说呢？这里有个工业基础问题，而且当时国家经济也不行，所以我们还不敢想这件事。载人航天真正开始研究是1987年2月份。我们有个国家级的863高技所，那时候863高技所研究的一个领域，就是航天领域。从那时候开始，我们跟踪国外的一些研究情况，并提出要搞载人航天。当时，载人航天到底搞飞船还是航天飞机，争论比较大。

杨澜：最后我们决定是做飞船？

黄春平：对，因为航天飞机的水平还要更高一点。再一个方面，从实用来讲，也不一定非搞航天飞机不可，根据我们国家的国情，工业水平，最后论证结果，还是搞一个飞船为好。

杨澜：我想问您一个问题，我们现在这个火箭，从研制到零部件都是中国人自己完成的吗？

黄春平：我们大概有百分之二十几的元器件是买国外的，除此之外，所有的设计制造，包括在地面的一系列试验，全是我们自己独立自主的。

杨澜：这次载人飞行成功了，是否可以说中国的航天技术已经达到世界的顶尖水平了？

黄春平：不是，不是，与顶尖水平相比，我们的距离还是比较大的——航天飞机你还没有做嘛！

杨澜：你觉得，这中间的差距还有多少年？

黄春平：按我的说法，如果跟人家加加林比，那落后了四十几年。对吗？即使你那航天飞机出来了，人家还有其它星球探测呢。

杨澜：就是说还差40多年？

黄春平：是呀，差40多年。不过我们国家如果投资加大，我想在15年到20年内绝对能赶上去。

黄春平简介

中国载人航天火箭系统总指挥。1964年从北京工学院（现北京理工大学）毕业后，一直从事火箭研究工作，亲历了长征火箭发展的全过程。他是国家"863"计划第一批首席科学家，1992年开始转入载人火箭研究，他担任总指挥的"长征二号F"火箭，完成了"神舟"系列飞船的四次试验发射及神州五号的载人飞行。

关于做导弹和卖茶叶蛋的故事

杨澜：过去，人家说做导弹的不如卖茶叶蛋的。我不知道你现在的收入水平，跟卖鸡蛋的有没有作过一个比较？

黄春平：做导弹不如卖鸡蛋的，是我亲身经历过的。我曾经听到一位研究员说，我们国家搞什么导弹，我们连鸡蛋还没有解决呢！当然，他是从当时的经济角度出发，认为国家比较穷，好多国计民生的事还没有解决。

杨澜：你现在的工资是多少？上个世纪80年代的时候，你的工资是多少？

黄春平：毕业的时候工资就56元钱，当时56元钱可抵现在500、600元啊。到了1992年，工资涨上去了，有800-900元钱；1993年以后开始大量递增。现在，我每月工资大约有9000元左右。应该算比较高的吧？我自己也很满足了。

杨澜：你们发射成功了会有多少奖金呢？

黄春平：我们院里年终给我们一个存折，里面存着奖金。比如，去年给我存了2万5千，今年给了我5万，这就算多的了。

杨澜：有没有特殊的。

黄春平：第一次发射成功的时候，曾奖给我10万元，我们院里有5个。

杨澜：你没有都捐出去吧？

黄春平：我最近不是给家乡的小学、幼儿园捐了5万元钱吗？

杨澜：你现在还回老家吗？你有没有回到过自己的那个村子，就是你以前赤脚上学的那个村子？

黄春平：一讲到这儿我就会流眼泪。现在有人问我，工作苦不苦？我说，有什么苦呢？无非加加班，压力大一点。过去才是真的苦。我初中一年级的时候父亲就死了，那时侯大概是1954年。1960年，母亲又改嫁了，带着两个弟妹。我们家真正是上无片瓦、下无寸土哪！一个大妹妹给人家做了童养媳，如今在福州。有这样的一段经历，所以我现在回去，村子里的老人都是很钦佩的。

杨澜：你的心态很好。

黄春平：我非常满足，比上不足比下有余。再一个，你要竖向比——当然，年轻人现在是横向比，对吧？我们这样的收入水平，横向比也是可以的。人家元器件厂厂长，那工作是很辛苦的，有的每月才拿1000多元。所以，我没有任何理由不满足，现在我一心只想着把这个航天事业搞上去，这才是我最大的愿望。

杨澜：谢谢你，非常感谢你接受我的采访。（沈云、李颖整理）

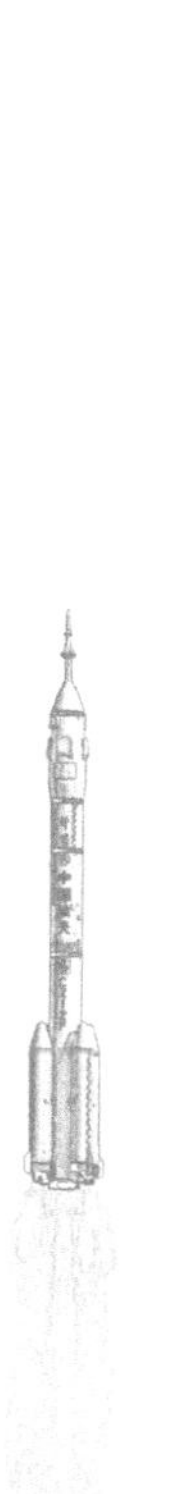

ECONOMY 沪港经济 2003

10

（2）航天报刊登载专访文章

CHITAS 科学家 【文·冯春萍】

中国运载火箭技术研究院院长　黄春平

“863”计划运载火箭发射首席科学家

黄春平是个豁达豪爽之人，却有好几次当众流泪的经历。

一次是在长征二号F火箭工作经验交流会上；一次是在长征二号F火箭首次开赴发射场的动员会上。后来的一次是在火箭发射成功之际。这激动的泪水中，饱含了这位领军人物的大彻大悟、大悲大喜，令人体味出这位总指挥丰富的内心世界。

危急关头 方显英雄本色

2000年12月31日，20世纪的最后一天。在酒泉卫星发射中心，长征二号F火箭发射“神舟二号”飞船的准备工作已经基本就绪，几天之后即可实施发射，向灿烂的新世纪献上中国航天人最好的见面礼。发射队员们在铆足劲儿工作之余，开始自发地组织起迎接新世纪的庆典活动了。长征二号F火箭研制总指挥黄春平，面对新世纪到来之后的第一次发射，感到有一种发自内心的自豪与激情。

下午3点10分，发射队“大本营”里，黄春平房间的电话铃响了。电话里传来急促的声音：“黄总，总装测试厂房出事了，咱们的火箭意外被撞，您看怎么办？”闻听此言，黄春平急忙叫上总设计师刘竹生和年轻的副总指挥刘宇一起迅速赶往总装测试厂房。

现场情况比他们想像的更为严重。火箭被撞了十多处，原本直立的箭身已经有些倾斜了。人们的目光仿佛都在无言地问：“受伤”的火箭还能发射吗？

黄春平与刘竹生、刘宇一起

黄春平小档案

黄春平，1938年生于福建闽侯。现为航天系统工程管理和弹头技术专家、研究员。1964年从北京工

参考文献

[1] 黄春平．通天神箭：解读载人运载火箭．北京：中国宇航出版社，2011.

[2] 黄春平．大协作：中国载人航天工程运载火箭电子元器件发展纪实．北京：中国宇航出版社，2007.

[3] 姚昆仑．王永志院士传记．北京：中国宇航出版社，2016.

[4] 叶永烈．共和国科学拓荒者传记系列：钱学森传．北京：中国青年出版社，2015.

[5] 何启志，李晋西．搭建天梯的人：火箭总指挥黄春平．南京：江苏少年儿童出版社，2006.

[6] 刘屏．搭建天梯的人：神舟总设计师戚发轫．南京：江苏少年儿童出版社，2006.

[7] 丁文华，史颜莉．刘竹生院士传记．北京：中国宇航出版社，2015.

[8] 朱晴．王希季院士传记．北京：中国宇航出版社，2014.

[9] 杨利伟．时代英雄谈人生系列丛书：天地九重．北京：中国人民解放军出版社，2010.

[10] 刘济华，方明济．光辉的岁月 神圣的使命：记二十基地和田站．北京：军事谊文出版社，2011.

后　记

今天的传记，就是明天的历史。随着历史的变迁，每位老年人都有丰富的人生经历，在其记忆深处都留有那个时代的深刻印迹和非同寻常的奋斗历程，回忆起来都是那么值得回味。如果能将这些美好的回忆都记录下来，写成一本书，那将是多么有意义的事情啊！每个人都是一本书，每个人都是一部电影，每个人的精神都是一个无形的宝库。如何深度挖掘这些宝藏，正是笔者奋斗的目标和孜孜不倦的追求。

笔者长期致力于史志文化的传承和弘扬，热衷记录点滴人生，热衷为长者著书立传，重现他们的风云岁月和精彩人生。经好友福建省建材协会会长陈久榕先生介绍，非常荣幸地认识了德高望重的中国载人航天工程运载火箭系统总指挥、资深首席火箭专家——黄春平先生。交谈中，笔者提出想为黄总指挥写传记的建议，没料到黄总指挥也正有此意，双方一拍即合，笔者便很自然、很愉快地开始了为黄总指挥写传记的工作。

“自古寒门出贵子，从来纨绔少伟男”。作为出生在20世纪30年代福建福州农村的一个普通、穷苦农民家庭的孩子，黄春平通过自己的不懈努力，成长为中国载人航天工程运载火箭系统等多个航天型号的总指挥，实现了中华民族千年飞天梦想。他，亲眼目睹了中国近代社会的变迁，亲身投入到中国航天事业的建设和发展中，见证了中国航天的发展历程，为中国航天事业奉献了毕生的心血。他的人生和中国航天事业紧紧地联系在一起。他有着非同寻常的人生经历，从他的身上可以折射出中国航天“热爱祖国、无私奉献，自力更生、艰苦奋斗，大力协同、勇于登攀”的“两弹一星”精神和“特别能吃苦、特别能战斗、特别能攻关、特别能奉献”的载人航天精神。

本书撰写历时一年有余，在与黄总指挥的不断接触中，笔者对他的了解日益清晰，也被他的事迹和人格深深地感动。本书不仅系统全面地展现出黄总指挥非同寻常的传奇人生，还展示了黄总指挥的优秀品质与心路历程，体现出一代航天人的伟大精神。同时展示了从20世纪30年代到现在这80多年来，中国社会乃至全世界所发生的巨大变革，以及在复杂社会环境下人类航天事业的发展过程和中国航天事业的奋斗历程。黄春平总指挥是一个时代的典型代表。

为了使本书能贴合时代背景、紧扣时代脉搏，笔者花费了大量精力，查阅了大量史料。因此，黄总指挥的传记，不仅是一部个人成长史，还是一部中国航天事业的发展史，更是一部记录中国社会巨大变迁的史志作品。这本传记的出版，可以成为供后人学习、借鉴、研究、考证的历史资料，有利于青少年接受爱国主义教育和思想政治教育，激发他们学科学、爱科学和奋发向上的精神。

在采访和撰写过程中，得到了黄总指挥和夫人张永桂的大力支持，得到了黄总指挥大妹妹林瑞月的热心帮助，她为本书提供了许多宝贵的照片资料。非常感谢新加坡易缇秀公司总经理杨海东先生，他为本书的撰稿和出版提供了倾情赞助。还要感谢黄总指挥的侄儿黄琛先生，他一直负责迎来送往的接待工作，为黄总指挥的出行提供了极大的方便。

同时，非常感谢为本书撰写和采访给予很大帮助的陈海滨、金卫华、彭娟、林小端、金新颖等几位老师，他们参加了对黄总指挥的采访和材料整理工作。其中，文采飞扬的彭娟老师为本书的第四章、第九章、第十八章提供了优质的初稿，同时对全书进行了润色和初审；金卫华老师为本书第十九章提供了良好的素材。特别感谢尊敬的江善明老师，他对本书进行了深度的润色，并对本书的撰写工作提出了许多宝贵的建议，使本书的质量得到很大程度的提高。

黄春平总指挥对编写自己的传记，一直持谦虚谨慎的态度，反复叮嘱我们要坚持实事求是的原则，对他的评价不要拔高，不能过头；引用的材料和引申的情节一定要准确，符合事实；对他的身世和家庭情况的说明一定要准确到位。黄总指挥的这些中恳要求，一直是我们撰写本书的一个重要的指导原则。80 高龄的黄总指挥不辞辛劳，花了大量的精力对本书进行了三次详细的审校，对大至章节结构、小至标点符号，都进行了字斟句酌的修改。

由于时间仓促，书中部分内容因保密要求以及编撰人员的水平有限，本书也许未能很好地将黄春平总指挥的贡献、成就和个人魅力全面充分地展示出来，还望大家谅解。书中的不足之处，还拜请广大读者不吝赐教，批评指正。

黄春平与作者付道轩合影

付道轩

2020 年 3 月 14 日